本著作得到河北经贸大学学术著作基金（2017）、河北经贸大学学术著作基金（2018）、河北省高校人文社会科学重点研究基地“河北经贸大学现代商贸服务业研究中心”项目、河北经贸大学财政税务学院重点学科资金的资助

经济转型背景下的经济发展路径重构研究

李　英　赵文报　著

中国财经出版传媒集团
中国财政经济出版社

图书在版编目（CIP）数据

经济转型背景下的经济发展路径重构研究／李英，赵文报著．—北京：中国财政经济出版社，2019.8

ISBN 978－7－5095－9077－5

Ⅰ.①经… Ⅱ.①李… ②赵… Ⅲ.①中国经济－经济发展－研究 Ⅳ.①F124

中国版本图书馆CIP数据核字（2019）第131324号

责任编辑：孙 琛　　　　责任校对：黄亚青

封面设计：智点创意

中国财政经济出版社 出版

URL：http：//www.cfeph.cn

E－mail：cfeph@cfemg.cn

社址：北京市海淀区阜成路甲28号 邮政编码：100142

营销中心电话：010－88191537

北京财经印刷厂印装 各地新华书店经销

710×1000毫米 16开 11.75印张 236 000字

2019年8月第1版 2019年8月北京第1次印刷

定价：53.00元

ISBN 978－7－5095－9077－5

（图书出现印装问题，本社负责调换）

本社质量投诉电话：010－88190744

打击盗版举报热线：010－88191661 QQ：2242791300

目　录

第一章　经济转型与发展之路 ………………………………………………（1）

第一节　中国经济转型的大背景 ………………………………………（1）

第二节　中国经济转型的内容 …………………………………………（7）

第二章　技术创新与产业升级 ………………………………………………（12）

第一节　技术创新的相关理论及一般特点 ……………………………（12）

第二节　我国核心技术创新点与路径选择 ……………………………（24）

第三节　国家创新体系的创建 …………………………………………（29）

第三章　制度创新与政府权变 ………………………………………………（33）

第一节　制度变迁理论模型 ……………………………………………（33）

第二节　制度创新的溢出效应与路径 …………………………………（37）

第三节　我国制度创新存在的问题及对策 ……………………………（39）

第四章　区域创新与国家战略 ………………………………………………（47）

第一节　区域经济结构及其影响要素 …………………………………（47）

第二节　区域发展理论模型 ……………………………………………（53）

第三节　区域创新与国家战略 …………………………………………（62）

第五章　外贸创新与外贸再造 ………………………………………………（68）

第一节　贸易保护背后的国际贸易理论 ………………………………（68）

第二节　我国外贸发展环境 ……………………………………………（78）

第三节　外贸创新与外贸再造 …………………………………………（83）

第六章　环资促进与生态建设 …………………………………… (94)
　　第一节　加强资源节约型社会建设 ………………………………… (95)
　　第二节　加强环境友好型社会建设 ………………………………… (105)
　　第三节　中国生态文明制度体系的构建与创新 ……………………… (112)

第七章　农业发展与乡村振兴 …………………………………… (119)
　　第一节　传统农业的分化与现代农业的崛起 ……………………… (119)
　　第二节　农村发展的战略与政策 …………………………………… (129)
　　第三节　我国乡村振兴与生态文明建设 …………………………… (132)

第八章　人力资本与教育服务 …………………………………… (139)
　　第一节　人口与经济发展 ………………………………………… (139)
　　第二节　人力资本与经济发展 …………………………………… (141)
　　第三节　教育与人力资本 ………………………………………… (144)
　　第四节　我国农村人力资本与教育投资 …………………………… (152)

第九章　人口流动与城市群建设 ………………………………… (155)
　　第一节　人口流动模型 …………………………………………… (155)
　　第二节　城市化的动因及问题 …………………………………… (161)
　　第三节　中国城市群建设 ………………………………………… (169)

参考文献 ……………………………………………………………… (178)

第一章

经济转型与发展之路

改革开放以来，中国经济所取得的巨大成就，有两个重要时间节点：一是2010年中国成为世界第二大经济体；二是2018年中国经济总量超过90万亿元，人均GDP接近1万美元，已处于中等收入国家迈向高收入国家的拐点。为了打破中等收入陷阱的“魔咒”，跨越中等收入陷阱，就必须解决中国经济结构不合理的矛盾，实现中国经济的转型。为了保证中国经济的健康可持续发展，需要在中国经济转型的大背景下，探索一条适合中国经济发展的新路径。中国经济转型发展的内在背景是中国经济发展方式正在或将要发生新的变化，其外部环境是国际经济格局的深刻调整；其特征在于经济创新发展、绿色发展和高质量发展；其路径探索包括资源配置转型、区域结构转型、外贸转型、生态转型、城市群发展模式转型等方面。

第一节　中国经济转型的大背景

一、从国内环境看，中国经济发展方式正在或将要发生新的变化

（一）中国经济三个突出特征

虽然中国40多年的改革开放成就巨大、经济发展成果斐然，但是经济结构矛盾突出，付出的代价很大，突出表现在要素投入结构落后、需求结构不合理、产业结构不协调、区域结构不平衡等问题。从要素投入结构看，主要是资源和环境约束加大，表现在资源消耗大，环境污染问题严重，问题实质是经济经营方式粗放，知识技术等综合要素贡献率低。从需求结构上看，出口因全球经济低迷而显颓势，单纯依赖投资实现经济增长不能长久，问题实质是对消费重视不够，消费作为经济增长的潜在动能未能足够释放。从产业结构上看，农业基础薄弱、工业大而不强、服务业发展滞后，部分行业产能过剩严重。从区域结构上看，东西不平衡，南北差距大。

2014 年 11 月 10 日，习近平在亚太经合组织（APEC）工商领导人峰会上的讲话中指出："中国经济进入新常态，呈现三个突出特点，即经济增长速度是中高速增长、产业结构不断转型升级、需求结构和要素结构的变动表现为由过去的投资驱动和要素驱动转变为创新驱动。"

（二）中国经济发展方式正在或将要发生新的变化

1. 中国经济增长速度的变化：由过去的高速增长转变为中高速增长。改革开放以来至 2012 年以前，中国经济增长速度都在 8% 以上，有许多年份都是两位数的增长速度。2012 年以后，经济增速放缓，在 6%—8% 徘徊（见表 1－1）。这种经济增速的变化，是中国在科学研判国内外经济环境和未来中国经济发展走向的主动调整。

表 1－1　　2000—2018 年我国 GDP 增长及世界排名

年份	GDP（万亿元）	GDP 增长率（%）	世界排名
2000	9.9	8	6
2001	10.9	8.3	6
2002	12	9.1	6
2003	13.5	10.0	6
2004	15.9	10.1	6
2005	18.4	11.3	5
2006	21.6	12.7	4
2007	26.6	14.2	3
2008	31.4	9.6	3
2009	34	9.2	3
2010	40.1	10.4	2
2011	47.3	9.3	2
2012	51.9	7.8	2
2013	58.8	7.7	2
2014	63.7	7.3	2
2015	67.7	6.9	2
2016	74.4	6.7	2
2017	82.7	6.9	2
2018	90.03	6.6	2

（1）从中国经济的供给端和需求端分析中国经济增速减慢的原因。一是从中国

供给端来看，劳动力要素是支撑中国经济高速增长的一个重要条件。但是，在2012年是中国人口红利减弱的拐点。据国家统计局资料显示，2012年年末，我国劳动年龄人口（15—59岁）数量第一次出现下降，相比2011年末，同比减少345万人。人口抚养比相应上升，达到34.9%（见表1-2）。人口红利减弱，导致未来中国经济增长速度要过一个减速关。若不顾及劳动力供给减少和劳动成本上升的问题，仍然采取我国惯常的政府投资刺激、增加需求、人为把经济增速拉上去的老办法，会出现两种问题：一是这种办法不能长久；二是经济过热，出现泡沫经济在所难免。

表1-2　　中国人口抚养比（%）

年份	总抚养比	年份	总抚养比
1982	62.6	2003	42.0
1987	51.8	2004	41.0
1990	49.8	2005	38.8
1995	48.8	2006	38.3
1996	48.8	2007	37.9
1997	48.1	2008	37.4
1998	47.9	2009	36.9
1999	47.7	2010	34.2
2000	42.6	2011	34.4
2001	42.0	2012	34.9
2002	42.2		

二是从中国需求端来看，出口是支撑中国经济高速增长的另一个重要条件。我国从2001年加入WTO以来，由于中国的巨大的市场和低成本的劳动力优势，迅速转化为比较优势，中国成为国外资本最重要的投资国，并成为世界工厂。中国进出口快速增长，2010年成为世界出口第一大国、进口第二大国。但是，自从2008年美国“次贷危机”爆发并扩延到全球以后，世界经济低迷，国外进口订单明显减少，全球化红利明显减弱。在表1-3“改革开放以来我国三大需求对经济增长贡献”中，我们可以发现，2009年以来，中国出口对经济增长的贡献率下滑。2007年，中国出口对经济增长的贡献为18%；2008年，中国出口对经济增长的贡献降到8.8%；2009年，中国出口对经济增长的贡献降到最低点的-37.4%；2010年，中国出口对经济增长的贡献反弹，达到4%。但是，自从2010年以来，出口对中国经济增长的贡献持续低迷，2010年，中国出口对经济增长的贡献为-4.2%；2011年，中国出口对经济增长的贡献为-2.2%。2008年全球金融危

机到如今已经走过十个年头，世界经济复苏的曙光还未出现。在此背景下，以美国为代表的西方国家的贸易保护主义抬头，特别是美国发动的对中国的贸易战，更加加剧中国经济乃至世界经济发展的不确定性，因而世界经济的全面复苏将是一个长期曲折过程。因此，在全球化红利消失的背景下，中国经济增长速度减慢就成为一个不争的事实。

表 1-3　　改革开放以来我国三大需求对经济增长贡献

年份	最终消费支出		资本形成总额		货物和服务净出口	
	贡献率（%）	拉动（%）	贡献率（%）	拉动（%）	贡献率（%）	拉动（%）
1978	39.4	4.6	66.0	7.7	-5.4	-0.6
1980	71.8	5.6	26.4	2.1	1.8	0.1
1985	85.5	11.5	80.9	10.9	-66.4	-8.9
1990	47.8	1.8	1.8	0.1	50.4	1.9
1995	44.7	4.9	55.0	6.0	0.3	
2000	65.1	5.5	22.4	1.9	12.5	1.0
2001	50.2	4.2	49.9	4.1	-0.1	-0.01
2002	43.9	4.0	48.5	4.4	7.6	0.7
2003	35.9	3.6	63.3	6.3	0.8	0.1
2004	39.1	3.9	54.0	5.5	6.9	0.7
2005	39.0	4.4	38.8	4.3	22.2	2.5
2006	40.3	5.1	43.6	5.5	16.1	2.1
2007	39.6	5.6	42.4	6.0	18.0	2.6
2008	44.2	4.2	47.0	4.5	8.8	0.9
2009	49.8	4.6	87.6	8.1	-37.4	-3.5
2010	43.1	4.5	52.9	5.5	4.0	0.4
2011	55.5	5.3	47.7	4.4	-4.2	-0.4
2012	51.8	4.0	50.4	3.9	-2.2	-0.1

（2）中国经济保持中高速增长是中国经济新常态。受到国内外因素的制约，从上述中国经济供给端和需求端两方面分析，中国经济增速减慢具有客观合理性。但是，中国经济长期保持中高速增长的有利条件仍然具备。一是中国政府经济决策的正确。我国主动把经济增速降下来，是顺应国内外经济条件的正确决策。国家通过出台一揽子调结构、稳增长、稳就业、稳物价的措施，经济形势总体平稳、稳中向好、稳中有进。2018 年，我国经济总量超过 90 万亿元人民币大关，人均 GDP 接近 1 万美元（见表 1-4）。

表 1-4　**2012—2018 年中国经济中高速增长**

年份	GDP（万亿元）	经济增速（%）	世界排名
2012	51.9	7.8	2
2013	58.8	7.7	2
2014	63.7	7.3	2
2015	67.7	6.9	2
2016	74.4	6.7	2
2017	82.7	6.9	2
2018	90.03	6.6	2

二是中国经济结构优化升级，经济前景看好。2018 年，在全球贸易保护主义抬头、中美贸易摩擦加剧的背景下，中国经济仍然保持较好发展态势。从产业结构来看，三大产业占国民经济比重分别为 7.1%、40.7% 和 52.2%，流通业和服务业的第三产业对 GDP 的贡献率超过 50%。从需求结构来看，最终消费支出对 GDP 的贡献率为 76.2%。从增长的动能来看，战略性新兴产业、高技术产业、装备制造业增加值增速明显快于规模以上工业。经济质量和效益有所提升，单位 GDP 能耗同比下降 3.1%。

2. 中国经济增长和发展的两大制约因素：资源和环境约束。保护生态、治理环境刻不容缓，生态文明建设在新时代尤其重要。生态环境是指人们生活环境的状况。我国生态环境的基本状况是：总体环境在恶化，局部环境在改善，生态赤字在逐渐扩大。具体表现在，一是水土流失严重。中国水土流失面积为 295 万平方公里左右。二是沙漠化迅速扩展。三是草原退化严重。全国草原退化面积已达 10 亿亩。四是森林资源锐减。五是生物物种加速灭绝，354 种植物和 312 种野生动物列入国家濒危名录。六是地下水位下降。新中国成立以来，我国湖泊减少 3500 多个，其中淡水量减少 340 亿立方米。七是水体污染明显加重。许多城市饮用水和河流受到污染。八是大气污染严重。九是农村环境污染严重。

2015 年 4 月 25 日，中共中央、国务院出台了《关于加快推进生态文明建设的意见》，为生态保护、环境治理和资源节约提出了明确的要求。党的十八大以来，生态环境状况有了显著改善。2016 年，雾霾最严重的京津冀地区 PM2.5 平均浓度比 2013 年下降了 33%；全国地表水劣 5 类水体比例下降 8.6%；2016 年单位 GDP 能耗比 2012 年下降 17.9%；年均新增造林 9000 万亩；恢复湿地 30 万亩；沙化土地减少了 1980 平方公里；签署了气候变化《巴黎协定》，成为全球生态文明建设的贡献者和引领者。

中国经济增长和发展必须直面资源和环境问题。传统观点认为：经济的发展必然会带来环境问题，它们之间是不可平衡的矛盾。这种认识是片面的，是不正确的。经济的发展会在一定程度上对资源和环境造成一定的损害，也存在一定的矛盾，但是，只要采取正确的方式，不仅可以将这种损失减少到最小，而且更重要的是还可以实现经济发展与资源环境保护之间的双赢，促进经济发展与资源环境保护从相克到相生的转变，也就是说，经济发展与资源环境保护之间存在着一种博弈，但这种博弈不是不可调和的。我们目前要做的是建立符合各博弈主体经济利益为目标的协同合作机制，同时还要注意调整、优化产业布局。绝不能走发达国家先污染后治理的老路，而是要用发展的观点来解决这两者之间的矛盾，找到平衡点。采取有效的符合我国国情的政策措施，实现经济发展与环境保护的良性发展，走经济与资源环境可持续发展道路，以期实现我们伟大复兴的中国梦。

二、从国际环境看，世界经济长期低迷，全球经济格局正在或将要发生新的调整

（一）国际金融危机带来的冲击和我国外贸衰退

2008 年肇始于美国“次贷危机”并席卷全球的经济危机已经过去十年多了，但世界经济并没有真正走出金融危机的阴影，全球经济增长始终在低位徘徊，发达国家出现主权债务危机，发展中国家的经济下行。全球经济危机对中国经济的影响也概莫能外，从出口看，自 2009 年以来，我国外贸衰退，复苏的步伐缓慢。为应对世界经济低迷以及中国出口下滑，我们必须保持清醒的头脑，主动加快经济转型。当前急需调整我国的出口贸易结构，转变外贸发展方式，全方位提高外贸竞争力，实现外贸发展的可持续性。

（二）全球经济格局深刻调整，加工市场重心转移

2008 年以来，我国经济发展的国际经济环境出现不利的局面，传统的出口加工业面临激烈的国际竞争，原有的加工业因人工成本上升向越南等东南亚国家转移，市场可能会重组。我国面临着全球经济格局的调整和市场重心的转移，逼迫我们必须主动迎接外部经济环境的变化及挑战，加快经济转型发展。在这种背景下，需要我们进一步坚持和完善社会主义市场经济体制，使市场在资源配置中起决定性作用，更好发挥政府的宏观调控作用，扩大制度创新的经济溢出效应；需要我们外贸创新与再造；需要我们加快资源节约型和环境友好型社会的建设，兑现碳排放与减排的世界承诺；特别需要我们加快中国产业的技术创新，实现中国产业价值链处在全球中高端。

（三）美国加大对中国崛起的遏制围堵

自从特朗普上台以后，美国打着“美国优先”和“国家安全”的旗号，在全世界实行贸易保护主义，特别是把矛头对准可能对美国的世界霸权地位构成实质威胁的中国，实施极限施压和贸易霸凌手段，对中国所有输美商品征收高额关税，甚至实施对中国民营企业，比如华为及其 68 家关联企业列入“实体清单”，禁止华为任何一家关联企业向美国企业购买零部件，这样的“实体清单”极限施压模式正在扩

大到中国更多企业。我们面对美国的贸易战，绝对不能束手就擒，更不能拿中国的发展权这个核心利益做交换。特朗普政府对中国崛起的围追堵截，逼迫我们必须实现关键核心技术的突破，加快技术创新和外贸创新。

第二节　中国经济转型的内容

一、中国经济转型的含义与特征

（一）中国经济转型的含义

经济转型是指一个国家或一个地区在一定时期内经济结构、资源配置和经济发展方式的根本变化，是指一种经济运行状态转向另一种经济运行状态。经济转型包括经济体制的变革、经济增长方式转变、经济发展要素的升级、经济发展路径的重构等。经济转型有多种分类方法，按其状态划分，可以分为体制转型和结构转型。

中国经济结构转型是经济发展三种方式的转变，即从产业结构看，经济增长和发展由过去的主要依赖第二产业，转变为第一产业、第二产业和第三产业共同驱动经济增长和发展；从需求结构上看，经济增长和发展由过去的主要依赖投资和出口，转变为消费、投资和出口协同拉动经济增长和发展；从要素结构投入看，经济增长和发展由过去的主要依赖资源和劳动力，转变为技术创新驱动和劳动者素质提高的集约经济增长和发展。

（二）中国经济转型的特征

中国经济转型的三大特征是经济创新发展、经济绿色发展和经济高质量发展。

1. 经济创新发展。实施创新驱动发展战略的着力点。一是提高自主创新能力，特别是实现关键核心技术的突破。当前，我国很多产业处于国际产业链的中低端，资源消耗大、环境污染严重、利润附加值低、关键核心技术少。只有拥有强大的自主创新能力，才能在国际竞争中处于优势地位。因此，必须在产品装备研发上瞄准国际技术的最前沿、最高端，力求在重点领域和关键技术上取得重大突破。二是在技术创新体系上，要构建以企业为主体、市场为导向、产学研合作的新体系。为实现企业成为技术需求选择和确定的主体，高校、研究机构、政府、金融机构应与企业一起构建分工协作、有机结合的创新链，形成生机活力的技术创新体系。三是加快科技体制机制的改革创新。建立科技资源的合理流动的体制机制，让市场对创新资源配置发挥基础调节作用，建立科学的创新评价机制，调动科技人员创新的积极性和创造性。

2. 经济绿色发展。习近平总书记深刻指出：“绿色发展的要义就是要解决好人与自然和谐共生的问题。人类发展活动必须尊重自然、顺应自然、保护自然。”

长期以来，粗放型经济增长方式不可避免地造成对资源的过渡消耗和生态环境的破坏。然而，GDP 数字的加大并不是我们追求的全部，我们还要注重人文指标、资源指标、环境指标。

3. 经济高质量发展。在 2017 年底召开的中央经济工作会议上，习近平同志指出：“中国特色社会主义进入了新时代，我国经济发展也进入了新时代，基本特征就是我国经济已由高速增长阶段转向高质量发展阶段。”

（1）中国高质量发展的具体含义。中国高质量发展，在微观上，是指生产要素、生产力、全要素效率的提高。一是产品和服务满足消费者的质量需求；二是生产经营者不断提高经营管理水平；三是积极鼓励创新创业。

中国高质量发展，在中观上，是要重视产业结构、市场结构、区域结构等的优化升级。一是通过产业政策对产业进行调整，使各产业间实现协调发展，产业结构不断由低级阶段向高级阶段演进，从而推动经济增长和发展；二是市场资源配置的效率，包括资金的有效动员和市场资源的高效利用；三是优化调整区域经济结构，促进区域经济平衡协调发展。

中国高质量发展，在宏观上，一是在国家治理宏观层面，高质量发展要求经济、政治、社会、文化、生态五位一体；二是在经济领域要求国民经济均衡协调发展，实现新常态下速度变化、结构优化、方式转换和动能转换的四大转变，体现创新、协调、绿色、开放、共享五大发展理念。

（2）高质量发展的实现路径。一是要全面深化改革。当前，中国改革已到深水区和重要关键节点。要进一步完善社会主义市场经济体制，不断增强中国企业的创新力，实现中国制造向中国创造转变、中国速度向中国质量转变、制造大国向制造强国转变。

二是积极扩大和深化对外开放。高质量发展的一个重要表现就是中国出口产品处于全球价值链的中高端，更表现为中国经济规则成为国际规则、中国产品标准成为国际行业标准。要积极推进“一带一路”战略，形成全面开放的新格局。

三是继续进行供给侧结构性改革。宏观经济运行的基本矛盾就是总供给与总需求的矛盾。在当前，中国经济的主要问题是供给侧的问题，包括资源、环境、劳动力、教育、技术、制度创新等问题，只有解决好供给侧问题，才能从根本上推动宏观经济高质量发展。

四是创新和完善宏观调控。要明确政府职能，制定权力清单，明晰政府权力边界，发挥好政府的宏观经济调控作用。

二、中国经济转型的内容

（一）要素调整：经济转型的必由之路

经济增长和发展主要由劳动投入、资本投入、技术投入等多种要素决定。中国经济转型，由主要依赖物质资源的消耗转变为依赖技术进步和劳动者素质的提高。

1. 生产资料的数量和质量，或者说，在价值形态上的资本。生产资料是生产必备的物质条件。在使用价值形态上，生产资料表现为劳动资料如生产工具、厂房等和劳动对象如原材料；在价值形态上，生产资料表现为资金。包括固定资金和流动资金，又可统称为生产基金。一般来说，生产资料或资金的增加同经济发展成正比，生产资料或资金越多，容纳的劳动力也越多，就越能加快经济发展。生产资料的质量提高，可以延长其使用年限，降低单位产品的物质消耗，也有利于经济发展。

发展经济投入生产资料表现为投资活动，即把货币资金转化为生产经营使用的固定资产和流动资产。投资对经济发展的影响取决于投资规模和投资效果，一般来说，投资规模越大，投资效果越好，越有利于经济发展。投资规模受国民经济生产总量、投资率、产品实物构成等因素的制约；投资效果则决定于投资方向、技术政策、施工组织、投资体制等多种因素。

投入劳动力的数量和质量，即人力资本。劳动力是最基本最重要的生产要素，是劳动过程的主体。一般来说，劳动力人数同经济发展成正比，投入生产的劳动力越多，推动的生产资料也越多，产出量就越大，经济增长速度就越快。在现代化大生产条件下，劳动力是掌握一定科学技术和用机器设备武装起来的劳动者，劳动力人数的增加只有同生产资料数量的增加相适应，并通过具有一定素质的劳动力与生产资料相结合，才有利于经济发展。劳动力的数量受人口增长率和人口年龄构成的制约。劳动力的素质取决于劳动者受教育的程度、劳动经验的积累和技术熟练程度的提高。随着技术不断进步，高新技术的广泛应用，对劳动力素质的要求越来越高，它对经济发展的影响也越来越大。

2. 生产效率。经济发展不仅取决于流动资金的投入量，还取决于单位劳动和资金投入量的产出率即生产效率。生产效率表现为劳动生产率和生产资料效率，而引发生产效率的关键因素是技术进步、教育和经济管理。

第一，劳动生产率。劳动生产率指具体劳动的生产效率，通常用单位消耗量生产的产品量或单位产品所消耗的劳动量来衡量。劳动生产率同单位时间内生产的产品所消耗的劳动量来衡量。劳动生产率同单位时间内生产的产品量成正比，而同单位产品所包含的劳动量成反比。提高劳动生产率，意味着单位产品活劳动消耗量的节约，用同样多的劳动量能生产出更多的产品，因而它同经济发展成正比。决定劳动生产率水平的主要因素有：劳动者的技术装备程度和劳动熟练程度、生产组织和劳动组织的合作程度、经济管理水平、科学技术的应用等。从长远来看，劳动生产率是决定着社会主义经济增长的主要因素，“劳动生产率，归根到底是使社会制度取得胜利的最重要最主要的东西”（《列宁全集》第37卷，中文第2版，第18页）。

第二，生产资料效率。生产资料效率指生产资料的物资利用率，具体表现为设备、燃料、动力和原材料的利用率；单位产品物资消耗系数；农业耕地复种指数等。生产资料效率提高，意味着用同样多的生产资料所生产的产品数量增多，因此，它的提高同经济发展成正比。通常用单位产品生产基金占用量来综合反映生产资料效率，如果这一指标下降，说明生产资料效率提高了，达到一定速度的经济增长率所需要的生产资料或资金减少了，有利于经济发展；如果这一指标上升，说明生产资料效率有所下降，达到一定速度的经济增长率所需要的生产资料或资金增加了，不利于加快经济增长。降低单位产品生产基金占有量的主要措施有：充分挖掘现有企业潜力；节约物资消耗；提高设备利用率；开展资源综合利用；克服经济领域的浪费现象等。

3. 技术进步。当前，主要发达国家的知识技术等综合要素对经济增长的贡献率在60%以上，美国和日本已达到80%左右。我国仅为57.5%，与世界主要发达国家相比，还有较大的差距，特别是中国的总体科技水平尤其在关键核心领域差距更大，制约着中国经济持续快速的发展。

4. 经济管理水平。经济管理是指对社会经济活动或生产经营活动进行的计划、组织、指挥、调节、监督等一系列组织实施活动的总称。按管理的范围分为宏观经济管理和微观经济管理。前者是对社会经济活动总体的全局性管理，如制定社会经济发展战略与规划，制定经济政策，布局生产力，调整产业结构，协调地区、部门之间的经济发展，运用调节手段实施宏观调控等。后者是对企业的生产经营活动的局部性管理，如确定生产经营战略，作业计划，调整生产组织和劳动组织，调配人力、物力和财力，进行质量管理和财务管理等。

经济管理是社会分工和协作的客观要求，是共同的经济活动的产物，它影响着生产力的存在状态，能形成一种新的生产力，可以降低生产成本，实现规模经济，提高效率，保证经济正常运行；可以在不增加资源投入量的情况下加快经济增长。实行科学的经济管理，才能发挥现代科学技术的作用，提高生产力各要素的效能，促进经济更好更快地发展。

（二）需求结构调整：经济转型的长久之策

需求结构包括内部需求和外部需求，内部需求包括投资和消费，外部需求包括商品和服务的出口。也就是说，我国经济增长主要是由投资、消费和出口“三驾马车”共同驱动的。需求结构转型，就是经济增长改变过去的主要依靠投资和出口，未来中国的经济增长主要依赖内需，在内部需求中主要依赖于消费。

（三）产业结构调整：经济转型的根本任务

产业是指生产具有同性质产品的生产单位所组成的生产群体，或是具有同类经济职能的社会经济单位所组成的群体。产业结构，是指国民经济各个部门之间和每个产业部门内部构成，以及它们之间的相互制约的经济联系和数量对比关系。按照各个产业在社会生产发展中的历史顺序，产业结构可以分为第一产业——农业、第二产业——工业和建筑业、第三产业——流通业和服务业。

产业结构调整，就是经济增长改变过去主要依赖第二产业，未来中国的经济增长和发展依赖第一产业、第二产业和第三产业协同发展共同驱动。根据经济结构演进规律，推动产业结构的优化升级，关键在于继续优化三次产业结构和三次产业的内部结构。一是继续推动农业现代化，二是坚定不移推进新型工业化，三是加快发展现代服务业。

（四）贸易结构调整：经济转型的关键之举

国际金融危机过后，世界经济低迷，出口需求减弱，加之我国的要素成本上升，中国外贸形势不容乐观。近两年，美国开始对中国崛起进行战略遏制围堵，外贸下行压力明显加大。我国必须在外贸体制、外贸结构、外贸方式、外贸理念等方面进行转变，进而提升中国的外贸竞争力、促进中国贸易结构调整和转型。

第二章

技术创新与产业升级

党的十九大报告明确指出："我国要加快建设创新型国家，创新是引领发展的第一动力，是建设现代化经济体系的战略支撑。要瞄准世界科技前沿，强化基础研究，实现前瞻性基础研究、引领性原创成果重大突破。"习近平在 2018 年中科院第 19 届、中国工程院第 14 届院士大会上的讲话中指出："中国要强盛、要复兴，就一定要大力发展科学技术，努力成为世界主要科学中心和创新高地。"据有关资料，我国研究与试验发展经费支出，2008 年为 4616 亿元，到 2017 年为 17500 亿元，2017 年是 2008 年的 3.79 倍。

世界银行在《1999—2000 年世界发展报告》中指出，"在知识经济时代，知识是比原材料、资本和劳动力更重要的经济因素。"由此可见，科学技术对一个国家的重要程度，尤其是对于与发达国家的经济发展差距极大的广大的发展中国家。所以，广大发展中国家如何通过从发达国家中选择并引进科学技术，以及积极构建符合自己的国家特点的创新体系，并推动本国创新能力的发展就成为了一个重要的研究课题。

第一节　技术创新的相关理论及一般特点

实现经济高速、健康的发展是每个国家所追求的经济目标，但经济发展并不能单纯地依靠增加劳动力、资本等生产要素的投入，更重要的是要发挥技术创新的决定性作用，采取集约型的生产方式。在这样一个知识经济时代，对于发展中国家来说，实现技术进步就显得尤为重要。

一、技术进步

（一）技术进步对经济增长具有决定性意义

经济增长是各个国家和地区追求的目标，但是针对经济增长的根源，不同的学者给出了不同的解释。其中，比较著名流派有四种，即资本决定论、技术决定论、人力资本决定论以及制度决定论。具体而言，资本决定论中最具有代表性的是哈罗德—多马经济增长模型，该理论认为，当需求充足时，经济增长是由资本的多少决定的，但资本—产出比率不变的情况下，资本的多寡主要来源于储蓄率的多少；技术决定论的代表是索洛经济增长模型，主要强调了扩大的劳动分工和经济进步对经济增长的重要贡献，但是此时提出的“技术进步”仅仅被视为经济体系之外的因素，是外生的；人力资本模型则主要强调了人力资本对经济发展的递增收益作用，该模型将经济增长的因素分为有形的物质资本和无形的人力资本，前者虽然对于经济发展很重要，却并不是关键性的因素；制度决定论则认为制度的变迁对经济发展的影响是决定性的，但并未否定资本和技术对经济发展的重要的作用。以上的所有理论解释是在一个大的前提条件下成立的，即规模收益递减的假设。

到了20世纪80年代，随着新增长理论的诞生，去掉了规模收益递减和不变的假设，将经济增长的根源归功于技术进步，与索洛不同的是，这里认为技术进步并不是游离在经济系统之外的，而是内生的，而“知识的积累和人力资本的积累”则对经济增长具有决定性的意义。

技术进步对于经济发展的重要性主要体现在以下几个方面：

1. 技术进步有利于经济的高效发展。由技术进步的概念可知，技术进步就代表着对同样的产量需要更少的要素投入量，所以，技术进步可以提高稀缺要素的使用效率，实现集约化生产，进而可以在一定程度上减少对自然资源的依赖性。

2. 技术进步有利于培育丰富的人力资源。先进的科学技术依赖于人才的研发，而要掌握和应用科学技术，同样也需要更优秀的人才。所以，技术进步的存在一定程度上加强了一国对先进劳动力的需求度，为此，一国会为提供充足的人力资源而加强对教育和科研的投入力度，从而推动一国居民文化素质、科研素质的提高，有利于一国或一地区的稳定。

3. 技术进步有利于经济协调发展。科学技术作用于生产领域形成了科技进步，通过科技进步的继承和积累，会由量变演化为质变，推动一国或一地区产业结构的变化。在需求一侧上，技术进步给人们的生产和生活带来了便利，在一定程度上，人们对产品的期望会更高，由此引起需求结构的变化，需求的变化，推动了生产结构的变化；在供给侧上，技术进步有利于催生新兴产业的发展，从而有利于深化产业分工。

4. 技术进步有利于缩小经济发展差距。全球各国的经济发展水平不平衡，其中最为显著的就是南北差距。所以对于广大发展中国家来说，技术进步则意味着有机会与发达国家的经济发展缩小差距。如果技术止步不前，对于持续追求技术进步的发达国家来说，发展中国家则处于一种双重倒退中。

技术进步到底该怎样实现呢？其实，技术进步的主要来源为引进、创新、边干边学以及人力资本投资。

（二）技术进步的含义

德鲁克曾指出，“知识正成为真正的资本和首要的财富”，那么到底什么才是知识，什么才是技术进步呢？

通过将技术进步与其他概念进行对比，可以加强对技术进步的认识。

1. 技术进步与科学进步。科学进步和技术进步首先是属于不同范畴的，科学进步属于认识世界的范畴，而技术进步则是一种手段或者工具；科学进步是通过人的认知反映出来的，并不能直接形成直接生产力，而技术进步是推动生产力发展的关键，也就是说，现阶段技术进步可以直接以生产力的形式表示出来。虽然科学进步仅仅是技术进步的理论基础，但是对于技术进步有着不可或缺的作用。

2. 技术进步与科技发明。科技发明是指一项技术被发明出来。同样，科技发明也无法直接显现其生产力状况，所以，科技发明不一定是技术进步，仅仅那些被应用于经济生产且取得经济效益的科技发明才能被称为技术进步。

基于以上的概念对比，可以给技术进步以定义。狭义上，技术进步仅仅是指那些在生产、流通和信息交流等领域所使用的能够带来经济增长的工具和程序的变革和创新，主要是指那些有形的事物，如新工艺、新设备等。从广义上看，技术进步是指经济增长中那些不能由劳动和资本增加解释的产出增加的部分，在新古典生产函数中，经济学家将其这部分增长称之为全要素生产率，即总产出量与所有要素投入量的比值。技术进步利用数学公式可以解释为一定量的要素投入可以获得更多的产出，或者，一定量的产出仅仅需要比原来更少的要素投入量。

（三）技术进步的类型

由于各个国家的要素资源禀赋不一致，因此在使用要素时资本—劳动比例也不一致，同样的，由于技术进步所节约的要素使用量也会不同。由此，可以将技术进步分类，即为中性技术进步、资本节约型技术进步和劳动节约型技术进步。其中，中性技术进步是指，在一定的资本—劳动比例下，由于技术进步使得两种资本和劳动的边际生产率同比例增长；资本节约型的技术进步，又称劳动使用型的技术进步，即劳动要素的边际生产率高于资本的边际生产率；同理，劳动节约型技术进步又称资本使用型的技术进步，资本的边际生产率大于劳动的边际生产率。

二、技术引进与选择

（一）技术引进

技术引进，不论对技术引进国家或地区还是对技术输出国家或地区都有着重要的意义。对于技术引入国家来说，可以通过对技术的引进，发展本国经济，尤其是对于发展中国家来说，技术进步是其发挥后发优势的重要组成部分。对于技术输出国家来说，技术的输出可以带来巨额的收入。所以，技术引进在世界各个国家是相当普遍的。

1. 技术引进对于发展中国家的意义。第二次世界大战以来，南北差距不断拉大，发展中国家的经济发展与发达国家的巨大差距是国际性技术转移存在的前提。纵观世界历史，技术引进对于发展中国家的经济发展具有深远意义。主要体现在以下几个方面。

（1）技术引进有利于节约成本。与一般产品相比，技术产品往往需要更多的人力资源、资金和时间成本且需要较高的技术水平，所以，针对技术产品的这种特性，发展中国家引进技术所花费的资金往往要小于直接研发，在很大程度上节约了成本。

（2）技术引进有利于构架发展中国家的创新机制。由于发展中国家与发达国家在技术创新上确实存在着较大的差距，在创新机制上，发展中国家更是落后，且未形成适合自己国家的创新体系。所以，通过引进技术可以推动发展中国家市场机制的培养和发展，使企业参与其中，增强创新活力。

（3）技术引进有利于发展中国家参与全球分工。随着经济全球化的迅速发展，世界各国都处于全球价值链的链条上。由此，对于国外的出口要符合国际标准或者地区的特定的产品生产标准，尤其是技术密集型产品，发展中国家仍未研发出来，只有通过引进技术，才有可能在相关的行业向世界出口，增强参与全球分工的程度。

2. 技术引进的方法与类型。

（1）技术引进的方法。技术引进对于一个国家，尤其是对于发展中国家是十分重要的，主要有以下四种方法：

一是商品贸易。商品贸易是国际技术转移的重要组成部分，一国通过对外贸易，买入包含着国外先进生产技术的设备，通过对该设备的研究、仿制，从而学习相关技术，生产出符合本国发展的新技术、新产品。

二是许可证贸易。直接通过许可证的方式，对技术本身进行购买，比如，买入专利权、图纸和技术参数等。

三是吸引外国投资。对于东道国来说，最需要做的事就是营造良好的国内环境达到吸引外资的目的。外资直接进入该国，一方面不需要该国对技术提供资金，另一方面，外资企业或者合资企业的成立，同样也会培养相应的高素质人才来从事相关工作，有利于实现外溢效应。

四是国外的援助。这主要是通过科技专家的国际交流来实现的。

（2）技术引进的类型。技术引进根据输出国是否将技术应用于生产分为垂直技术引进和水平技术引进。

垂直技术引进是指将一国的基础性科研技术应用到另一国的科研领域中，或者应用到另一国的生产领域中。水平技术引进则是指将一国已经用于生产领域的先进技术直接应用到另一个国家的生产领域。

真正的技术引进是在技术形成生产力以后才实现的，但是引进的技术究竟有多大的生产能力就要看技术引进国家的技术吸收能力，这就要涉及一国或者一个地区具体要引进什么样的技术的问题。

（二）技术选择

针对发展中国家究竟要引进什么样的技术，在20世纪70年代早期引起了热烈的讨论，部分学者认为，发展中国家应该优先引入“中间技术”或者是“小规模生产的技术系统”，这样比较适用于发展中国家劳动力充足、资本匮乏的资源现状。也有学者指出，单单使用中间技术确实在一定程度上推动了发展中国家的发展，但是要想缩小与发达国家的经济发展差距是完全不够的，不利于培养发展中国家的竞争力。

一个国家或者地区应该如何选择可以引进的技术？技术引进国要从多方面综合考虑，主要包括：

1. 从要素禀赋上看。一国要素禀赋不同，其发展经济所引进的技术也就不同。对技术进步分类，可以分为资本密集型和技术密集型两种，所以，一国引进技术首先要看其技术类型能否与本国的资源结构保持一致，更适应本国经济的发展。

2. 从技术引进的目的上看。根据技术进步的分类，一国如果想要追求产出最大化，应该尽量引进资本密集型技术，如果要追求的是就业最大化，则就应该更多考虑引进劳动密集型技术，从而可以为更多的劳动力提供就业机会。

3. 从一国的创新机制上看。当一国引入技术以后，该种技术是否会起到促进经济发展的作用，或者这种技术影响力究竟有多大，则更多取决于一国的技术吸收能力，决定其技术吸收能力的因素就是该国的创新机制。

4. 市场需求。一国是否要引进一项技术还要考虑该项技术下的产品是否有针对性的适用人群，只有找到了国内或者国外的销路，才有引进该项技术的需要。

5. 文化与意识形态。如果引进的技术与本国的传统文化或者意识形态上产生冲突，显然这个技术是不适合本国的。

6. 时间性和地域性。在知识经济时代下，科学技术的发展是十分迅速的，“先进性”的相对性就显得更为明显，任何一项技术都具有时效性，所以，一国是否能够及时掌握一项技术对于一国科技体系的发展是十分重要的，一旦在有效时间内无法掌握，那么就会陷入“购买技术——过时——再购买——再过时”的怪圈；同时，并不是所有的技术都是适用的，有的技术是针对某地区的特点而研发的，并不能覆盖全球各个地区，所以，引进技术要考察它的地区适用性。

（三）发展中国家技术引进的特点

发展中国家通过技术进步确实实现了经济的快速发展，但是，不可否认的是发展过程中仍存在一系列问题。

1. 发展中国家在技术引进上处于受支配的地位。随着知识经济的深化发展，技术更新换代的速度越来越快，专利期也越来越短。发展中国家由于是技术引进国，受到输出国的限制的程度也越来越大。尤其是发达国家的垄断企业和跨国公司对技术的输出国提出了一系列的限制条件，比如，掌握着技术产品的价格制定，由此实现高价卖出，再者，限制出口地区或者产品定位等，甚至控制发展中国家的生产等，这些都给发展中国家的经济发展带来巨大损失。

2. 发展中国家技术创新机制不完善。如果一国的技术创新机制不完善，则会严重影响一国对技术的吸收和转化能力，从而使该项技术不能发挥其最大功效，造成资源和资金的浪费。

3. 发展中国家普遍存在着盲目引进的问题。技术具有时效性和地区性，但是，广大发展中国家由于缺少对技术的了解而盲目引进、盲目使用，造成巨大的外汇损失和资源浪费。

三、技术创新相关理论

科学技术是第一生产力，技术进步的方法之一是创新，对于一个企业甚至一个国家来说，科学技术不能直接转化成生产力，需要创新作为科学技术与经济发展的转化媒介。所以，创新是推动生产力发展最活跃的因素。

（一）熊彼特的创新理论

技术创新理论由熊彼特首次提出。1912 年，熊彼特在《经济发展理论》中，首次将“创新”运用到经济发展过程中，并认为创新是经济增长的根源，并在《经济周期》和《资本主义、社会主义和民主主义》等书中不断完善该理论，形成了经济发展理论。其中，熊彼特将技术进步过程划分为发明、创新和扩散三个阶段。

1. 技术创新的涵义。根据熊彼特对技术进步进程的划分，可知发明与创新是完全不同的概念。在熊彼特的创新理论中也严格区分了发明与创新。发明是一个完全自发的行为，但是它仅仅是一个技术上的概念，因为发明不一定被真正地应用到生产中去；而创新则是引致的，是一个经济概念，它需要把新的技术、新的生产方法等创造性地应用到经济活动中，为使用者带来超额的利润。

同样，技术进步和技术创新也不是同一个概念，技术进步中包含着技术创新，技术创新在技术进步中占据着核心位置，是技术进步的重要和中心环节。首先，技术进步表达的是科学技术从低级到高级的进阶，技术创新则表示的是新技术对原有技术的一种代替；其次，技术进步与技术创新也有不同的侧重点，技术进步侧重于表现科学技术发展的客观现实，技术创新则侧重于表现出技术由构想、提出、应用以及最后获得收益的整个过程；最后，技术进步与技术创新的活动主体是不一样的，技术进步的活动主体是科学家和生产者，技术创新活动则是企业家。对于企业家，熊彼特给出了明确的定义，即“他们怀有创建一个私人商业王国的梦想和意志，具有征服困难、获得成功的愿望，把创造过程当作一种愉快的体验；他们对于经济事业的开发具有较强的预见能力，善于捕捉投资机会，具有‘第一个吃螃蟹的人’的魄力和冒险精神，并且具有非凡的个人素质和组织管理才能。”

所以通过将创新与发明和技术进步进行对比，可以给出技术创新的明确定义，即将新技术首次应用到经济活动或将生产要素和生产条件的新组合应用到经济活动，且取得额外经济利益的企业周期性的技术经济活动。

2. 熊彼特的创新理论基本观点。

（1）创新是在生产过程中内生的直接因素。在经济生活中，在经济体系内部直接作用于生产过程的有资本和劳动力，但这并不是唯一的，还有另一种经济变化，它是从经济体系内部发生的，这种经济变化就是“创新”。熊彼特说：“我们所指的‘发展’只是经济生活中并非从外部强加于它的，而是从内部自行发生的变化。”

（2）创新具有突发性和间断性的特点，它是在一个非常狭窄和正式意义上的经济发展问题，是深刻的“革命性”的经济变化。比如，不管把跑着很多马车或邮车的多大数量的驿路相加，也抵不上一条铁路。这就是“创新”的价值所在。

（3）创新是指新工具或新方法的应用，必须产生出新的经济价值。在创新的前端是“发明”，发明是指新工具或新方法的发现。唯独有“发明”而没有“创新”，即仅仅有新工具或新方法的发现，却没有应用到经济过程中，那么，对经济发展不会发生任何作用。应该指出的是，熊彼特强调新工具或新方法的应用，必须产生新的经济价值具有重要意义。但是重视新工具或新方法的应用固然重要，把创新与发明割裂开来，也有其理论自身的局限性。

（4）创新导致经济发展在本质上发生变化。人口和资本的增长使得经济在数量上增长，但它并没有对经济过程产生质的影响，也就是说，没有实现经济发展。经济发展是经济流转过程中对均衡状态的打破，也就是实现了创新。熊彼特认为，“我们所意指的发展是一种特殊的现象，同我们在循环流转中或走向均衡的趋势中可能观察到的完全不同。它是流转渠道中的自发的和间断的变化，是对均衡的干扰，它永远在改变和代替以前存在的均衡状态。我们的发展理论，只不过是对这种现象和伴随它的过程的论述。”经济发展可以定义为执行“新的组合”。

（5）由于创新活动具有创造价值的特殊性，因而，创新的主体是企业家。所谓“企业”，是指“新组合”的实现。企业家就是以实现“新组合”为职业的特殊群体。企业家的核心职能不是经营管理，而是看其是否能够执行这种“新组合”。熊彼特突出企业家是创新的特殊性群体固然重要，但是，把是否实现某种“新组合”作为企业家的内在规定性就未免偏颇，在实践中也很难操作。

3. 技术创新的分类与形式。技术创新根据不同的分类标准可以分为以下几类：

（1）由于创新对象不同，技术创新可以分为产品创新和工艺创新。其具体含义为：产品创新是指通过创新活动最终产生新的产品，而工艺创新则是指对生产过程的革新，是对生产过程的创新。

（2）根据技术变动强度的不同，可以将技术创新划分为改进性创新和根本性创新。其中，改进性创新又称渐进性创新，是对原有的技术进行渐进性和连续性的创新，主要通过提高产品质量、降低产品成本加以体现；而根本性创新，则指具有重大突破性的创新活动，以此引领一系列在产品和工艺上的创新，并推动产业结构变化。

（3）根据经济变动强度的不同，可以将技术创新分为重大创新和一般创新。其中，重大创新是指能够给企业带来巨大经济效益，或者是给宏观经济带来极大的经济效益和社会效益的创新行为；而一般创新则是具有一般经济效益的创新行为。

对于技术创新的形式，熊彼特给出了五种形式，即有新产品的引进、新技术或新生产方法的引进、新市场创建、原料来源的新途径和新工业的重组。

4. 熊彼特的创新理论与经济周期。在熊彼特看来，技术创新的活动会引起经济周期性波动。首先，熊彼特假定经济初始阶段是处于一种静止的均衡状态。企业家受到利益的驱使而进行创新活动，创新活动带来了巨大的额外经济利润，但是这种额外利润是暂时性的，因为其他企业在看到该项技术有利可图的时候，会对该项技术创新进行模仿，这种模仿行为其实就是技术扩散的一种方式。这样促使整个社会的经济越来越高涨，经济处于繁荣时期，但是，不断的扩散会挤占原本属于企业家的额外利润，直至企业家的额外利润为零，经济又重新处于均衡状态。但必须指出的是，此时的均衡是更高水平的均衡状态。随后，在企业家的推动下，新的创新活动会再次兴起，打破现有的均衡状态……如此不断推进经济周期变动，推动社会进步。

（二）新古典经济增长模型

1956 年，罗伯特·索罗（Robert Solow）提出了新古典经济增长模型。假定技术水平保持不变，该经济只考虑资本和劳动两类投入，生产一种均质产品，集中考察资本要素在经济增长中的作用，即资本累计模型。假定只有一种资本品并且总资本投入量为 K，劳动投入数量为 L，总产出为 Q。

总产出方程为：$Q=F(K,\ L)$

这个总量生产函数中的 K/L，表示为人均资本量。

在这个没有技术创新的古典经济增长模型中，经济应该保持基本停止状态，即资本深化终止，资本收益率也会保持稳定状态，实际工资不再增长，生活水平的提高将会停止。

实际上，20 世纪中叶以来，资本持续深化，资本收益率上升，实际工资也在提高，人民生活水平稳步提升。并且，这种没有技术创新的古典增长模型既不能解释经过一段时间生产力巨大提高的根本原因，更不能解释不同国家间的单位资本收益率的巨大差异。主要原因是古典增长模型中遗漏了技术创新要素，主要涉及生产工艺的改进、生产产品的改良等。生产率的提高是综合因素作用的结果，但其关键因素是技术创新，所以也可以把这类因素视为技术进步因素。根据经济增长与生产要素（资本投入因素和劳动投入因素）和生产率因素之间的数量关系，新古典经济增长模型为：

$$Q = A_t F(K, L)$$

式中，Q 为总产出；A_t 为随时间 t 变化的技术创新或生产率；K 为资本投入量；L 为劳动投入量。

对上述公式求导后可推导出如下可供因素分析的基本公式：

$$Q' = A' + \alpha K' + \beta L'$$

式中，Q'为经济增长率；A'为综合要素生产率增长率或技术创新增长率；K'为资本要投入增长率；L'为劳动要素投入增长率；α 为资本产出弹性系数，即资本投入增长 1% 使经济增长的百分比；$\alpha K'$为资本要素投入增长对经济增长的贡献；β 为劳动产出弹性系数，即劳动投入增长 1% 使经济增长的百分比，因 $\alpha + \beta = 1$，故 $\beta = 1 - \alpha$；$\beta L'$为劳动要素投入对经济增长的贡献率。

索罗分析了 1909—1949 年，美国经济每一个小时劳动总产值增加了一倍，其中，7/8 来自于“最广义的技术进步”。

图 2－1 是美国 1950 年和 1955 年的生产函数，技术创新表示为图中生产函数的上移。图中 APF1950 和 APF1955 分别代表 1950 年和 1955 年的人均生产函数；正是由于技术创新，总生产函数曲线从 APF1950 上移到 APF1955。资本深化和技术创新作用的综合则用箭头表示，它使得人均产出从（Q/L）1950 增长到（Q/L）1955。技术创新提高了资本生产率，抵消了利润率下降的趋势。

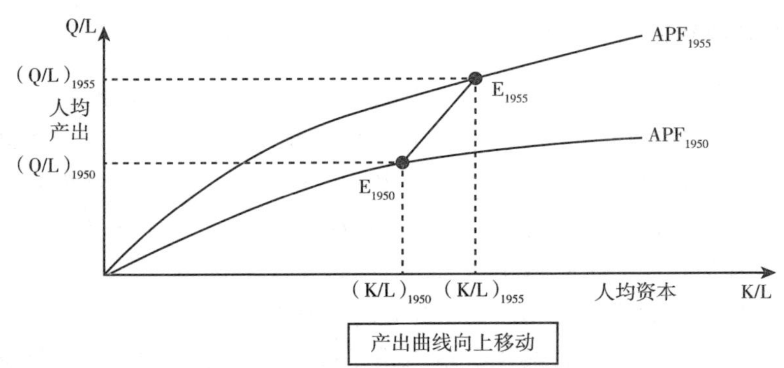

图 2－1　美国 1950 年、1955 年生产函数

（三）内生经济增长理论

内生经济增长理论是目前最前沿、最有影响的现代经济增长理论。该理论是用全经济范围的收益递增、技术外部性解释经济增长，或者用资本持续积累解释经济内生增长。最有影响的代表人物有：罗默的以研发和开发为主的技术进步模型；卢卡斯的人力资本内生增长模型、琼斯—真野模型和雷贝洛模型等。最有代表性的是罗默的内生增长模型。

1. 罗默的第一个内生增长模型。1986 年，罗默（Romer）在《收益增长和长期增长》一文中构建了与传统的收益递减模型完全不同的收益递增模型。该模型是一个具有内生变化的长期增长模型。他把技术进步视为知识积累的结果，技术进步是经济的内生变量，是经济增长的原始动力。知识是一种内生的独立因素，分为一般知识和专业知识两种。一般知识来自于经济的外部性，能使所有企业获得规模收益，专业知识产生经济内部效应，给个别企业带来垄断利润。因此，知识不仅能使知识本身产生递增效应，而且能使资本、劳动力等其他生产要素的收益递增。这就为一个企业或者一个国家的经济的长期增长提供了重要条件。

罗默给出的生产函数为：

$$Y_i = F(K_i, K, x_i) \tag{1}$$

$$K = \sum_{i=1}^{N} K_i \tag{2}$$

式中，Y_i为厂商的产出水平；K_i为生产商品的知识；x_i为厂商投入资本、劳动力等的要素向量；K 为整个社会的知识总量水平；N 为厂商数量。

罗默假定：(1) 对于任何固定的 K 值来讲，F 作为 K_i和 x_i的函数是凹型的，由此可进一步假定，F 是关于 K_i和 x_i的零阶次函数。这就意味着，整个社会的知识总量水平保持一定时，单个厂商的规模收益不变。

(2) 从社会层面看，知识具有溢出效应，F 具有全球性的知识边际生产力的递增性，即对任何固定的 x_i，F 是 K_i的增函数。

那么，可以给出特殊的生产函数和效用函数对模型的求解：

$$U(c) = \ln C \tag{3}$$

$$F(k, K) = k^{\alpha} K^{\beta} \tag{4}$$

其结论如下：(1) 当 $\alpha + \beta < 1$ 时，生产处于规模收益递减状态。当个体知识的边际生产率等于折现率时，经济增长停止。

(2) 当 $\alpha + \beta = 1$ 时，生产处于规模收益不变状态，经济将按一常数增长。

(3) 当 $\alpha + \beta > 1$ 时，生产处于规模收益递增状态，增长率以常数增长并趋向于无穷大，模型是扩散的。

假定一定社会有 N 个厂商，罗默的技术进步方程式可表示为：

$$A = K = Nk \tag{5}$$

在其技术进步方程式下，产出可表示为：

$$Y = N^{(1-\alpha)} K^{\alpha} \tag{6}$$

式中，α 为大于零和小于 1 的正数。特别是，罗默假定劳动力的增长为零，并将劳动力总量单位化，从而式（6）中产出不再直接与劳动的贡献相联系。为寻求均衡增长条件，罗默引进了最优增长模型常用的指数型效用函数 U（c）：

$$U(c) = \frac{c^{1-\sigma}}{1-\sigma} e^{-\rho t} \tag{7}$$

式中，c 为人均消费，ρ 为贴现系数，σ 为大于零小于 1 的正数。引入汉密尔顿方程并令资本的边际产出等于消费的边际效用，罗默得到了模型的均衡增长条件：

$$g = \frac{N^{1-\alpha} - \rho}{\sigma} \tag{8}$$

罗默注意到这一均衡增长条件与劳动力的自然增长率无关。因此，罗默就认为他最终导出了内生增长模型，即完全内生化的技术进步增长模型。

罗默的第一个内生增长模型的经济意义和政策含义在于：知识或技术进步能够提高投资收益率。这就是随着时间的更替投资收益率提高的根本原因，也是世界各国经济发展快慢、经济增长率高低的根本原因。知识是一种内生的生产要素，国家必须对知识进行投资。资本积累与知识投资相互依赖、相互促进，存在着资本投资促进知识、知识促进投资的良性循环的现象。这就意味着投资的持续增加能够长期提高一个国家的经济增长率。这种理论也说明了：经济增长中起主要作用的是规模经济，大国总比小国发展得快。

2. 罗默的第二个内生增长模型。罗默（Romer）于1990年在《内生技术变化》一文中提出建立生产、研发和中间产品三部门的生产模型。认为研发使得企业有了新的发展机会，技术扩散对小国和发展中国家至关重要，外商直接投资（FDI）是技术扩散的重要渠道。一般认为，这是罗默的第二个内生增长模型。有四种投入要素：有形资本 X_i、非熟练劳动力 L、人力资本 H 和技术水平 A。人力资本指熟练劳动力，用受教育的时间来表示，人力资本水平在所有经济中是固定的，技术水平隐含在先前的创新产品之中。这样，知识由两部分组成：一是人力资本 H，它具有竞争性；一是技术水平 A，它是非竞争的，可实现无限的增长。模型假定人口是固定的，人力资本 H 用于最终品生产 H_1 和新知识的生产 H_2（研究），则有 $H = H_1 + H_2$。

最终产品的生产函数可表示为：

$$Y(H_1, L, X_i) = H_1^{\alpha} L^{\beta} \int_0^A X_i^{1-\alpha-\beta} d_i \tag{9}$$

研究人员推动中间产品 A 的边界向外扩展，技术水平的提高，表现为：

$$\dot{A} = \delta \cdot H_2 \cdot A \tag{10}$$

求解模型得到均衡状态下的增长率 g 和为用于研究的人力资本 H_2 分别为：

$$g = (\delta H - \Lambda\rho)/(\Lambda\sigma + 1) \tag{11}$$

其中：

$$\Lambda = \alpha/[(1-\alpha-\beta)(\alpha+\beta)]$$

$$H_2 = (H - \rho^{\Lambda/\delta})/(\Lambda\sigma + 1) \tag{12}$$

罗默的第二个内生增长模型的经济意义和政策含义为：

经济增长率随着人力资本的增加而增加，与劳动力规模和生产中间产品的工艺无关，大力投资教育和研究活动有利于实现经济增长，而直接支持投资的政策无效。

在一个国家的经济增长影响因素中，人力资本的规模至关重要，经济规模不是主要影响因素。一个国家必须大力扩大人力资本规模才能实现经济较快的增长。经济落后国家之所以发展缓慢，处于“低收入陷阱”，主要原因就是人力资本存量小，国家投入人力资本少所致。

由于知识具有溢出效应、专利具有垄断性的属性，因而，政府的行政干预是非常必要的。政府可通过向研究者、中间产品的购买者、最终产品的生产者提供补贴的政策以提高知识研究、开发和使用的效率，最终提高经济增长率，促进社会福利水平的提升。

四、发展中国家技术创新的特点

技术创新活动，从全球范围来看，主要是集中在发达国家，发展中国家的创新行为处于次要地位，但是鉴于创新对一国经济发展的重要作用，发展中国家则更要注重技术创新的实现问题。就目前的阶段，发展中国家的创新行为具有如下的特点：

（一）主要以模仿创新为主

随着南北差距的不断拉大，发展中国家进行技术创新以推动经济发展的要求更具有迫切性。在广大的发展中国家，直接进行发明创造，无论是在人力资源上还是在资金供应上都是十分困难的。因此，发展中国家往往都采用模仿创新的方法，也就是通过将国外先进的技术要么通过直接引进技术，要么通过购买蕴含先进技术的机械设备，并对此加以研究，根据技术的地域性特点进行适应性创新，最后应用到本国经济发展中。

（二）创新活动是由政府主导的

发展中国家市场经济发展不是很发达，市场体系不完善，市场机制不健全，使得技术创新活动无法通过市场直接完成，而技术创新活动最高效的方式就是通过市场的直接运作再加上技术自身运行的内在规律，实现技术创新与经济活动的高度结合，从而推动经济高效发展。而且，发展中国家政府主导的创新模式有其先天的不足，其中主要原因就是政府获得信息的不完全性，由于有些政府机构存在着体制僵化的情况，所以无法灵活应对经济突发情况，从而技术创新活动也不能达到预期效果，甚至对技术创新起到阻碍的作用。

（三）具有处理大小企业关系的难题

发展中国家要想发挥其后发优势，不断缩小与发达国家的经济发展水平，就要处理好大企业与小企业的关系。一方面，发展中国家要加强大企业的建设，因为大企业尤其是国有企业是承接技术转移的主体，承担着技术模仿学习的重任；另一方面，仅仅拥有大企业是不足以增加企业活力的，技术创新的推进需要依托一大批小企业，所以，仍要推动小企业形成簇群效应和竞争机制，从而在技术创新和技术扩散上全面对接，增强国家企业的国际竞争力。

第二节　我国核心技术创新点与路径选择

关键核心技术是国之重器。中国实体经济要实现持续快速发展，商业营销模式的创新固然可以带来经济流量和经济财富的增加，但最终比拼的还是关键核心技术。在中国经济由高速增长转向高质量增长的关键阶段，我们要顺应新一轮科技革命和产业变革大势，以更大的勇气和决心加强关键核心技术攻关，尽快在基础性、关键性核心技术上掌握话语权和主动权。

一、实现我国关键核心技术普遍突破，对我国经济高质量发展的重要意义

关键核心技术对于实现我国经济高质量发展和确保国家安全等具有极端战略重要性。突破和掌握那些我国还处于“卡脖子”瓶颈位置的关键核心技术，不仅是中国制造业乃至于实体经济增强国际竞争力的关键因素，而且是中国实现经济持续增长的动力源。习近平总书记在 2018 年 5 月召开的“两院”院士大会讲话中指出：“实践反复告诉我们，关键核心技术是要不来、买不来、讨不来的。只有把关键核心技术掌握在自己手中，才能从根本上保障国家经济安全、国防安全和其他安全。”

（一）实现我国关键核心技术的突破，是突破以美国为首的西方发达国家对中国的经济遏制和技术围堵、封锁的急迫问题

随着中美贸易摩擦的日趋深入、持久，美国发起贸易争端的实际目的日渐清晰，即通过贸易手段打击中国的高端制造业和产业升级，遏制中国经济的崛起尤其是中国创新经济的崛起势头，争夺未来经济潜在增长的主导权。中美贸易争端是在深度全球化的大背景下发生的。随着全球化的进一步发展，全球产业分工呈现新特点，全球产品分工细化，由产业间的分工向产业内的分工转变。在全球产业链、全球价值链高度融合的大背景下，以信息—通信技术产业为代表的高端制造业，没有一个国家或地区拥有一个完整的产业链条，几乎无一例外都是每个国家或地区负责产品生产的某个环节，在不同国家或地区组装而成的。全球高端制造业总的分工格局是：美国从事关键核心技术研发和高端产品制造，日本和韩国等国家从事中高端产品研发和生产，中国等发展中国家从事组装加工和制造。

同时，也应该看到的是，近几年我国研发投入有了较快的增长。目前中国研发投入增速远超美国；研发支出排在美国之后，处于世界第二位；2016 年我国企业专利申请数量首次超过美国、欧洲、日本和韩国的总和。据全球多个智库报告显示，我国在人工智能、量子通讯、物联网、纳米技术、基因编辑等领域已经进入全球前列；一批创新型企业在移动支付、电子商务、信息技术、共享经济等领域具有较强

的国际竞争力；特别是随着“中国制造2025”的提出，中国在人工智能、电动汽车、医疗设备、高端制造等领域寻求突破，在这些亟待突破的领域与美国正面临着越来越多的正面竞争。美国政府经贸和安全的战略诉求是在关键和技术领域美国永久保持对中国的优势，因而必须遏制、围堵中国在高新领域特别是高新制造业的发展势头。这就不难理解特朗普政府把征税目标锁定在“中国制造2025”的险恶用心，即通过关税手段打压中国未来发展的高精尖的制造业，并试图阻断中国高新技术“干中学”通道，从战略上减缓中国在高新制造业上追赶美国等发达国家的脚步。

（二）对企业来讲，中国在关键核心技术创新领域实现普遍突破，是企业全要素生产率增长的核心来源，也是增强中国企业特别是制造业的国际竞争力的关键因素

当前阶段，中国已经进入了全面提升企业全要素生产率提高和全球竞争力提升的重要时期。但是，阻碍中国企业自主创新的重要因素就是众多产业体系或创新体系中缺乏关键核心技术。只有实现关键核心技术创新领域的普遍突破，才能真正实现中国企业在全要素生产率的可持续增长，才能确保中国企业特别是制造业具有较强的国际竞争力。

我国是全球的电子整机制造基地，但产品利润分配处于劣势。2017年，我国生产家电300多亿台，占全球产量的85%；手机近200亿部，占全球产量的75%；计算机360多亿台，占全球产量的95%。但是，中国在高端芯片、元器件领域仍然需要大量进口，这就导致我国手机、电脑和家电的利润微薄。中国是世界最大的半导体消费市场，2017年，中国进口集成电路2601亿元/3770亿块，整体规模是原油进口的1.6倍，已经连续三年超过原油进口。

（三）中国在关键核心技术创新领域实现普遍突破，既是当下我国供给侧结构性改革的重要任务，也是释放未来中国经济持续增长动力的唯一出路

从近期看，提升关键核心技术创新领域的突破，目的是为了我国企业特别是制造业乃至于实体经济的可持续发展问题；往远期讲，提升关键核心技术创新领域的突破，根本目的是我国未来经济发展的潜在增长率问题。据国家统计局发布的数据显示，2018年我国国内生产总值（GDP）超过90万亿元，按平均汇率折算，经济总量达到13.6万亿美元。根据2018年年末中国大陆人口数139538万人计算，人均GDP接近1万美元。我国处于中等收入的上端，尚未跨越“中等收入陷阱”且即将跨越“中等收入陷阱”的特定阶段，也是仍然处于与主要发达国家的人均GDP有着巨大差距的特定追赶阶段。这些基本事实表明，我国经济追赶发达国家还有发展上升空间，潜在经济增长率维持在较高水平仍有较大的概率和机会。这就需要我国必须把关键核心技术牢牢地掌握在自己手中，实现更多产品、更多产业处于全球产品和产业价值链的中高端，实现产品链和产业链的溢出和扩张效应。

二、我国关键核心技术创新点与路径选择

（一）我国关键核心技术创新点

1. 我国关键核心技术存在的主要问题。近几年我国科技创新实力稳步提升，主要科技创新指标位于世界前列。2018 年，我国科学技术进步对经济增长的贡献率超过了 58%，国家创新能力在世界排名位列第 17 位；发明专利申请量和授权量居世界第一；全社会研发支出占 GDP 比重超过 2%。研发人员总量超过 400 万人，居世界首位。

但是，在许多关键核心技术，涉及高端芯片、高档数控机床、核心发动机、特种材料、基础软件等的高科技战略性领域，基本都被美国、日本、韩国、欧洲等国家和地区把控，我国的技术水平和产业能力差距仍然很大。主要表现在以下几个方面：

（1）高端基础芯片产业，包括核心处理器、存储器、现场可编程门阵列（FPGA）等；

2017 年中国核心集成电路国产芯片市场占有率中，16 项指标其中 9 项占有率为 0，具体见表 2－1。

表 2－1　中国国有芯片占有率情况

系统	设备	核心集成电路	国产芯片占有率
计算机系统	服务器	MPU	0%
	个人电脑	MPU	0%
	工业应用	MCU	2%
通用电子系统	可编辑逻辑设备	FPGA/EPLD	0%
	数字信号处理设备	DSP	0%
通信设备	移动通信终端	Application processor	18%
		Communication processor	22%
		Embedded MPU	0%
		Embedded DSP	0%
	核心网络设备	NPU	15%
内存设备	半导体存储器	DRAM	0%
		NAND FLASH	0%
		NOR FLASH	5%
		Image Processor	5%
显示及视频系统	高清电视/智能电视	Display Processor	5%
		Display Driver	0%

（2）集成电路消费领域和显示面板制造产业，包括芯片光刻机、面板真空蒸镀机等。

据海关统计，2018 年 1—9 月，中国进口集成电路 3200.6 亿块，出口 1636.9 亿块，对外依赖十分严重。具体见图 2－2。

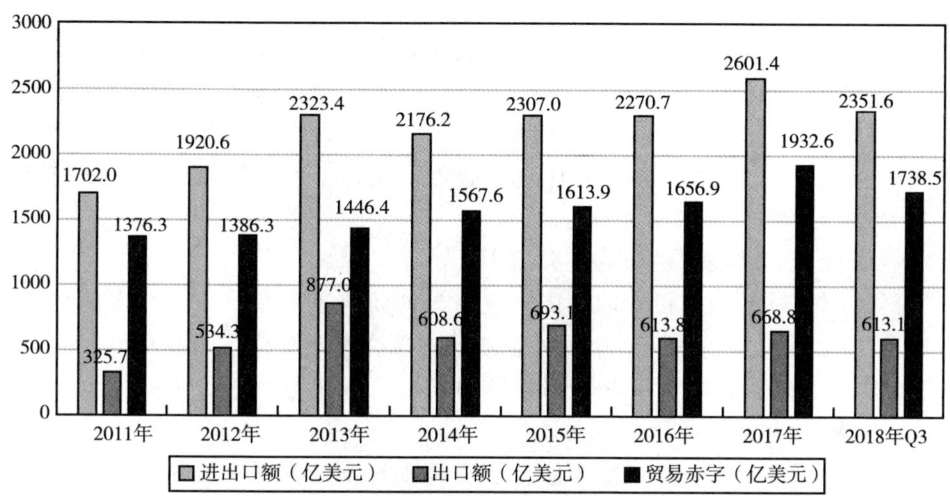

图 2－2　2011—2018 年中国集成电路及出口额情况（单位：亿美元）

（3）金融、能源领域，包括重要数据库软件系统、软件操作系统、战略产业的工业设计软件系统等；

（4）关键材料方面，包括基础电子化学品、航空关键钢材、高端轴承钢等；

（5）许多核心技术方面，包括重大科学仪器、高端医疗设备、航空动力系统、机器人控制、高端数控机床等。

2. 关键核心技术的主要特点。

（1）技术独特性。在高端技术制造业，生产同一种或类似产品，存在着一般性的、通用的技术，比如工艺标准、技术规范、通用设备。这些技术是同类企业所共有的，但关键核心技术是某一个企业所独有，掌握关键核心技术的企业一般采用技术保密、申报专利等手段确保核心技术不对外泄露出去。原则来讲，任何企业都不能通过模仿其他企业来取得某种核心技术。

（2）技术复杂性、关键性。企业的核心技术极其复杂，以芯片设计和生产为例：芯片设计流程包括规格制定、布局规划等，芯片设计主要企业被台湾联发科和美国高通垄断。芯片生产环节包括晶圆生产、离子束蚀刻、电镀、封装、测试等，过程技术要求非常繁杂，芯片生产技术也主要被美、日、欧掌握。其中，芯片的晶圆生产企业包括韩国的三星集团、中国的中芯国际等；芯片的光刻设备生产基本由荷兰的阿斯麦公司垄断，全球市场份额约占 80%；芯片生产的主要企业是美国的英特尔公司；内存芯片生产的最大企业是韩国的三星集团。

核心技术尤其关键。某一企业掌控某种产品核心技术，往往控制着该种产品技术的制高点，正是某方面的关键技术，使本企业能够生产出有别于且胜过其他企业的独特产品，占有市场较大份额。2017 年，智能芯片的市场规模约为 15.6 亿美元，2022 年可能将增加到 256 亿美元。美国的英伟达公司和谷歌几乎占据了智能芯片 80% 的市场份额。

（3）投资大、见效慢、周期长。核心技术研发尤其是基础性的重大技术研发需要投入大量的人力、物力和财力，当前基础性产业往往投入大、收益小且回收期过长。比如芯片的时间成本和资金成本巨大，所以分工很细；芯片生产环节需要巨大的研发费用投入，比如生产一种芯片至少需要十几种不同的掩膜，而每片掩膜大约花费 10 万美元。

3. 我国核心关键技术短板的主要原因。

（1）关键领域的基础科学的发展、应用与创新严重不足。核心技术的突破往往需要 20 年以上的研发积累，对比国外企业，中国在基础科学的理论创新、人才培养模式等方面还有较大差距。没有基础科学的发展、应用与创新，工业生产技术就难以提升和发展。

（2）基础原材料的创新还很不够。仅有基础科学的发展、应用与创新，没有生产技术本身的创新，没有整个制造业全过程的生产技术的创新，特别是没有基础原材料的技术创新，最终产品直至整个国民经济的高质量都是不可能的。当前，我国很多生产制造技术已经达到世界一流水平，但是，这些世界一流生产制造技术生产出来的产品却达不到世界一流水平，原因有很多，根本一条就是大部分基础原材料制品的技术含量不高，无法满足制造业。因此，我国推动经济高质量发展，必须加强基础科学的发展、应用和创新；必须重视和强化生产技术的发展、应用和创新；必须把生产技术的发展、应用和创新的着力点放在制造生产全过程的各个基础环节上。

（3）短期内跨境并购和技术引进受阻。近几年，关键核心技术创新领域相关产业的跨境并购经常受到国外政府的限制；招商引资难以引进技术，比如，美国英特尔公司在我国大连和成都只设立工厂，它的关键核心技术的研发部门在美国本部。

（4）在某些关键领域没有形成完整的产业链条。比如，中国芯片行业没有在高校发展课程体系，在行业内也没有建立认证体系和其他配套的芯片技术操作系统。因此，就无法形成完整的芯片设计、生产链条，无法充分发展芯片行业从研究、设计、开发、生产和使用的完整产业链条，芯片行业的整体竞争力不强。

（5）关键核心技术攻坚的科研组织方式落后，核心技术领域的人才队伍存在严重的结构性矛盾。现有的科技投入结构急需改进，需要进一步探索重大战略需求与单位短期利益的均衡点，重点解决条块分割技术低水平重复的科研资金浪费严重的问题。必须解决关键核心技术领域的人才队伍结构性矛盾问题，即领军人才和顶尖研发团队的培养、引进亟待加强。

（二）当前破解关键核心技术创新的对策与建议

1. 政府要加大对基础研究和应用基础研究方面的国家财政投入，积极引导社会直接投资，理顺和完善关键核心技术攻坚的科研组织方式，政府通过金融、税收支持，将社会投资吸引到基础理论研究、应用基础理论研究、颠覆性技术、核心技术等方面。一方面，我国需要提高基础研究经费占研究经费投入的比重，加大对从事基础理论研究、应用基础理论研究、颠覆性技术、核心技术等前沿领域的高等院校和专业化科研机构的财政和社会资金的支持力度；另一方面，要设计出真正与专业化科学研究和科技前沿自由探索体制相适宜的科技管理治理制度。

2. 优化关键核心技术领域的人才队伍结构。一是继续强化高等院校在基础理论学科、基础理论应用学科以及核心技术领域的专业学科的人才培养规模；二是搭建引育人才平台，比如关键核心技术孵化平台和专业技能培训类平台，有效对接顶尖人才、研发资金和核心技术领域创新企业。

3. 在某些关键核心技术领域形成突破，形成核心技术创新产业链。一是建立多个领域的国家实验室，加大中央财政支持力度；二是直接投资于核心关键技术领域的基础理论研究、基础材料研发和操作系统研发的配套生态系统；三是建立一个以某种产品或某种核心技术为基础的，由大中小企业分工明确的创新链、产品链、产业链组成的创新组织体系。

第三节 国家创新体系的创建

一、国家创新体系的概念

随着知识经济的飞速发展，掌握知识、掌握技术就是掌握了机会，但要想真正地领先于世界经济水平，仅仅靠引进技术是完全不够的，主要靠的是一国的创新能力。创新是一个及其复杂的过程，从其构思、研究、设计到应用于生产，最后取得经济利润，这就决定了创新的过程并不是单一企业就可以完全做到。由此，国家创新体系就出现在了人们的视角。其中，最早提出国家创新体系概念的是弗里曼，他以制度为理论基础，从更为系统化的角度聚焦国民经济，研究了主要发达国家的领先、追赶、超越的过程后，将这个过程的演进归功于国家创新体系的演变。

从分析框架上看，国家创新体系有狭义和广义之分。其中，狭义的国家创新体系更加侧重于微观和中观的视角，分析在相关的公共政策下，微观主体的研发活动与科学技术机构之间的发展情况以及两者之间的相互关系。尼尔逊曾指出，国家创新体系是一组制度，制度决定着效率；而广义的国家创新体系则更为宽泛，不仅仅是创新的实现，也包括了创新的扩散、吸收和适用，并从更为宽泛的角度分析了创新的来源。伦德瓦尔曾强调，“国家创新体系是一些要素及其相互联系作用构成的复合体。这些要素在生产、扩散和使用新的、经济上有用的知识过程中相互作用，形成一个网络系统。”并认为，国家创新体系是一个动态的学习过程，知识的经济反馈和再生产就是该体系的主要特征。

对于国家创新体系，人们较多采用的是经济合作与发展组织给出的概念，即“国家创新体系由参加技术发展和扩散的企业、大学和研究机构组成，是一个为创造、应用和扩散知识的相互作用过程，以及各类机构之间的相互影响和相互作用”。

二、国家创新体系的组成要素和特点

（一）国家创新体系的构成要素

国家创新体系普遍被认为是由以下几个主体组成的动态统一体：

1. 企业。创新必须要有与之相适应的市场机制，企业就是市场机制下创新的直接引发者和组织者，也是创新活动的载体和直接受益人，企业是国家创新体系的核心。

2. 研发机构。研发机构主要是将有能力的科学技术人才聚集在一起，合大家之力共同攻克创新难题，是实现创新、开发新产品、新工艺的重要基地。

3. 教育、培训体系。科学研究需要大量的高科技人才，教育和培训机构的设立是在为科学技术的研发培育潜在动力，这类育人的机构也是现有科学技术得以扩散、延续的重要途径。

4. 金融体系。高科技的研发除了需要大量的高素质人才以外，还需要大量的资金支持，健全的金融体系，可以为技术研发吸纳更多资金，从而转化为投资资本。

5. 国家公共部门。市场机制下的经济虽然是最有效率的，但是市场经济并不是万能的，也会出现市场扭曲，这就需要政府发挥其功能，国家在创新体系中负责引导和调控，并为创新的实现提供必要且适当的政策支持，起到稳定和激励的作用。

6. 信息网络。知识经济又称为网络经济，当今世界计算机系统为人类的生产、生活提供了巨大的便利，它可以为创新提供高效、迅速且多元化的信息传播平台，扩大创新的发展空间。

（二）国家创新体系的特点

通过对国家创新体系的构成要素的分析，可以得出国家创新体系的一般特点。

1. 核心是创新活动。国家创新体系必然是围绕着创新活动展开的，主要是通过创新活动来推动国家层面上的经济发展。

2. 国家的制度安排是中心变量。国家创新体系是从国家层面上对国民经济的创新活动的安排，国家本身并不会直接参与创新活动，国家公共部门在该体系中的主要作用就是通过对政策或者制度的安排，为创新活动提供良好的国内环境和条件。

三、国家创新体系的建立举措

大多数发达国家的国家创新体系基本得以创建。对于发展中国家的技术进步与创新现状的分析，可以知道发展中国家与发达国家在创新和技术上还有很大的差距，因此发展中国家在国家创新体系的构建上更需要投入大量的精力。对于如何构建国家创新体系，可以从国家创新体系的构成要素角度为切入点分析。

（一）市场机制

从创新的实现效率上看，创新需要一个良好的市场导向的环境。何为良好的市场环境？在产权制度上，建立一个产权明晰的市场环境。只有合法、合理地保护创新产品的所有权，才能保证企业家拥有创新产品、创新工艺的合法权益，才能让企业家在不担负巨大风险的情况下积极开展创新活动。同时要把握好产权保护与技术传播之间的平衡，不可将两者对立起来。

（二）完善基础设施

拥有良好的市场机制，还需要有完备的社会基础设施为创新活动提供方便的支持服务。技术设施的完善，比如，道路、港口和电子通讯设施的完善有利于市场机制的高效运作，有利于激发创新活动。

（三）建立教育和培训项目

教育体系的完善和多层次的培训机构可以为国家创新体系提供研究科学技术的后备军，而且，通过学习知识能够准确解读有关创新的国家政策安排，充分利用政策优势。

（四）完善金融体系

完善的金融体系可以为国家创新体系提供充足的资金支持，金融体系越是完善，越能够激发市场上参与创新的企业的信用构建，从而使企业在一个相对稳定的国内环境中发展。

（五）完善信息体系

技术是一项准公共资源而非纯粹的公共资源，因此可以将知识分为两类，即技术知识和属性知识，其中属性知识是指那些容易受到市场信息的不对称影响的知识。发展中国家与发达国家的差距不仅仅表现在技术创新能力上，更表现在信息问题上。发展中国家要更加重视信息体系的建设，通过建立一系列的产品质量标准和管理标准来应对信息不对称的问题。

（六）加强贸易的开放程度

“闭门造车”对一国经济的发展是最无益的，有些发展中国家在对外交流的时候多采取保护本国产业发展的“奖出限入”政策，这就限制了本国企业的创新与国外企业创新碰撞的机会，从而不利于本国创新活动的提升。

（七）国家政策的支持

政府是国家创新体系下的中心变量。不论是在基础设施上、信息体系上还是金融体系的构建上，政府都可以发挥其调控作用，制定合理的国内政策。

第三章

制度创新与政府权变

党的十九大报告指出："加快完善社会主义市场经济体制。经济体制改革必须以完善产权制度和要素市场化配置为重点，实现产权有效激励、要素自由流动、价格反应灵活、竞争公平有序、企业优胜劣汰。"

自然资源、劳动、资本是经济发展最重要的因素。自然资源在一国范围内变化不大，劳动力受人口增长的限制，增长缓慢，资本的变化对经济增长的贡献比较大。当这几种因素都没有显著变化时，由于技术进步带来生产效率的提高，从而全要素生产率提高。而当技术进步不发生变化时，经济也发生显著变化，那就是制度的因素。新古典经济学将制度视为不变，研究既定制度下的经济增长问题。制度经济学将制度引入生产函数，从而经济学界开始制度的研究。

随着我国社会主义市场经济体制的建立和完善，市场化程度大幅度提高，宏观调控体系更为健全，我国经济发展已经处在一个新的起点上。但是我国的社会主义市场经济在运行中还存在着很多问题，主要是市场秩序不规范，以不正当手段谋取经济利益的现象广泛存在；生产要素市场发展滞后、要素闲置和大量有效需求得不到满足并存；市场规则不统一，部门保护主义和地方保护主义大量存在；市场竞争不充分，阻碍优胜劣汰和结构调整。

这些问题，不断敦促我们从理论和现实两个方面审视我们的社会经济体制，经济学界和其他社会科学界有责任从制度变迁中反思我国经济理论和发展中的现实问题，不断适应新形势，不断创新制度，改变政府职能，丰富中国特色社会主义制度，为世界贡献中国智慧。

第一节　制度变迁理论模型

一、制度的定义和分类

（一）制度的定义

美国经济学家凡勃伦在 1898 年《为什么经济学不是一门演进科学》中对当时

的主流经济学进行反思，认为制度也是一个变量。1899 年出版的《有闲阶级论》中写道："制度实质上是个人或社会对有关某些关系作用的一般思想习惯；而生活方式所构成的是在某一时期或社会发展的某一阶段通行的制度的综合，因而从心理学方面来说，可以概括地把它说成是一种流行的精神状态，一种流行的生活理论。"这是早期制度经济学对"制度"下的定义。进入 20 世纪，经济形势日趋复杂，这种早期的所谓旧制度经济学没有提出有效的实证分析框架，没有得到重视。一直到 20 世纪 70 年代，西方国家的滞胀现象引发了一系列思考，对传统的主流经济学有了更多的反思和挑战。舒尔茨、诺斯等人对制度进行了深入研究，并把制度纳入经济分析中，形成了新制度经济学。

诺斯指出："制度提供框架，人类得以在里面相互影响……制度是一整套规则、应遵循的要求和合乎伦理道德的行为规范，用以约束个人的行为。"诺斯认为，制度是一套人们在社会生活中的行为规范守则，是人们之间相互关系的制约规则，给人带来交易上的激励，以及降低生活中的不确定性。

1968 年，舒尔茨提出将制度定义为一种行为规则，包括政治、经济和社会三个方面的规则。并将制度分为进行降低交易费用的制度、降低生产要素所有者风险的制度、财产分配的制度以及公共品和私人服务之间生产和分配的制度。

林毅夫（2012）认为，"制度是一套由人制定出来的、用以规范人们互动行为的规则"。制度如同设计一副框架，把自己禁锢在一定范围，以达到规范自己和他人行为的目的。

（二）制度的分类

1. 正式制度和非正式制度。制度有很多分类，按照是否经过政府认定，有正式制度和非正式制度。正式制度是经过政府或者权威机构制定公布的，如法律。而非正式制度是由社会成员自发产生并为大家共同遵守，没有经过政府认定的制度，如乡规民约、婚姻道德。

2. 单一制度和制度结构。按照具体内容，制度又分为单一制度和制度结构。制度有时指单一制度安排，有时是指整个社会的各种单一制度安排的总和。单一制度规范某一个方面的行为，规定出权利义务范围、可接受不可接受的范围。单一制度的典型案例是婚姻制度。制度结构是整个社会上各种单一制度的总和。研究制度变迁，就要区分是单一制度的变化，还是整个社会的制度结构的变化。如奴隶制度、封建制度、资本主义制度和社会主义制度。

单一制度是微观层面的，制度结构是宏观层面的。制度结构是单一制度从量变到质变的变化。

二、制度变迁理论

制度出现很重要的一个原因是为了降低交易费用。但是另外一个方面，分工和专业化的深化是经济得到进步和发展的根源所在，而分工和专业化的发展必然会带来交易的复杂和频繁，也就是交易成本的不断上升。因此，为了迎合发展经济的需要，制度应不断地改进和革新去解决不断增加的交易费用的问题，从而实现经济水平的提高。从此种意义上可以认为，人类经济社会发展的过程，是分工和专业化深化的过程，而制度变迁就是制度去适应不断增加的交易费用的过程。

然而，能够降低交易费用的新制度产生的动力是什么？变化的过程又会怎样？关于这些问题的研究就形成了制度变迁理论。

（一）制度变迁理论的发展

1. 舒尔茨的早期制度变迁观点。美国经济学家舒尔茨对制度变迁的研究最早。他在反对制度变迁给定的基础上，提出了经济增长的路径。认为制度是影响经济增长的变量，制度具有动态变化的特点，人的经济价值的提高是制度变迁的动力。

2. 科斯的制度变迁观。关于制度变迁的研究，早期还有科斯。科斯（1937）的视角在于选择什么资源配置形式才是有效率的，也就是市场运行的费用成本问题，这些费用成本被科斯和其他新制度经济学家称为“交易成本”或“交易费用”。制度变迁是否进行在于其交易成本的高低。科斯的研究奠定了这种费用成本问题在制度选择和变迁中的作用和重要性。

3. 诺斯的制度变迁动力。诺斯从理论上对制度变迁或创新进行了阐释。他认为，当人们的预期收益超过预期成本，制度就会变迁或创新。制度创新的目的是规模经济、外部性、风险等外部收益内在化。制度变迁导致经济发展，而不是相反。诺斯在其代表作《制度、制度变迁与经济绩效》中，详细讨论了制度变迁，提出相对价格的变化是制度变迁的根本动力。

4. 拉坦的诱致性制度变迁理论。拉坦从制度的供给和需求的角度来分析制度变迁，并提出了诱致性制度变迁理论。将制度变迁看作是制度不均衡带来潜在收入提高时人们将自发进行行动的一种行为。并将制度变迁类比技术变迁，认为一个社会知识存量的大小对制度变迁具有重要影响。

5. 林毅夫的强制性制度变迁理论。林毅夫在供给—需求框架下，认为制度创新的主体是政府。他在《关于制度变迁的经济学理论：诱致性制度变迁和强制性制度变迁》一文中提出，从国家作为一种制度供给力量在制度变迁中发挥力量，强调国家干预在变迁之中的作用，同时提出了强制性变迁理论。即政府以法令和法律的形式引入实施，在更低的交易成本下，它既可以以对现有收入进行再分配的形态出现，又可以出现在自发性的制度变迁中。

拉坦的诱致性变迁理论和林毅夫的强制制度变迁理论，都在供给—需求框架下进行研究，两者强调除了创新主体不同外，创新所面临的主要问题也不同。诱致性创新是一种自发性创新，强制性创新是一种有意识创新。诱致性创新主要是从需求角度研究，强制性制度创新主要从供给的角度研究。

（二）制度变迁的动力和过程

对于一个理性经济人来说，之所以做一件事情，是因为做这件事情的好处大于坏处，收益高于成本。同样的，制度的变迁或者说一项新制度的出现也是因为“净利润”或“净收益”的存在。出于对利益的不断追求，能够带来更高利益的新制度安排也成为人们追求的目标。这就是制度变迁的基本动力所在。这“收益”的来源主要来自四个方面：规模经济即更优化的资本安排制度、外部性的帕累托最优、规避风险和更低的获取信息的成本。

制度在改变和变迁之前会处在一种均衡的状态，然后由于外部冲击的影响改变原有的均衡状态使新制度的出现成为可能。在制度均衡的情况下具有两个特征：第一，所有生产要素已经获得其全部潜在收入的增量，或者改变制度的成本超过改变后的潜在收入；第二，不改变制度就不存在重新利益分配的可能性。造成制度均衡状态打破的外部冲击一般认为有三种：一是某种外部冲击使潜在收入增加，使得制度变迁的预期收益变大；二是某种冲击使得新制度安排的成本变小；三是法律或政治上的改变可能影响制度的结构，使得某一集团实现一种再分配成为可能，比如宪法的修改使制度更改变得简单。

在制度变迁存在可能性之后，有三个层次的主体来推动制度变迁：个人、自愿性组织和政府。由于制度变迁将改变现有的不同集团的利益分配格局，哪个集团的预期收益最大，这个集团将更有可能成为推动制度变迁的主要推动力。

制度变迁之中存在一个时滞问题，这指的是从潜在利润出现之后，到这种利润内部化成为制度安排之间的这段时间间隔。通常潜在的利润越大，时滞的时间长度越短。尽管制度变迁中的时滞问题无法避免，但是我们希望这段时滞尽可能变短。大量的经验表明，不同社会制度所存在的制度变迁的时滞长短不同。中国在1978年之后经济飞速发展，有很大一部分原因来自中国制度安排下的制度变迁的时滞短。

在了解上述概念之后，我们来理解诺斯对制度变迁的过程分析。首先，外部冲击出现，原有制度均衡被打破，新的潜在预期收益形成。其次，第一批发现利益的人出现，成为制度变迁的首创者和推动者，我们称他们为初级行动团体，并由初级行动团体提出制度安排新方案。随后，各个层次和不同利益集团对方案进行评估和选择，此时出现次级行动团体对初级行动团体进行帮助。最后，在两个团体的共同努力下，制度变迁得以实现，新的制度均衡出现。

我们从上述过程可以看出，只要存在“净收益”，制度变迁就是一个自发的过程。然而现实中确实存在好多制度安排实施不了的情况，为此，自20世纪70年代末以来，一些学者重点研究了这些问题，最有代表性的是拉坦和林毅夫的研究成果。

第二节 制度创新的溢出效应与路径

一、产权制度的溢出效应与路径

为何近代西方发达国家的经济发展如此迅速，如同储蓄、货币和实物厂房等资产可以成为资本形成并为经济增长提供动力，而在其他相对不发达的国家和地区的那些储蓄或其他实物资产却不能产生衍生的经济价值？是什么原因和社会机制让这些陈旧的东西焕发出经济的活力？

秘鲁经济学家德索托发现了答案，这恰恰有赖于西方的财产制度。德索托在2000年出版的《资本之谜：为什么资本主义在西方凯旋而在其他所有地方均失败了?》一书中写道："随着西方国家财产制度的成长，人们不知不觉地创造出了各种机制，逐渐地组合出了前所未有的资本生成的过程……换句话说，在西方国家中，资本的创造是一个隐含在错综复杂的正式财产制度中的一个潜在过程。"德索托认为，整合的和正式的财产制度十分重要的一方面是这种制度为市场参与者获得市场信息提供了载体，通过这种制度使人们得以清楚，一项资产是否可以利用，商业活动是否获利。市场变得更加透明，资产的价值和潜在价值也可以更加接近市场真实情况，在交易中得到最充分的实现，从而资本产出比上升。

德索托的观点对于财产制度作为一种市场交易的信息承载工具这点，还是在一个市场的运作层面上展开的。对于制度作为一种信息承载装置，当代美国博弈论制度经济学家肖特则提出过一些更深刻的认识。肖特在其著作《社会制度的经济理论》一书中指出；"哈耶克将完全竞争经济形同为一种信息网络，……然而，经济包含比任何一价格体系所描绘的远为丰富的信息网络，这正是我们的主要观点。这一信息网络正是由制度、经验规则、习俗以及信念所构成的一个复杂的整体；当经济中的当事人不能按照价格来分散地行动或当管理价格机制的费用过高时，这一网络有助于传递有关当事人可预期行为的大量信息。"

基于这一认识，肖特发现市场惯例和制度本身也是一种为市场参与者提供有效信息传导的信息中介。到今天，我们都可以意识到市场价格机制所提供的信息装置，再进一层的讨论，如果没有市场运行的产权制度，价格机制就不可能形成，也不可能对市场信息进行分享。再深层意义上说，价格机制是建立在市场制度形成过程中的一个衍生品。在财产制度之中演变出价格体系，从价格机制演变出了市场。有关产权的规则和机制是现代市场得以运行的关键点和轴心点。

从近代西方发展的大量史实中我们同样可以证实这一逻辑。从欧洲资本主义市场经济最早兴起的威尼斯，到荷兰，然后到英国，以至最后到法国和德国各国的经济发展和起飞，都与这些国家通过宪政民主而确立下来的正式财产制度密不可分。

也就是说，今天我们所看到的经济体制和经济发展是在正式的财产制度的基石之上建立起来的。

同时，德索托从理论的角度归纳了市场经济中正式财产制度的六种效应：第一，决定资产的经济潜能，把死的资产看作活的资本；第二，把分散的信息整合为一套制度；第三，使人责权明晰；第四，使资产可以交换；第五，建立人际关系网络；第六，保护交易。还有一种重要的效应德索托在书中并没有提及，但是我们可以合理地推论出来：它能确保社会成员自由选择的权利。

二、市场制度的溢出效应

哈耶克（1989）发现："竞争是一个发现过程，是一种包含着所有演化过程的方法，它使人类不知不觉地对新的情况作出反应。我们是通过进一步的竞争，不是通过合作，逐渐提高了我们的效率。"就目前已知的经济机制来看，市场经济体制是资源配置效率最高的一种方式，积极地培育市场经济，实现经济发展的市场化是发展中国家的一项重要目标。与计划经济相比，市场化的发展更能够有效解决和弥补经济发展中的错误和风险，维持经济的稳定，从现代社会几十年的发展经验来看，在经济发展中虽然市场体制具有着诸多的不完善和不确定方面，但其效果仍然优于计划体制。

从计划经济和市场经济对比的角度，哈利·约翰逊对将市场经济机制作为经济发展的理想工具的思想做了较充分的论述。约翰逊指出，作为经济发展的工具，市场体制比经济体制更加富有效率。正如亚当·斯密提出经济自由化是由于看到了当时国家作为经济发展的主导者对经济发展带来的低效和无序。另外，许多发展中国家计划经济下所提出的政策带来的代价也是其难以承担和应对的。比如严格的收入再分配政策所带来的生产者的生产积极性和生产效率严重受到抑制。

针对市场机制对于经济发展所起到的作用，哈利·约翰逊从静态和动态两个方面做了阐述。

首先，在静态方面。一是消费者的支付意愿决定商品的分配，在收入分配格局合理的前提下，这是最富效率的方式。二是在利润最大化的原则支配下进行生产要素的分配从而决定产品生产的比例，在收入分配格局合理的前提下，对于社会的整体利益来说是最优选择。三是生产要素自由流动，追逐功能报酬最大化。四是市场决定各个生产要素的相对数量。五是市场按照要素的功能报酬分配收入。

其次，在动态方面。最主要体现在市场为经济增长所提供的刺激。一是市场赋予生产者更高的生产积极性和主动性。产量和利润由市场决定，生产者在逐利原则下会主动积极地大量生产市场的需求品。二是市场赋予生产者更大的创造性，在计划经济体制下，生产的决定是由政府完成，对市场的需求反应不灵敏，相反，在市场体制下，市场最能感受到市场本身需要什么，在需求的强烈推动下生产要素向需求品生产的行业聚集。三是带来激烈的竞争。除了逐利方面给各个成员带来的刺激，竞争从另外一个层面给生产者带来刺激，如果社会成员不积极主动地进行生产活动，将可能被社会竞争所淘汰从而无法获取利益。在市场中，由于逐利的内在动力和竞争的外在压力，生产效率不断提高，创新持续进行，使经济处在蓬勃发展的状态中。总之，劳动者为了获取更高的报酬而提高自身生产效率，资本者不断累积物质资本以获得更多资本报酬，在人力资本和物质资本的双重作用下，市场使资源得到最优化的配置，提高了生产效率，刺激了经济增长。

第三节 我国制度创新存在的问题及对策

一、我国制度创新的实践

改革开放以来，我国经济实现了奇迹般的增长，这在很大程度上是制度红利。特别是党的十八大以来，我国在制度方面有很多创新。

（一）政府与市场的关系

市场机制是目前最有效的一种配置资源的方式。但是，即使是放大的成熟的市场经济，市场机制也存在市场失灵的情况。垄断、外部性、公共物品和不完全信息等，都会造成市场失灵。作为发展中国家，在市场经济还不太成熟的情况下，仅仅依靠市场机制这只“看不见的手”是无法实现资源的最优配置的，必须充分发挥政府这只“看得见的手”的作用。作为发展中国家，就是要处理好政府与市场的关系。

1. 东亚国家的经验教训。东亚国家和地区，如韩国、中国台湾、新加坡，在处理政府与市场的关系方面，既有成功的经验，也有失败的教训。在经济发展水平低下、市场发育不健全时，发挥政府的作用，弥补市场失灵、部分替代市场和不断培育市场，从而使得经济快速发展的同时市场不断完善，为政府逐渐退出相关领域做准备。当经济起飞并发展到一定阶段后，政府应逐步退出替代市场配置资源的职能，减少对经济的过多干预，避免资源配置的效率低下、价格扭曲的问题。新加坡在实现了经济起飞后，强调市场机制的作用。同时，也重视对经济进行宏观调控，保证了经济持续稳定的发展，避免了亚洲金融危机对自身的影响。韩国在实现经济起飞后，没有随着市场作用的提高而放弃对市场替代的功能，依然对市场进行过多干预，从而使得很多大企业在政府的保护下盲目扩张，效率低下，因而在亚洲金融危机中遭受重创。

2. 我国政府和市场关系演变。在市场和政府的关系方面，在不断扩大市场机制作用的同时，一定要保证宏观政策和环境的稳定，否则就会出现韩国的失败。在我国，政府与市场的关系是随着经济发展的实践变化而不断变化的。在新中国成立之初，一穷二白，百废待兴，唯有集中精力办大事，才能实现经济的起飞。因此，我国实行了计划经济体制。计划经济体制的实施，保证了我国经济的快速发展。但是，效率低下、价格扭曲等计划经济的弊端也逐渐显现。政府积极探索、勇于创新，在实践中不断对市场和政府的作用进行调整，不断扩大市场机制的作用。我国在建立社会主义市场经济的初期的 1993 年提出了“让市场发挥基础的作用”；1997 年党的十五大提出，“使市场在国家宏观调控下对资源配置起基础性作用”；2002 年十六大提出“在更大程度上发挥市场在资源配置中的基础性作用”；2007 年党的十七大报告提出，“从制度上更好发挥市场在资源配置中的基础性作用”；2012 年党的十八大报告提出，“更大程度更大范围发挥市场在资源配置中的基础性作用”；2013 年十八届三中全会，中央在政府与市场关系方面，提出了让市场发挥决定性作用和更好发挥政府作用，充分认识和发展了市场经济规律。目前，我国 97% 的商品和服务价格由市场决定，市场决定价格的机制基本建立。

（二）乡镇企业

乡镇企业是我国的一个制度创新，为经济发展作出了不可磨灭的贡献。20 世纪 80 年代，改革开放初期，农村联产承包责任制使得一部分农民先富裕起来。这些富裕起来的农民创办了乡镇企业。所谓乡镇企业是企业个人与乡或村合作，注册为集体企业。这些企业从法律上属于乡镇政府或村集体，实际上为个人所拥有和控制，乡镇或村仅仅按照一定比例分得利益。这是一种产权不明晰的企业组织形式。按照经济学理论，产权不明晰的企业，不会取得成功。在我国，乡镇企业是一种典型的在非正式制度下产生的企业，是当时条件下的一种创新。乡镇企业之所以能够取得成功，主要是因为乡镇企业家的才能与政府控制的稀缺资源有机结合，乡镇企业在政府的监管之下，不仅追求利润，还能解决就业问题，符合当时条件下人们的认知水平。

（三）中国农村制度创新

改革开放以前，我国农民实行的是集体生产方式，即在人民公社管理下，农民组成生产队，在集体土地上耕作，按照工分分配粮食。集体生产这一制度是当时对社会主义认知的唯一制度安排，认为社会主义的农业必须是这种模式。但集体生产时人们的生产积极性不高，农民出工不出力，使得产量低迷，人均收入极低，生活比较贫困。1978 年安徽凤阳小岗村的 18 户村民以契约的形式，分田到户，把属于集体的土地分给农民个人耕种。第二年，在“人努力、天帮忙”的情况下，小岗村出现了 20 年没有的丰收景象，粮食产量比上年提高了 4 倍，农民收入从上年的 22 元增长到 350 元，增加了 16 倍，生产效率大大提高。1984 年全国粮食产量首次突破 4000 亿公斤，农业总产值比 1978 年增长 2.3 倍。中国人均粮食拥有量达到 400 公斤，接近世界平均水平。

把土地的集体所有权和土地的家庭承包经营权两权分开，每家每户既是一个有活力的生产经营主体，同时又是一个面向市场的市场主体，主体活力被激发出来，农村有了活力。土地是农村改革的核心问题。这种家庭联产承包责任制，是对农村集体生产的制度创新，是由农民自发形成的非正式制度到经过政府认定的正式制度，是诱致性制度变迁。家庭联产承包责任制这种基层的探索，农民的首创精神得到肯定，在中央认可和引领下，在全国推广。

任何一个制度的激励都是有限的。家庭联产承包责任制初期，确实激发了农民经营主体的积极性，提高了生产效率。随着制度激励的减弱，1984—1987 年粮食产量处于徘徊局面。这说明一项制度的有效性受到很多因素的影响，不同地域、不同的地质环境，都会影响其效率。所以，在家庭联产承包责任制的框架下，有了不同的制度创新。出现了山东平度的“两田制”、北京顺义和江苏苏南的“规模经营”以及山西吕梁的“四荒”使用权拍卖。平度的“两田制”是把口粮田和责任田区分，起到了生活保障和经济发展的双重职能，是自下而上的自发的需求诱导式制度创新。规模经营主要发生在大城市的郊区，具有供给主导的特点。“规模经营”克服了均田制的农户经营规模过小的弊端，有利于农业机械设备的使用，提高规模效益。“四荒”使用权拍卖的制度创新也是自发的需求诱致性制度变迁。这种制度创新，从“承包”变为“拍卖”，使农民有了获得土地使用权的稳定感和权属感。

在中国经济的发展史上，土地改革不断释放活力，推动了农村改革。2014 年中国深化改革领导小组提出了“三权分置”的改革方案，将承包经营权拆分，将承包权给承包农户，将经营权给愿意种地的经营者。这是继家庭联产承包责任制之后的又一制度创新。通过制度创新，提高了农业的适度规模化经营，提高了农业劳动生产率。

（四）国有企业改革

国有企业的改革探索从 1978 年十一届三中全会开始。1979 年，国营宁江机床厂在党中央的报纸——《人民日报》上刊发产品广告，并在 1980 年包车旅游，引起轰动。在当时计划经济时代，企业生产没有自主权，生产缺乏效率，经营僵化。1978 年冬天，四川启动了企业扩大自主权的改革试点，宁江机床厂是五家试点单位之一。扩大国有企业自主权后，除了完成国家分配的任务，企业可以自己接活儿干，赚的钱归自己。多劳多得，有激励有干劲，工资从 50 多元涨到 80 多元。1979 年国外媒体报道，当年中国国有企业的工人和干部的收入，同比增长 7.6%。扩大企业自主权、改革分配制度、打破大锅饭，这是国企改革的第一步。

武汉钢铁厂是新中国成立后建立的钢铁厂。在 1980 年国有企业放权改革中受益，并保持十多年的高效益。武钢是武汉人心里理想的去处。但到了 20 世纪 90 年代，由于机制不活，武钢的效益下滑，生存也受到挑战。1997 年中央提出国有企业“三年脱贫”目标，要求国有大中型骨干企业在 2000 年年底，初步建立现代企业制度。党的十六届三中全会提出，建立健全国有资产管理和监督体制，积极探索国有企业监管和经营的有效形式。国有企业的改革还在进行中，到2020年国有企业公司制改革基本完成，国有资产监管体制更加成熟，国有资本配置效率显著提高。

二、我国制度创新存在的问题

（一）路径依赖

在理论状态下，制度会通过市场竞争和不同阶层集团的博弈自发地向高效率的方向变迁与演进。但是我们纵观现实，可以发现很多实际情况并不符合理论，低效制度往往会在相当一定时间段内存在。对于这一制度变迁中存在的问题，诺斯最早提出了“路径依赖”的思想来解释制度变迁和演进过程中所遇到的来自以往制度对变迁的阻力。

路径依赖，指的是原有的状态选择决定着现在的选择。在制度变迁的过程当中，制度最开始所演变的方向一旦确定，就会存在一种“惯性”的力量推动着制度向这个既定的方向变迁，并且会随着演变过程自我加强。如果最初的路径变迁是向着一个良性的目标，那么制度也会向良好的方向层层递进；如果一开始制度踏入了不利于发展的变迁路径，那么也会因为“惯性”而朝着恶性的方向不断循环甚至陷入一种无效率的混乱状态，除非有一种外力将这种循环打破。

路径依赖更深层次的原因是原有制度下获利较多的阶层或集团出于维持自己的现有利益的目的而进行的一种自我保护的行为，利用自己在体制中的权力和地位竭尽全力地维护现有制度，阻止制度革新，新制度对社会的推进是否有积极作用不在他们的考虑范围之内。

（二）非正式制度的影响

一个社会之中会同时存在正式制度和非正式制度。正式制度通常指以文字形式确定下来的由国家和政府强制实施的准则和法律，而非正式制度是指在一个社会中成员长期交往潜移默化形成的社会软规则，以文化的形式积累延续下来并代代相传，如价值观、伦理规范、道德、习惯、意识形态等，必须经过长时间的积累才能逐步形成。

相对于正式制度这种强制性的硬约束来说，非正式制度虽然是一种非强制性的软约束，但其重要性绝不亚于强制性的正式制度。非正式制度规则若能与正式制度相辅相成地作用于社会运行，相互补充，则会对社会产生积极影响，但当正式制度与非正式制度存在摩擦或冲突时，由于深入社会成员内心的意识形态、价值观等非正式制度的长期性和稳定性，正式制度往往会流于形式甚至完全坍塌。只有符合非正式制度要求和准则的正式制度才可能顺利进行和发挥作用。

近代以来学习西方发达国家制度的发展中国家有很多，并且可以较快地移植发达国家的正式制度，节省了许多制度变迁过程的时间和成本。但是实际效果并不如预期，其中重要原因是，发展中国家移植正式制度的时间很快，但是非正式制度想要平移的难度很大，时间很长，移植过来的正式制度与原有的非正式制度不融合，导致市场经济制度并不能像西方国家进行得那样顺利，使得制度低效甚至无效。

在一个国家或地区形成的非正式制度经过千百年来的演变和自我纠错，自然在很大程度上具有其合理性和合适性，一味地追求正式制度而忽略非正式制度的基础性甚至决定性作用，并不一定能够达到预期效果，非正式制度的演进和学习同样是制度变迁过程当中的重头戏。

三、我国制度创新的条件

（一）充足的创新动力

党的十九大报告指出，“我国社会主要矛盾已经转化为人民日益增长的美好生活需要和不平衡不充分的发展之间的矛盾”，“我国社会生产力水平总体上显著提高，社会生产能力在很多方面进入世界前列，更加突出的问题是发展不平衡不充分，这已经成为满足人民日益增长的美好生活需要的主要制约因素。”对我国社会主要矛盾的判断，为我国的制度创新提供了根本动力。只有不断进行制度创新、自我革新，发展才有不竭动力。

（二）有利的国内外环境

目前，我国制度创新的环境非常有利。从国内来看，改革开放 40 多年就是制度创新的 40 年。社会主义市场经济体制是在总结我国经济发展的经验教训中创新确立的。

从国际环境来看，世界和平与发展的主题没有变。我国政府在 2013 年提出了“一带一路”倡议。到 2019 年 3 月，中国政府与 125 个国家、29 个国际组织，签署了 173 份合作文件。在设施联通方面，建设了新亚欧大陆桥、中蒙俄经济走廊、中国—中亚—西亚、中国—中南半岛、中巴和中印缅等六大国际经济合作走廊，基础设施互联互通，为构建高效畅通的亚欧大市场发挥了重要作用。2013—2018 年，中国与沿线国家货物进出口总额超过 6 万亿美元，占中国货物贸易总额的比重达到 27.4%，年均增速高于同期中国对外贸易增速。在资金融通方面，已有 11 家中资银行在 28 个沿线国家设立 76 家一级机构。到 2018 年，我国与其他国家的国际合作愈加广泛，我国经济处于重要的发展机遇期。在“一带一路”的框架下，中国支持亚洲、非洲和拉丁美洲等地区的发展中国家，加大基础设施建设力度，把世界经济发展的红利输送到这些国家。世界银行研究组的研究显示，共建“一带一路”发展中的东亚及太平洋国家的年国内生产总值平均增加了 2.6% 到 3.9%。“一带一路”建设不仅为相关国家经济带来了发展，为世界经济的合作提供了平台，同时为世界提供了广受欢迎的公共产品，有利于世界经济的发展。

（三）稳定的制度结构

1992 年党的十四大首次明确提出市场经济体制改革目标。1993 年党的十四届三中全会通过了《关于建立社会主义市场经济体制若干问题的决定》，进一步勾勒了市场经济体制基本框架，明确了建立现代企业制度的目标和步骤，于 1994 年试点实行并逐步推广。目前，我国社会主义市场经济体系初步建立，但还存在很多问题，需要进一步完善。

四、我国进一步制度创新的建议

刘易斯在 1954 年出版的《经济增长理论》中说到，“一项制度的优劣，取决于制度能否保护民众努力的成果，取决于制度能否提供专业化分工的机会，也取决于制度能否允许民众拥有充分的行动自由。”为此，我们的制度创新，就要发挥市场主体的积极性。

（一）进一步完善市场体系

1. 改善金融结构。金融业是进一步市场化改革的重点区域。如果金融业改革不好，会使经济受到抑制。在这方面，新加坡和韩国的经验教训值得我们借鉴。新加坡在经济起飞后，逐渐减少政府的干预，充分强调市场机制的作用，但同时也充分发挥政府稳定宏观经济环境的作用，尤其是在金融方面，一方面积极推动金融业自由化，一方面实行严格的金融监管，建立金融监管机构，规定银行业要稳健经营。韩国在金融业方面实行民营化的同时，依然直接干预银行，行长由政府委派，依然保护银行业。由于有政府的保护，银行缺乏市场导向，效率低下，在亚洲金融危机期间纷纷倒闭。经济起飞后，企业发展迅速。但在经济发展过程中，往往大企业容易获得贷款和金融支持，中小企业却面临融资难的问题。因此要发展中小型的银行，面向中小企业和农村。

2. 改革要素价格。新中国成立初期，为了保证重工业优先发展的工业化之路，实行了计划经济，人为压低资源价格，造成价格扭曲。改革开放以来，不断改进价格扭曲的情况。20 世纪 90 年代，中国资源税费大概占资源价格的 1.8%。美国的地面石油税费占资源价格的 12%，海上石油占 16%。在我国，由于国有矿产企业承担着一定的社会责任，负担较重，政府通过压低资源税费对企业进行补贴和补偿。随着资源价格的放开，石油、煤炭、铁矿的价格逐渐与国际接轨。资源价格上升后，资源税费占资源价格的比例更小了，仅占 0.5%。20 世纪 80 年代以后，民营和外资企业进入相关行业，使得没有社会负担的企业享受低价，造成资源浪费。同时，较高的资源价格和较低的资源税费，这一利润空间巨大，吸引了更多的资金进入，只要取得开矿权就能致富，增加了寻租和腐败，也增加了矿难发生的几率。

为使价格不被低估和扭曲，可以将社会负担从企业中分离出去，由社会保障来支付。加快要素价格市场化改革，深化资源性产品、垄断行业等领域要素价格形成机制改革，统一按照市场价格的办法来征收资源税费。

3. 取消行政性垄断。电力、通信等具有规模经济的重要行业，都由国有企业经营，具有一定的垄断性。但垄断利润并没有上缴国库，而是在企业内部进行分配，造成了收入分配不均。垄断往往缺乏公平和效率。要规范自然垄断，破除各种形式的行政垄断，根据水、石油、天然气、电力、交通、电信等不同行业的特点实行公共资源市场化配置，引入竞争机制，放开竞争性业务和竞争性环节价格，真实反映市场供求关系、资源稀缺程度。同时，要加强监管。

（二）混合所有制改革

20 世纪 90 年代，随着我国的改革逐渐深入，开始建立混合所有制经济体制。1999 年的宪法修正案明确规定，私营经济是中国经济的重要组成部分。2013 年，党的十八届三中全会审议通过的《中共中央关于全面深化改革若干重大问题的决定》指出，“要积极发展混合所有制经济。国有资本、集体资本、非公有资本等交叉持股、相互融合的混合所有制经济，是基本经济制度的重要实现形式，有利于国有资本放大功能、保值增值、提高竞争力，有利于各种所有制资本取长补短、相互促进、共同发展。”2014 年《政府工作报告》进一步提出“加快发展混合所有制经济”。2018 年国家发改委发布《关于深化混合所有制改革试点若干政策的意见》。意见指出，按照党中央、国务院关于国有企业混合所有制改革的部署，推出两批重要领域混合所有制改革试点，并取得显著改革成效。

发展混合所有制经济，应做到四融合：第一，立足于国有企业，吸引民营资本、外资与国有资本融合；第二，立足于民营企业，让国资、外资与民营资本融合；第三，立足于外资企业，让国资、民资与外资融合；第四，立足于企业员工，实行员工持股。

发展混合所有制经济，要在保护民营资本产权的同时改革国有企业。改革国有企业不是削弱国有经济，而是要优化国有资本。通过改革，要有利于国有企业保值增值，有利于提高国有经济的竞争力，有利于放大国有资本的功能，使公有制基础更加牢固。我国目前国有资产总额超过 144 万亿元。2017 年 100% 国资的东航物流公司面向社会出让 45% 的股份，引进社会资本。同时，员工持股 10%，建立了市场化机制，使企业活力增强。国有企业的改革取得成效。

（三）加速户籍制度改革

我国的户籍制度经历了几个阶段的变化，1958 年前，确立了“户警一体”户籍管理形式，户口管理具有证明身份、统计人口和配合斗争等三个基本功能，但对于公民的居住和迁徙没有限制。1958—1978 年，为了配合我国的计划经济和重工业发展战略，以法规的形式确立的户口迁移审批和凭证落户制度，形成了城乡二元户籍制度。1978 年改革开放之后，随着我国由计划经济向市场经济转型，户籍管理发生变化。2001 年，一系列关于户籍制度改革的文件出台，形成了以住房和收入为条件的农村人口向城镇迁移的户籍制度。

但是由于路径依赖，附着在户籍制度上的福利制度依然存在。户籍制度中城乡分割的二元结构增加了劳动力的迁移成本，进一步改革户籍制度势在必行。目前户籍制度已经有很大的变化，一些大城市逐步放开了户籍制度。户籍制度进一步改革的目的是，在保留公民身份证明和人口统计功能的基础上，剥离附着在城市户口上的福利，为建立全国统一的劳动市场提供平台，使得公民，无论是农村居民还是城镇居民，无论在哪里，都有平等的权利与机会。

户籍制度改革要注重保障功能。户籍管理变为户口登记，体现公民出生地的不同，而不是身份的差别。要把农民纳入全国社会保障体系，无论是养老、就业和医疗，不分农村和城镇，形成全国城乡统一的网络，让农民分享现代化建设的成果。

（四）进一步创新农地经营制度

在中国经济的发展史上，土地改革不断释放活力，推动了农村改革。2013 年习近平就提出，要研究农村土地的所有权、承包权和经营权的问题。2014 年中国深化改革领导小组提出了“三权分置”的改革方案，拆分承包经营权，将承包权给承包农户，将经营权给愿意种地的经营者。2017 年党的十九大报告提出，深化农村土地制度改革，完善承包地“三权”分置。这是继农村联产承包责任制后的又一制度创新。“三权分置”突破了家庭联产承包责任对经营权主体仅是本集体的农户的限制，可以实现规模化、专业化经营，提高了农业劳动生产率。2017 年，全国有 7000 万农户流转了土地，占全部农户的 30%，土地流转面积占总承包面积的 35%。农业经营规模化进一步提高。

需要注意的是，无论制度如何创新，都要坚持土地集体所有权的性质，稳定现有的承包关系。

第四章

区域创新与国家战略

随着中国社会主要矛盾的变化，区域经济进入了向高质量发展迈进的关键期。但是区域经济发展不平衡不充分问题依然突出，区域经济结构平衡、协调发展的任务依然艰巨。影响区域经济发展的因素众多，区位条件是其中最为重要的因素。消除地区间收入差距，实现区域经济协调发展是发展中国家实现区域结构转换的重要问题。

党的十九大报告指出："实施区域协调发展战略。加大力度支持革命老区、民族地区、边疆地区、贫困地区加快发展，强化举措推进西部大开发形成新格局，深化改革加快东北等老工业基地振兴，发挥优势推动中部地区崛起，创新引领率先实现东部地区优化发展，建立更加有效的区域协调发展新机制。"2014 年 4 月 25 日，习近平主持召开中共中央政治局会议，会议指出要继续支持西部大开发、东北地区等老工业基地全面振兴，推动京津冀协同发展和长江经济带发展，抓紧落实国家新型城镇化规划。

区域创新是推动区域经济发展的重要力量。2012 年党的十八大以来，中国区域经济发展进入新阶段，即区域经济由不协调不充分向多极统筹高质量发展转变。推动区域经济发展除了东部、中部、西部和东北"四大板块"外，起到引领和标杆作用的就是京津冀协同发展和长江经济带的"两大战略"。

第一节　区域经济结构及其影响要素

任何一个国家或地区的经济要素的配置都包括两个方面：一个是分布于不同的产业，形成产业结构；另一个是分布于不同经济区域，形成区域经济结构。因此，区域经济结构是宏观经济结构的重要组成部分。由于经济基础不同，以及地理环境、自然资源、气候环境等区位因素的影响，还有社会、文化、历史等方面的制约，各地区的经济结构存在较大的差异。合理的区域经济结构不仅能促进各经济区域、各地区的经济快速发展，而且是推动整个国民经济向创新发展、绿色发展和高质量发展的必要条件。

一、区域经济平衡发展的重要意义

进入21世纪以来，我国区域经济发展取得了长足的进步。2017年，我国东部地区生产总值占全国的比重为52.6%，比1978年上升9.0个百分点；人均地区生产总值约为11530美元，已经接近世界银行定义的高收入国家水平。近年来，随着我国经济发展阶段变化，东部地区腾笼换鸟，在体制创新、技术创新、产业结构升级、陆海统筹等方面先行先试，发挥了重要的示范和带动作用。2001—2017年，中部、西部地区生产总值年均分别实际增长11.1%和11.6%，快于东部地区0.1个和0.6个百分点。2017年，中部、西部地区生产总值占全国的比重分别为21.0%和20.0%，分别比2000年提高1.9个和2.5个百分点；全社会固定资产投资占全国的比重分别为25.9%和26.5%，分别提高10.8个和8.0个百分点。

但是，由于我国地域辽阔，资源禀赋条件差异极大，东西方和南北方经济发展总体水平差异极大。东西方涉及“四大板块”，即东部地区、中部地区、西部地区和东北地区。东部沿海地区经济比较发达，中部地区属于次发达的地区，西部地区属于经济不发达地区。

南北方涉及南方地区和北方地区。南方地区经济比较发达，北方地区除了京津两市外总体经济欠发达。当前，我国实施的京津冀协同发展战略目的是把京津冀地区打造成北方地区经济发展的核心引擎；长江经济带战略目的是把联结北方与南方中间地带的长江流域地区打造成南联北接的经济发展的核心引擎；粤港澳大湾区发展战略目的是把粤港澳大湾区打造成南方地区的经济发展的核心引擎。

我国不发达地区主要是革命老区、少数民族聚集区和边疆地区，因此，实施区域创新，实现区域经济平衡协调发展，具有十分重要的经济意义和重大的政治意义。其意义主要表现在：

1. 地区经济协调发展是国民经济整体发展的必要条件。各经济区域充分发挥自身的特点和独特优势，充分利用各个地区的资源禀赋条件加速本地区的经济发展，才能促进我国整个国民经济的发展。

2. 实施区域经济创新发展，有利于加强区域经济合作，助推经济发展。大力发展区域经济，将成为中国经济新一轮增长的引擎，对未来中国经济发展起到较大的推动作用；地区间经济发展可以强强联合和优势互补，能够充分发挥国民经济的整体优势，也是社会主义市场经济发展的重要组成部分。

3. 各地区平衡协调发展是实现共同富裕必不可少的必要条件。区域经济平衡协调发展的最终目的就是缩小不同地区之间、同一地区各行政区之间以及各要素之间的贫富差距，最终实现共同富裕。

二、区域经济结构的含义及影响因素

（一）经济区域、区域经济和区域经济结构的概念

1. 经济区域。经济区域是指在长期的社会经济活动中，按社会劳动地域分工形成的、具有特定地域构成要素的、不可无限分割的地域经济综合体。经济区域与行政地区相比，具有明显的区别。经济区域的地域界限是模糊的、非固定的，具有示意性的特点；而行政地区则具有明确的行政区划，地域界限清晰。经济区域的构成要素包括经济中心、经济腹地和经济网络三个方面。

（1）经济中心。经济中心是经济区域三大构成要素的核心。一般来说，经济中心是区域内商品交换的中心以及经济交流的中心，是区域内经济活动的聚集地。在一个经济区域中，可以有中心和次中心。例如，在京津冀地区，北京市为区域的经济中心，天津市为区域的经济次中心。经济中心由大城市、城市群和城市带构成。比如，《京津冀协同发展纲要》明确了京津冀地区的空间布局是“一核、双城、三轴、四区、多节点”的骨架。

（2）经济腹地。经济腹地是经济区域三大构成要素的基础。它是经济区域的纵深地带，是受经济中心影响和辐射的空间范围。经济腹地的经济活动，如工农业生产、运输、商业服务、消费等活动共同指向经济中心，并受经济中心的影响和控制。

（3）经济网络。经济网络是经济发展的地域联系的渠道、系统和组织，它包括物流、人流和信息流，使经济区域内的经济活动形成一个整体。

经济区域三大要素对于一个完整的经济区域是缺一不可的，并且这些要素必须具有一定的空间规模，从这个角度讲，经济区域也就具有不可无限分割或扩大的特点。

2. 区域经济。所谓区域经济，是指分布于各个经济区域的那部分国民经济，是在一定经济区域内经济发展的内在因素和外部条件共同作用而形成的经济综合体。它的形成是劳动地域分工的结果。

3. 区域经济结构。区域经济结构，是指经济区域内各部门、各生产环节以及各生产要素的数量比例关系和经济技术联系。区域经济结构包括区域内的产业结构、区域内的所有制结构、区域内的企业结构、区域内的技术结构、区域内的要素结构等。

（二）区域经济发展的影响因素

区域经济结构是在长期经济发展过程中形成的。在这个过程中，要受到许多主观和客观因素的影响，概括起来有自然、历史、经济、社会和技术等方面因素的影响。

在区域经济发展影响因素中，地理位置、自然资源、人口是影响区域经济发展

的基本区位因素。现实生活中，很多经济活动往往呈现地理集聚特性，而非空间的均匀分布。比如，人口集中的城市、众多商家汇聚的城市商业中心、大量生产企业汇集形成的产业集中区等。经济活动的集聚现象在不同国家或同一国家不同区域内均大量存在。推动经济活动地理集聚的因素是什么？为何地区间集聚产业性质不同？为何这些产业可以在某些地区形成地理集聚而在其他地区却无法形成？在主流经济学将空间因素纳入经济分析框架之前，已有部分学者从区位角度对这一经济行为进行研究分析。

区位因素是影响地区经济发展水平和速度的重要初始因素，不同地区的不同区位条件导致了地区间经济发展水平的显著差异。区位因素主要表现为：自然资源、规模经济、交通运输成本。从经济学角度分析，区位因素形成原因分别是：生产要素的不完全流动性，主流经济学认为生产要素是完全流动的，然而现实生产活动中，由于种种非经济原因，人力、技术、信息等要素流动并非是均质的流动；生产要素的不完全可分性，这意味着集聚经济将带来成本下降的经济效益；商品与服务的流动，需要支付一定的运输成本，高额的运输成本会限制区域自然优势和规模经济优势的实现程度。

地理位置，尤其是与周围经济活动密切相关的经济地理位置是区域经济发展的重要影响因子。产品生产地与市场往往具有位置差异，生产者为了满足市场需求或争取更广阔的市场需要将产品从生产地运往市场，而地理位置是决定运输成本的重要因素。在海运、陆运和空运三种运输方式中，海运具有显著低廉的运输成本优势，这是沿海地区在经济全球化和国际贸易盛行之下能够实现经济起飞的重要原因。但是内陆地区缺乏海运的地理优势，运输成本相对较高，在一定程度上阻碍了经济快速发展。

自然资源是指在现有技术水平下能够进行生产获得经济效益，以提升人类当前和未来福利的自然环境因素和条件。自然资源包括：水资源、矿产资源、森林资源、土地资源等。自然资源富裕程度对经济发展作用重大。

人口结构、人口质量和人口分布均会在不同程度上对区域经济发展产生影响。人口结构中劳动力越丰裕、劳动素质越高，区域经济发展水平越快。

除上述因素外，地形、气候对经济发展也起着一定的作用。地势平坦、气候适宜的地区一般比地形崎岖、气候恶劣的地区更适宜经济活动的开展。因而，地势平坦、气候宜人地区经济发展相对较快。

需要强调的是，各种区位因子在经济活动中的作用并非是一成不变的。在不同的社会发展阶段，生产力水平不同，技术条件的改变会使区位因子在经济发展中的地位发生相对变化。在农业经济阶段，气候和地理环境是影响区域经济发展的重要因素，降水适量、土壤肥沃、地势平坦的平原地区经济发展水平要高于干旱少雨、土地贫瘠的丘陵地区。在工业经济阶段，自然资源富裕程度、距离海洋远近是影响区域经济发展的重要因素。比如，含有丰富的矿产资源地区或是临近海岸地区经济发展速度要比自然资源匮乏、远离海岸地区的快。在创新经济兴盛的今天，高素质人力资源正逐渐成为区域经济发展的重要因素。

总之，区域经济发展离不开地理位置、自然资源和人口等区位因子的共同作用。不同地区的区位差异是区域经济发展不平衡的基本原因。但是区位因素在经济发展中的作用是不断变化的，地理位置、自然资源和人口结构等区位因素在经济发展初期作用较大，随着经济发展，在区域政策指导下，新的区位因素会逐渐形成替代原始的区位因素，成为推动区域经济发展的新动力。

影响区域经济发展的因素主要有以下几个方面：

1. 地理位置（自然地理资源条件）。从时空角度来看，一个国家或者一个地区所在的空间区域也会影响该国或者该地区经济的发展，其地理位置不同，就决定了其经济发展的方向与发展结构都不同。对于发展中大国来说，地理因素在经济发展中具有显著的影响和特殊的表现形式。大国内部各地区间地理位置、自然环境和资源禀赋十分不同，使得不同地区所具备的经济发展条件和潜力各不相同，进而影响到区域社会经济发展水平和发展速度。1978 年，中国实施改革开放以来，沿海地区凭借海外贸易和对外联系的有利条件，率先融入国际分工体系，实现快速发展。而中西部地区多为内陆地区，远离海洋，交通运输条件不便，阻碍了中西部地区对外经济发展。

（1）地理位置的分类。地理位置一般是用来描述地理事物时间和空间关系。但对一事物地理位置的界定从不同的角度可以有不同表述，从而可以将地理位置进行分类。

①从地理事物的客观存在性划分。第一，自然地理位置。所谓的自然地理位置，说的其实是一种客观存在不以人的意志转移的地理位置，即指地理事物本来就存在的，其存在与人类社会没有内在联系。而自然地理位置又可以划分为相对自然地理位置和绝对自然地理位置。相对自然地理位置简称为相对地理位置，地理事物的相对地理位置是根据参照物来确定的，是对地理事物的时空关系作定性描述，用来表明地理事物相对于其他地理事物的位置优越性；绝对自然地理位置，简称为绝对地理位置，地理事物的绝对地理位置是根据该事物的精确位置刻画的，即通过坐标系来定位。第二，人文地理位置。人文地理位置则与人类社会的需求有着内在的联系，是用来表达人文需要的地理位置。比如一国的首都，由于该地区符合人们经济发展或者政治安全的需求，才会在此处建都。人文地理位置也可以根据该地理事物的不同作用命名为不同的地理位置，比如政治地理位置、军事地理位置和文化地理位置。

②从不同的功能性来划分。第一，数理地理位置。数理地理位置是通过地理经纬坐标确定的地理位置，亦称作绝对位置或天文位置。第二，经济地理位置。经济地理位置是指某一事物与具有经济意义的其他事物的空间关系。如，某一城市与主要工业地带、与主要经济集团、与主要交通枢纽、与国内和国际市场的空间关系等。

（2）地理位置（主要指自然地理环境）对区域经济发展的影响。地理位置与经济发展的关系，要从自然地理位置和人文地理位置两方面考虑，从自然地理位置上来看，这是一种先天优势，从人文地理位置来看，这是人为创造出来的专注于某一个领域而对其他地理事物提供的便利条件或者外溢效应。这里主要说的是自然地理环境对经济发展的影响。首先，地理位置决定经济的发展方向。一方面，一个国家或者地区所处的经纬度位置，会使其产生不同的气候条件，而不同植物的生长是需要不同的特定条件的，虽然现在随着科学技术的发展，已经在一定程度上克服了这些特定的条件，比如“蔬菜大棚”等技术，但是这不足以囊括世界上所有生物。“橘生淮南为橘，橘生淮北为枳”就是这个道理；另一方面，一个国家或地区是否存在于板块的交界地区，也决定了其是否具有充足的能源或矿产资源，比如沙特阿拉伯、伊朗等石油输出国，这些国家对石油的经济决策会影响整个世界石油价格的动荡。其次，地理位置影响一个国家或地区的经济发展速度。一个国家或者地区所处的自然地理环境的好坏，直接可以影响一个国家对外交流的方便程度。比如16世纪实现大发展的西班牙帝国就是通过其便利的沿海地理位置，对外沟通，迅速扩张；17世纪的荷兰凭借其商船的数量和海军实力被称为“海上霸主”；英国通过战争打败了葡萄牙、荷兰和法国最终在18世纪中期确立了新的“海上霸主”地位，并不断对外扩张，引进原材料，出口商品……这些国家都是通过其便利的海运条件才得以迅速向外扩张，在世界范围内掠夺财富的。就近代来说，一个处于大洲内部的国家的对外交流要受到外围国家的掣肘，交通上有很多不利，不易发展对外贸易与交流。

2. 历史发展因素。区域经济结构的形成是建立在原有基础之上的，是长期形成发展的结果。在长期的历史发展过程中，许多历史因素对区域经济结构的形成起到基础作用。（1）人力资源的差异问题，包括教育水平状况、劳动力素质状况、各区域劳动力在三次产业中的比重、用人观念以及人事管理制度状况等，沿海地区与西部地区的差异极大，而这些差异是长期形成的，一时难以改变。（2）经济条件优劣问题，包括资产存量、经济发展水平、经济管理水平等，长期表现为南方优于北方、东部沿海地区远远强于中部和西部。比如，西部由于历史条件的限制，工业门类少而粗，经济发展滞后；而东部地区技术研发能力强、水平高，工业基础雄厚，经济发展状况优良。这些差异会直接影响到各经济部门的劳动生产率、成本和经济效益，从而对各经济部门的生产布局发生影响，形成不同的区域经济结构。

3. 政策倾斜效应。影响区域经济发展的上述因素，是一般的、长期发挥作用的因素。但国家宏观政策对区域经济发展也起着十分重要的影响作用。其中主要有：（1）国家的经济社会发展战略规划和生产力布局规划。从某种意义来讲，区域经济结构不过是宏观战略规划和生产力布局规划在每个局部地域的具体体现。（2）区域分工。区域分工是形成经济区域比较优势的前提。比较优势对区域分工的作用，主要表现在各区域根据本身的比较优势选择最优的产业和行业。（3）区际利益分配机制。经济利益是区域经济发展的基本动力，追求经济利益最大化已成为区域各级政府的行为特征。但经济利益的大小并不完全取决于区域本身，在很大程度上由国家通过财政税收所进行的国民收入再分配来实现。（4）产业政策。从某种意义上讲，区域经济结构是国家产业政策在地区分布上的落实。比如，在20世纪80年代，我国实行的是“允许和鼓励一部分地区先富裕起来，先富带后富，最终实现地区共同富裕”的非均衡区域发展的宏观经济政策，政策倾斜东部沿海地区，市场调节比重逐步提高，导致东部沿海地区的经济活力远远大于中部、西部和东北，东部沿海地区率先富裕起来。

第二节 区域发展理论模型

区域经济理论是进行区域经济理论研究和区域实践创新必须掌握的基础和前提。主要的区位经济理论有农业区位论和工业区位论；区域经济理论主要有增长极理论、二元经济理论、外围发展理论、区际增长传播理论和产业集群理论。

一、区位理论模型

19世纪初，德国农业经济学家冯·图能开创了区域经济理论。之后，阿尔弗雷德·韦伯，奥古斯特·廖什和埃德加·M. 胡佛等人对区域经济理论进行了拓展。区域理论阐释了一定区域内经济活动地理位置选择和最优布局问题，蕴含了丰富的区域经济发展思想。

（一）农业区位论

1826年，德国农业经济学家图能发表著作《孤立国》，提出了农业区位论。图能依据自身在德国长期经营农场的经验及详尽的资料，指出集约化经营并不适应任何区域的农业生产。他认为，农业生产布局是影响农产品运输的重要因素，为实现利润最大化，应合理规划农业生产布局，降低运费。为了测度农业区位对农业经济效益的影响，图能在分析中引入区位地租概念。区位地租，是指土地经营者为了使用土地从事生产活动所付出的成本。为了简化分析，图能先设想了一个未被开垦的荒地包围的、与外界没有任何联系的大平原，这个平原被称为“孤立国”。“孤立国”内农业生产的土壤、气候、农业技术和经营者的能力完全是同质的。在平原中央有“孤立国”内唯一的巨大城市，城市周围全部是农业，并且城市是农产品唯一的销售市场。以城市为中心，与城市距离越近农产品运输成本越低，相应的区位地租也越高，与城市距离越远农产品运输成本越高，相应的区位地租也越低。由于农产品价格和保质期不同，农业生产应将以城市为起点按照利益最大化原则合理安排农业生产。

$$L = P - (C + T)$$

上式中，L代表利润，利润大小由农产品价格（P），生产成本（C）和运输费用（T）决定。图能依据此式计算得出了合理的农业布局。他将平原划分为六层农业圈，第一圈靠近城市，生产新鲜的牛奶和蔬菜。第二圈是林业区，为城市提供燃料。第三圈是轮作农业区，轮番耕作黑麦—土豆—大麦—苜蓿—豌豆。第四圈是谷草农业区，主要生产谷物和少量牧产品。第五圈是三圃农业区，以畜牧为主，间种谷物。第六圈是畜牧区，家畜可以赶到城市，运费较少。第六圈之外是未开垦的荒地。

图能的农业区位论阐释了城市地理位置对周围农业生产布局的决定性作用，并且暗含了区域经济发展不平衡的思想，距离城市越近的区域，经济发展水平越高，而远离城市的区域商品经济落后，经济水平较低。可见，地理位置是区域经济发展不平衡的重要原因。

（二）工业区位论

阿尔弗雷德·韦伯是工业区位论的代表人物之一。他认为企业生产选址应基于生产费用最低的原则，而运费、工资和集聚水平是影响生产费用的三大因素。韦伯认为，运费对工业区位选择具有决定作用。工业布局应邻近原材料市场以降低费用，并在运费最低点建厂。若运费最低点位置不是工资水平最低点，工资变动会使企业向工资水平最低点迁移。集聚水平所产生的降低运费和工资水平的经济效应会使企业进行第二次迁移。总之，工业企业布局应综合考虑运费、工资和集聚三方面作用。

廖什认为，垄断资本主义阶段工业企业最大的行为目标是通过市场垄断以实现利润最大化。因此企业布局要在合理的生产区位之内选择最邻近市场的地方建厂。在初始时期，以单个企业为中心的圆，每个企业产品会覆盖一定的范围，企业与企业间存在产品市场空白，为了追求空白市场，企业间的相互竞争使空白逐渐消失，竞争程度更加激烈，最终形成完全瓜分经济空间的六边形市场区网络。

工业区位论提出影响工业布局的区位因素，并暗含了经济发展不平衡的思想：工业企业布局地及周围地区经济会得以发展，从而产生区域经济差异。一般来说，自然资源，劳动力成本、集聚是造成区域经济发展水平差异的原因。其中，大量企业集聚会形成显著的外部规模经济，降低企业生产成本，形成企业的区域优势，因此具有一定经济基础而工业又比较集聚地区容易吸引优良工业，进一步促进经济发展。但是，经济基础较差，企业集聚水平低的地区缺乏优良企业的进入，经济发展速度趋缓，从而导致区域间经济发展水平差距拉大。

二、增长极理论

1955年，法国经济学家佛朗索瓦·佩鲁提出了著名的增长极理论。该理论认为，区域经济增长并不是同质的。某些地区由于汇聚了大量的主导部门和创新型企业或行业，形成资本与技术的高度集中，具有显著的规模经济效益，这些地区会在主导部门和创新型企业或行业的发展下实现经济快速增长，并能迅速地对周围地区产生辐射作用，通过增长极的率先发展带动其他地区经济增长。增长极一般是区域内的经济活动中心，集生产、贸易、金融、信息、服务、决策等多种功能于一体。具有强大的虹吸效应和涓滴效应，吸引周围地区要素流入并通过自身经济发展惠及周边区域。

（一）增长极的发展条件

佩鲁认为，一国经济并不是以“平行空间”构建的，而是存在无数个“经济空间”，这些经济空间包含了经济社会中的各种经济活动及关系，它具有一定的范围和区域划分。每个“经济空间”都会形成一个经济中心，这些经济中心都能发挥吸引力和扩散力。经济中心作用范围相互交叉，互不影响，并且没有地区和国家限制。

增长极的形成必须具备三个条件：

第一，产业集群的形成。在增长极的发展过程中，必然遵循以下规律：（1）推进型产业优先于其他产业率先发展起来；（2）创新型企业兴起并迅速扩大；（3）推进型产业和创新型企业在空间上集聚，形成具有较强竞争优势的产业集群。推进型产业技术含量高，汇聚了大量资本并实行单一控制，生产要素相互分离，专业化分工程度和机械化水平高，是采用现代大工业的发展方式。在一定时间内，生产效率高于工业产出增长率和国民经济增长率。

第二，具有创新能力的企业和企业家群体。经济的增长和发展离不开创新。这些企业家敢于冒险，勇于尝试，不会固守于陈旧的生产方式和落后的生产技术，他们具有极强的冒险精神，能够推动技术和制度的不断创新。在他们创新发展的带领下，不仅自身企业会得到发展壮大，还会通过示范作用产生一批学习模仿的新企业，也就是增长企业，这些企业在模仿学习中发展并汇聚成新的增长中心。创新企业集群式的发展能充分调动企业间的创新能力，并通过相互激励增大创新效应，从而推动经济持续增长。

第三，适宜的集群环境。集群发展不仅仅是推进型产业和创新型企业在空间中的简单堆集，为推进型企业和创新型企业或产业发展提供支撑作用的企业的空间集聚也是非常重要的。这些辅助性产业比如：区域信息平台，专业化的销售企业，高水准的金融中介机构等为推进型产业和创新企业的发展提供了便利的营商环境，通过企业间和产业间灵活协作的生产网络体系充分发挥集聚所带来的规模经济。

（二）增长极的作用

增长极是一定区域内相互关联产业集中形成的一个产业综合体。产业综合体中包含推进型产业、被推进型产业和关键产业。推进型产业能增加关键产业销售，使固定资源得到充分利用，平均成本逐渐降低。直到最优产品销量，被推进型产业价格进一步降低。通过产业间的相互协作发展，关键产业销售额的增加使被推进行产业和推进型产业销售额都大大增加。

增长极会在一定区域空间内形成自己的扩散范围。通过不断的技术创新和制度改革推动经济增长极区域内经济发展的同时，会对周围地区产生涓滴效应，将先进的技术和创新制度传播到周围地区，促进周围地区经济发展。增长极的作用具体可以分为以下四个方面：

第一，技术创新的传播。增长极内具有创新能力的企业投入研发活动频繁，不断进行技术创新，推出新技术、新产品、新的组织管理方式，这些新的技术、新产品、新的组织管理方式等新的知识会在区域内扩散传播，增长极周围地区的企业通过知识传播习得新的技术，提高技术水平。

第二，形成规模经济。增长极是由推进型产业和创新企业或行业在一定区域内集聚发展而来。集聚能产生外部规模经济。首先，集聚会缩短企业间的运输费用，增长极内企业大多位于产业链条中的某一环节，企业间距离缩短，运输费用会大大降低。其次，集聚会形成专业的劳动力市场。单个企业雇佣劳动力需要支付一定的培训费用，对于企业来说，是不可减少的培训成本，相同生产环节企业的集聚会促进区域内专业劳动力市场的形成，企业增雇工人时可以从专业劳动力市场雇佣到具备专业素养的工人，无需再支付培训费用。最后，集聚会降低公共产品支出。公共产品如集聚区内交通设施、税率设施、通信网络等投入成本大，但公共产品所创造的经济效益十分显著，随着企业数量的增加，公共产品的平均成本降低，公共物品的经济效益增加。

第三，产生凝聚效果。推进型产业或企业在一定区域空间中的集聚形成经济中心，并发挥着向心力的作用，吸纳周围地区的人口、资本、贸易在汇聚到中心城市，促进经济中心生产、贸易、金融等方方面面的发展。经济中心发展惠及周边区域，构建区域经济网络，推动整个地区或国家经济发展。

第四，增强资本区域流动。增长极在发展过程中具有强大的吸引力，吸引着周围区域资本向经济中心汇聚，推动增长极的发展。增长极发展速度快于周围区域，拉大增长极与周围区域间差距，使增长极发展受到限制。为了满足自己发展并推动周围区域经济发展，增长极会向周围区域释放大量资本，区域经济发展差距缩小，且均有所提升。

（三）增长极理论的政策含义及评价

增长极理论表明，区域经济发展中允许地区经济发展差异的存在。在经济发展初期，应通过建立培育增长极的方式使某些地区先发展，并通过增长极的扩散效应和涓滴效应推动增长极周围地区经济实现发展。增长极的形成主要分为以下两种途径：一是通过市场调节机制，使企业或行业在空间中自行集聚发展成为增长极；二是政府通过政策合理规划引导推进型产业或企业在空间中集聚，并对集聚区进行培育，形成新的增长极。

三、二元经济理论

瑞典经济学家G·缪尔达尔在1957年出版的著作《经济理论和不发达地区》一书中，提出了地理上的二元经济论。他认为，发达地区的回波效应和扩散效应会对落后地区产生影响。在经济发展中，既要发挥发达地区的促进作用，又要出台相应的政策促进落后地区的发展，以消除发达地区与落后地区经济不平衡的二元经济结构。

（一）地理上的二元经济

缪尔达尔依据地区间经济发展水平不同，将发展中经济体中的地区划分为经济发达地区和不发达地区，经济发达地区和不发达地区并存即为二元经济结构。缪尔达尔对经济区的划分方式与刘易斯的十分类似，刘易斯是依据经济部门性质差异，将一国经济分为现代工业部门和传统农业部门，现代工业部门和传统农业部门在发展中经济体并存，即为二元经济。

（二）地理上二元经济差异的原因

地理上二元经济的存在主要是因为地区间经济发展水平差异，部分地区人均收入和生产总值相对较高，而其他地区人均收入和生产总值相对较低。在经济发展初期，虽然地理位置、自然环境因素在经济发展中具有决定作用，但地区间人均收入和生产总值基本上保持一致，差异比较小。随着经济发展，某些地区受到外部经济环境冲击，激发或培育了独特的区位优势，使经济增长速度快于其他地区，区域间经济呈现不平衡发展趋势。经济发展差异吸引生产要素向高回报率的发达经济地区汇集，加速发达经济地区经济增长，抑制落后地区经济增长，地区间经济发展水平的差异进一步拉大，形成累计性因果循环。

（三）回波效应和扩散效应

缪尔达尔认为，新古典主义经济发展理论所采用的传统的静态均衡分析方法是不正确的。新古典主义分析方法认为，生产要素是完全自由流动的，不存在任何流动壁垒，在市场价格机制下，劳动要素、资本要素供给和需求市场实现平衡，资源实现最优化的配置，各个地区实现平衡的经济发展。但在发展中国家，往往存在不同程度的要素流动壁垒。以劳动力市场为例：在经济发展过程中，发达地区经济发展需要较高素质劳动力，例如高级技工、高级管理人员和企业家等，而落后地区劳动力素质不一，仅有接受过教育或熟练劳动力才可能到发达地区谋求到一份合适工作。由于发达地区经济效益好、生活条件优越，高素质的劳动力会选择迁移至工资报酬较高的发达地区生活工作。高素质劳动力的迁入为发达地区经济注入了活力，并增加了对资本、技术、信息等要素的需求，促进发达地区经济水平提升，这反过来又促进了高素质劳动力向发达地区汇聚。在循环积累因果下，发达地区经济日益提升。但是落后地区缺乏高素质劳动力、资本、技术的推动，经济增长乏力，陷入循环性贫困，使经济增长速度趋缓，与发达地区经济差距拉大。生产要素从低收益率的落后地区向高收益率的发达地区汇聚的过程，被缪尔达尔称为回波效应。此外，一些非经济因素发展差异也会产生回波效应，例如发达地区能够承担巨额的基础建设费用，提供完善的医疗体系和高质量的教育。而落后地区财政收入有限，基础设施落后，医疗和教育得不到有效保障，这些非经济因素造成贫困累积效应，都具有拉大区域经济差距的倾向。

需要强调的是，回波效应随着发达地区经济快速发展所产生的效应也在逐渐减小，因此地区间经济水平差距并非是无限制的增长，而是区域收敛的。在二元空间结构中，当发达地区发展到一定程度后，人口密度过大，自然资源紧张，交通运输堵塞等问题凸显，该地区经济成本逐渐上升，外部规模经济效益递减，经济增长趋缓。在这种情况下，发达地区规模扩大反而会吞噬经济发展效益，使经济收益不足以承担高额成本。相对于发达地区经济增速趋缓，落后地区对劳动力和资本要素需求增加，落后地区相对较高的收益吸引着发达地区资本、人才向落后地区汇聚，刺激落后地区的发展，缩小发达地区与落后地区经济差异。这种倾向缩小区域经济差异的效应就是扩散效应。在经济发展初期，回波效应大于扩散效应，拉大区域间经济水平差距。随着经济发展，回波效应逐渐缩小，扩散效应增大，区域经济发展差距逐渐缩小，地区经济实现平衡发展。

（四）政策含义及评价

缪尔达尔根据地理上的二元经济结构理论，提出了地区经济发展的战略：第一，实施不平衡发展战略。某些地区在经济过程中已经积累了发展优势，应当允许并给予相应的政策支持使这些地区经济实现快速发展，并通过这些地区发展及扩散效应带动其他地区的发展。第二，合理控制地区间经济发展差距。发达地区与落后地区之间区域仍是处于一个共同的更广范围的空间经济体系中，地区间经济发展水平差异过大，会使落后地区发展进入循环累积性贫困，发达地区扩散效应被差距过大的人力资本、技术水平等因素所削弱，经济长板与短板差距悬殊缩小了经济发展空间。

缪尔达尔的二元空间结构理论突破了刘易斯分析的局限，从地域差异对经济结构进行分类，阐明了在发展中国家工业化进程中经济发达地区与落后地区之间的动态经济发展联系。

区域经济发展的二元经济结构理论和刘易斯的二元经济结构理论都是对经济现象的高度概括和理论抽象。但是，发展中国家地形复杂，区域结构特征差异明显，若仅以二元结构对发展中国家区域关系进行理论分析过于简单，而应成为多元经济结构。首先，在发展中国家，尤其是发展中大国，发达地区和不发达地区间存在一系列的过渡地区，这些过渡地区兼具发达地区的现代化特征和不发达地区的传统生产方式。其次，现代产业集中的发达地区和传统产业占据主导地位落后地区划分范围过于宽泛，可以依据经济发展水平，对发达地区和落后地区再进一步细分。最后，随着工业化和现代化发展，不发达地区内部也会出现现代工业部门。因此，不仅发达地区内部出现经济发展水平梯度差异，而且发达地区与不发达地区界限也变得模糊起来。

除此之外，对于发展中国家二元经济结构可以从更深层次的角度进行划分。例如：按生产工具使用情况划分，二元经济可以分为传统手工劳动和现代机械化劳动；按商品经济发展程度，二元经济可以分为，自己自足的自然经济和简单商品经济及现代商品经济等多种方式。结合我国经济转型时期的经济社会结构，按照张培刚先生的说法，就不能单单称为二元经济，而应称之为过渡型“多元经济形态”。

中国过渡型多元经济的显著特点是东部沿海地区经济发展水平最高，中部地区次之，西部地区经济发展水平最差。近百年来，中国东、中、西部地区处于不同的经济形态下，新中国成立后，虽然经济形态实现统一，但是大部分国营企业依然在东部设厂，西部地区经济仍然处于落后状态。中国区域经济发展差异显著、原因众多，不仅仅有社会经济发展历史背景差异，还有地理位置等区位条件差异。因此在制定区域发展战略时不能搞“一刀切”政策，要具体问题具体分析，采用因地制宜的方法。要统一协调东部与西部发展，避免地区经济差距过大，使落后地区经济发展受阻。

四、新古典主义的核心——外围发展理论

在发展中国家工业化进程中，工业部门往往集中于少数几个区域，而其余的空间则成为区位上不发育的边缘。这在空间组织上必然表现为二元结构或核心—外围结构。即由先进的、相对发达的核心地区与落后的、不发达的边缘地区共同组成空间系统。哈维·S·珀洛夫和洛顿·温戈指出这种二元结构在美国经济发展中也存在，例如大西洋沿岸拥有丰富的资源并且临近市场，得天独厚的自然地理条件，使大西洋沿岸地区成为现代工业部门中心。大西洋沿岸地区工业发展为其他地区提供基础，成为其他地区经济发展的杠杆。美国就是借助于核心区中现代工业部门发展推动外围地区发展的模式实现经济腾飞。

新古典主义经济学家认为，市场结构不完善或机构性瓶颈是区域—外围模式形成的重要原因。市场结构不完善或机构性瓶颈阻碍了生产要素的自由流动，使资源无法实现最优配置。在经济发展过程中，市场结构逐渐完善，生产要素市场实现统一。在要素自由流动过程中，核心—外围结构将逐渐消失，区域经济将实现平衡发展。

约翰·希克斯认为需求机制、就业机制和资本流动机制是实现区域平衡发展的重要路径。第一，需求机制。核心区现代工业部门发展会增加对外围地区产品需求，扩大外围地区产品市场，增加外围地区收益。第二，就业机制。核心区现代

工业部门发展会增加劳动要素需求，吸引外围地区劳动力向核心区域汇聚，随着外围地区劳动力供给减少，劳动力工资水平上升。核心和外围地区人均收入差距会逐渐缩小。第三，资本流动机制。核心区累积的巨大资本会支持外围地区资源开发和经济建设，推动外围地区经济收入水平上升，缩小核心与外围地区经济差距。

美国经济学家威廉姆森在1965年测度了7个国家人均收入水平的区际不平等程度，发现人均收入水平区际不平等程度呈倒“U”形变化。即随着经济发展，区际不平等程度呈现先扩大后缩小的趋势。当经济发展达到临界点前，随着人均收入水平的提升，区际不平等程度逐渐加大；当经济发展水平达到一个临界点时，区际不平等程度达到最大；当经济发展跨越临界点后，区际不平等程度随着人均收入水平提升会逐渐缩小。

新古典主义对经济发展保持和谐乐观态度。认为经济发展中通过横向的扩散效应和纵向的涓滴效应使资源在地区间得到合理配置，实现最优化发展，各地区经济差异会在经济发展中自动消失。但是，威廉姆森的倒“U”形发展理论并没有得到实际经验支持，各国国家区际间发展并没有呈现威廉姆森所描绘的趋势。

五、区际增长传播理论

赫希曼在其《经济发展战略》一书中提倡区域不平衡发展战略。他认为，国家间、地区间经济发展差异是不可避免的，经济增长的前提正是区域经济差异。集聚规模经济效应和动态增长气氛是核心区或增长极的动力来源，但是，核心区的集聚规模经济不会持续进行下去。核心区会通过涓滴效应和极化效应对外围区经济发展产生影响。长期看，涓滴效应足以缩小核心外围经济差距，但涓滴效应的产生需要政府周密规划。

1970年，卡尔多（N. Kaldor）在赫希曼模式的基础上进一步拓展，提出了相对有效工资概念。所谓相对有效工资，是指相对于货币工资与生产增长率之间保持一定比例增长。相对有效工资决定了区域份额的上升或下降。一般而言，相对有效工资越低，生产增长率越高。在经济活动中，存在各种社会关系，货币工资及其增长率在不同地区保持一致。由于报酬递增，产出增长率较快的地区货币工资增长率也较高。相应的，高产出增长率地区相对有效工资要低于产出增长率较低的地区，形成累积性优势：高产出增长率促进高生产率，高生产率降低有效工资，有效工资下降促进产出增长率进一步提高。通过上述循环过程，区域经济相互促进并不断发展。

六、产业集群理论

产业集群理论是20世纪80年代美国迈克尔·波特创立的区域发展理论，即所谓的“竞争钻石”理论。波特于1990年在《国家竞争优势》一书中提出了“集群”

（Clusters）的概念；在1998年发表的《集群与新经济竞争学》一文中，迈克尔·波特提出了“产业集群”这一概念，并通过对美国、德国、日本、英国、意大利、丹麦等10个国家的产业发展进行研究，提出了非常著名的“竞争钻石”模型（参见图4-1）。波特钻石模型是分析国际竞争优势的工具。

迈克尔·波特认为，一个区域的产业集群的竞争力由六大因素相互作用而决定的。这六大因素，一是要素条件；二是需求条件；三是相关产业和支持产业；四是企业战略、结构和竞争；五是政府政策；六是机遇或机会。具体来讲，迈克尔·波特认为影响一个国家某一个行业国际竞争优势有以下六点：

（1）生产要素：包括各种资源（人力资源、天然资源、知识资源、资本资源）和基础设施等。（2）本国市场需求状况：主要是指本国的市场需求状况。（3）相关产业及支持产业：指这些产业和相关的上游企业是否具有国际竞争力。（4）企业战略、结构和同业竞争：指的是国际市场需求的拉力与国内竞争对手的推力。（5）政府政策的影响不可或缺。（6）机遇或机会：机遇或机会可以影响四大要素发生变化。

这六个因素画在图上像一块钻石，所以称之为钻石模型。

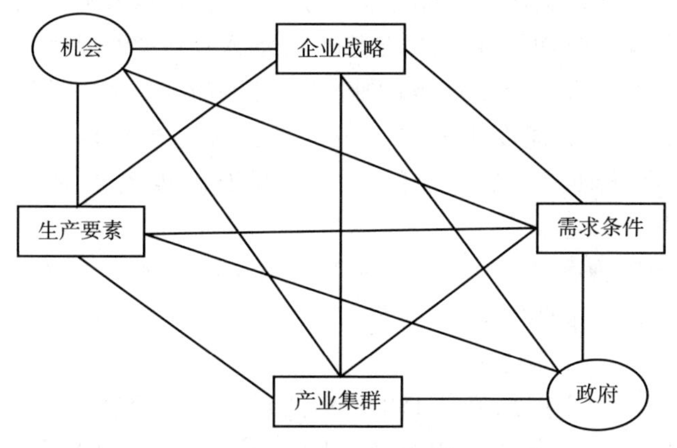

图4-1 钻石模型图

产业集群作为一种组织形式，意指在一个特定区域的一个特别领域，大量密切联系的生产企业以及支撑性产业在空间上集聚所形成的区域生产网络体系，涵盖相互关联的多个公司、多个供应商、关联产业和专门化的制度和协会等。集群中企业大多处于同一产业链条中，空间集聚产生外部规模经济效益，降低企业间的运输费用，促进知识信息在企业间的传播，增进企业间的协作发展能力。集群内企业通过地理位置临近性所衍生出的信用机制，使大量中小企业间形成比市场结构稳定、比科层组织灵活的组织结构，企业间具有良性的相互竞争与合作关系。产业集群内企业网络组织的建立增强了企业生产灵活性，使产业发展更具韧性。

产业集群理论在吸收区域发展理论的积极因素上，将与企业生产活动密切相关的社会网络环境纳入分析框架，强调了支撑性产业集聚、企业间协作发展的外部规模经济。

第三节　区域创新与国家战略

21 世纪以来，中国的“四大板块”经济区域的经济协同发展有了长足的进步。在此基础上，2012 年以来，针对南北方经济发展的差异，我国将南北方区域经济协调发展上升到战略高度，着力区域创新，出台了京津冀协同发展战略和长江经济带战略。

一、我国区域经济发展状况及存在的主要问题

（一）我国区域经济协调发展的沿革和现状

1. 1978—1990 年中国三大地区经济结构呈现非均衡特点。1978—1990 年，中国正从计划经济体制向市场经济体制过渡，区域经济正处在从均衡发展向非均衡发展的转变时期。在这个时期，我国的宏观区域经济政策是优先发展四大经特区—沿海开放港口城市—大江大河沿岸城市的非均衡发展战略，在区域经济集聚作用下，东部沿海地区的经济发展速度明显快于中部地区和西部地区。中国区域经济在空间上聚集在东部沿海地区，东部地区与中西部地区极差加大，区域不平衡问题凸显。

1978 年，我国国内生产总值是 3678. 7 亿元。三大地区经济总量是：东部地区 GDP 为 1743. 55 亿元，占全国 GDP 的 50. 16%；中部地区 GDP 为 1006. 64 亿元，占全国 GDP 的 28. 96%；西部地区 GDP 为 725. 93 亿元，占全国 GDP 的 20. 88%。

1990 年，我国国内生产总值是 18872. 9 亿元。三大地区经济总量是：东部地区 GDP 为 9568. 55 亿元，占全国 GDP 的 51. 7%；中部地区 GDP 为 5159. 86 亿元，占全国 GDP 的 27. 9%；西部地区 GDP 为 3769. 90 亿元，占全国 GDP 的 20. 4%。

表 4 -1　　中国三大地区 GDP 及其占全国 GDP 比重图表

地区 年份	东部地区		中部地区		西部地区	
	GDP（亿元）	占全国 GDP 比重	GDP（亿元）	占全国 GDP 比重	GDP（亿元）	占全国 GDP 比重
1978 年	1743. 55	50. 16	1006. 64	28. 96	725. 93	20. 88
1990 年	9568. 55	51. 7	5159. 86	27. 9	3769. 90	20. 4

从表 4 -1 可以看出：（1）1978—1990 年，东部地区经济发展速度较快，占全国 GDP 比重从 50. 16%，提升到 51. 7%；而中西部地区经济发展速度相对较慢，占

全国 GDP 比重呈下降态势，中部地区占全国 GDP 比重从 28.96%，略微降到 27.9%；但西部地区占全国 GDP 比重从 20.88%，下降到 20.4%。（2）从绝对数上看，1990 年，东部地区经济总量已经占全国经济总量的半壁江山，而中西部地区 GDP 总和还比不过东部地区。

2. 1991—2011 年中国三大地区经济结构呈现由非均衡发展向协调发展转变的态势。1991 年，三大地区经济总量是：东部地区 GDP 为 11242.43 亿元，占全国 GDP 的 53.02%；中部地区 GDP 为 5627.66 亿元，占全国 GDP 的 26.54%；西部地区 GDP 为 4335.13 亿元，占全国 GDP 的 20.44%。

2011 年，三大地区经济总量是：东部地区 GDP 为 274842.16 亿元，占全国 GDP 的 54.66%；中部地区 GDP 为 127792.29 亿元，占全国 GDP 的 25.41%；西部地区 GDP 为 100217.01 亿元，占全国 GDP 的 19.93%。

这一时期共 20 年时间，我国东中西部地区经济差距持续拉大，空间格局上仍然表现为东强西弱的区域经济梯度级差。从东部地区占全国 GDP 的权重上看，1991 年的 53.02%，占比上升到 2011 年的 54.66%；从西部地区占全国 GDP 的权重上看，1991 年的 20.44%，占比下降到 2011 年的 19.93%。说明东西部区域间经济差距加大（见表 4－2）。

表 4－2　　中国三大地区 GDP 及其占全国 GDP 比重图表

年份＼地区	东部地区		中部地区		西部地区	
	GDP（亿元）	占全国 GDP 比重	GDP（亿元）	占全国 GDP 比重	GDP（亿元）	占全国 GDP 比重
1991 年	11242.43	53.02	5627.66	26.54	4335.13	20.44
2011 年	274842.16	54.66	127792.29	25.41	100217.01	19.93

这一时期，为缩小地区经济差距，国家在 1999 年提出西部大开发战略，2003 年又提出振兴老东北工业基地的战略决策，在 2016 年国家实施中部崛起的战略（2006 年 4 月，国务院出台了《关于促进中部地区崛起的若干意见》，包括 36 条政策措施），使得区域重心某种程度上发生战略转移，即区域经济格局由东部沿海向内陆、西部地区和中部地区转移，区域经济结构政策逐渐由非均衡发展向平衡协调发展转变。

3. 2012 年至今中国区域经济结构政策具有多极统筹发展特征。2012 年党的十八大以来，中国区域经济发展进入新阶段，不仅持续重视四大板块（东部地区、中部地区、西部地区和东北地区）的不平衡、不充分发展问题，而且重视南北方经济统筹协调发展问题。

这一时期，为了促进南北方的协调、创新、绿色、开放、共享发展，国家推出京津冀协同发展战略和长江经济带战略。此外，还制定了粤港澳大湾区发展规划，各地区出台的多支点区域增长极也不断形成和发展。这有助于推动中国区域经济向协调联动的多极统筹发展阶段转变。

2016年，东西帮扶成效显著：西藏、重庆和贵州GDP增速排名全国前三。2016年，长江经济带GDP为33.3万亿元，是2012年的1.4倍；京津冀GDP为7.46万亿元，是2012年的1.3倍。

（二）我国区域经济发展存在的主要问题

当前我国区域经济发展存在的主要问题是各区域间产业结构不协调、经济发展水平差距较大和基本公共服务均等化参差不齐等问题。

1. 区域间产业结构不协调。根据2016年国家统计局公布的数据，全国GDP为7.44万亿元，第一产业占比为8.1%，第二产业占比40.1%，第三产业占比为51.8%。东部地区三次产业比重分别为：第一产业占比为6%，第二产业占比42%，第三产业占比为52%。中部地区三次产业比重分别为：第一产业占比为11%，第二产业占比45%，第三产业占比为44%。西部地区三次产业比重分别为：第一产业占比为12%，第二产业占比43%，第三产业占比为45%。东北地区三次产业比重分别为：第一产业占比为12%，第二产业占比38%，第三产业占比为50%。

配第—克拉克的产业结构演进规律理论认为，随着产业结构比重由第一产业向第二产业再向第三产业转移，经济发展水平也随之由落后向发达演进，国民生活水平也随之由贫穷向富裕转变。一般意义上讲，某区域第三产业占比最大，说明经济发展水平更高、国民更富裕。第三产业占比，东部地区（52%）高于中部（44%）、西部（45%）和东北地区（50%），说明东部地区产业优势明显，经济发展水平和国民富裕程度高于全国平均水平，明显强于中部、西部和东北。我国“四大板块”区域间产业结构不协调既表现为各板块间的产业质量不协调，也表现为同一板块产业结构不协调。

2. 区域间经济发展水平差距较大。中国“四大板块”地区2015年和2016年国内生产总值情况：东部地区，2015年GDP为3.73万亿元，2016年GDP为4.1万亿元；中部地区，2015年GDP为1.47万亿元，2016年GDP为1.61万亿元；西部地区，2015年GDP为1.45万亿元，2016年GDP为1.57万亿元；东北地区，2015年GDP为0.58万亿元，2016年GDP为0.52万亿元。

从各区域经济增速变化情况看，2016年中国“四大板块”同比分别增长9.97%、9.32%、8.14%和-9.35%。经济增速呈阶梯下降态势，而且，东北地区是断崖式下跌，表明区域间经济发展水平的差距有扩大趋势。

从各区域GDP占全国GDP的比重看，2016年中国“四大板块”的经济总量占全国经济总量的比重是：东部地区、中部地区、西部地区和东北地区分别为55.1%、21.6%、21.1%和2.2%。在经济总量绝对值上，东部地区已经超过半壁江山，大于其他三个板块之和。表明区域间经济发展水平差距扩大，尤其是与东部地区相比，其他三个板块经济差距巨大。

3. 区域间基本公共服务均等化参差不齐。根据2017年《中国统计年鉴》数据显示，2016年中国东部地区、中部地区、西部地区和东北地区等“四大板块”的基本公共服务情况，主要涉及公共医疗卫生机构数、养老保险基金收入和公共财政教育经费，具体数字如下：

关于公共医疗卫生机构数，2016年中国东部地区321566个，中部地区273541个，西部地区310952个，东北地区77335个，东部地区高于其他三个板块。

关于养老保险基金收入，2016年中国东部地区17533.3亿元，中部地区5728.62亿元，西部地区8565.8亿元，东北地区3317.9亿元。2016年养老保险基金收入，中部地区还不到东部地区的1/3，西部地区还不到东部地区的1/2，东北地区还不到东部地区的1/5。说明中部地区、西部地区和东北地区的养老金收入与东部地区相比差距极大。

关于公共财政教育经费，2016年中国东部地区11451.6亿元，中部地区5610.81亿元，西部地区7425.14亿元，东北地区1724.73亿元。2016年公共财政教育经费，与东部地区相比，中部地区相差5840.79亿元，西部地区相差4026.46亿元，东北地区相差9726.87亿元。说明中部地区、西部地区和东北地区的养老金收入与东部地区相比差距极大。

二、区域经济发展创新

（一）区域创新的内涵

所谓区域创新，是指一个地区为了增强该地区的经济实力和综合竞争力，对区域内的技术、产业、环境、空间等区域要素选择各地区适合的创新模式的活动。区域创新是推动区域经济的重要动力，也是体现各经济区域核心竞争力的重要因素之一。

区域创新的基本内容大致有四个方面：

1. 区域技术创新：区域技术创新是区域创新的关键环节。创新重点是如何实现科学技术从知识形态转化为物质形态，实现知识与技术的融合，使技术成为推动区域经济发展的重要力量，以提升区域竞争力；

2. 区域产业创新：以经济区域的比较优势，推进经济区域产业选择区域化路径；

3. 区域环境创新：通过良好区域环境吸引投资，发展区域经济；

4. 区域空间创新：通过创新发展产业聚集新区域，促进产业升级换代。

（二）区域经济发展创新的原则

1. 正确处理好各种产业企业在地域上的集中与分散的关系。集中问题涉及企业内部与外部的规模经济问题，而分散问题则关系到资源在各地区间的分配比例问题。集中与分散是相辅相成的，提倡集中并不排斥适当的分散。这种分散是有前提条件的。其一，经济结构配置应当防止过度集中，讲集中并不是越集中越好。事实上，过分集中，超过了应有的界限，就会产生种种弊病，抵消由集中带来的效益。因为过度集中会增加对能源、原材料等的需求量和产品的销售量，这就意味着流通距离的扩大和流通费用的增加。同时，由于产业集中而引起人口集中，城镇膨胀，还将产生就学、求医、各种资源的紧张，增加对公共设施的压力，也不利于防治大气污染和环境保护。因此，过度集中是不可取的。其二，对那些原材料分散、市场广阔的产业，应适当分散，比如轻工业中的饮料、食品、服装业等。这些产业适当分散，有利于充分利用当地的原材料，也便于解决劳动力就业问题，降低流通费用，提高社会经济效益。

2. 正确处理好发达区域和不发达区域的关系。发达区域和不发达区域的关系，在宏观上表现为沿海与内地的关系、南方和北方的关系。沿海与内地的关系，就是东部（沿海）地区与中西部地区（内地）之间的关系；南方和北方的关系，就是南方地区和北方地区的关系。

3. 区域经济发展与社会的发展目标相协调。从社会劳动分工的发展历史看，各产业的区域分工既是社会劳动分工由部门分工发展到区域分工的产物，也是部门分工与区域分工在各自深入发展的基础上共同作用的结果。区域分工不是抽象的概念，它必须得到具体部门分工的支撑，通过部门以及各部门之间的组合比例关系求得相互的协调发展。因此，区域经济的布局，不仅要服从于各部门经济发展的目标，而且还应与社会发展的目标相协调，不能单纯从某一区域、某一个企业的利益出发，而应从全局的利益来考虑问题，使之有利于各部门的稳定协调发展。比如，《京津冀协同发展纲要》明确了京津冀的定位和产业空间布局就是从京津冀地区发展的全局和未来发展的目标综合考虑来确定的，即北京是“四个中心”，即全国的政治、文化、国际交往和科技创新四个中心；天津是“一基地三区”，即全国先进制造研发基地、北方国际航运核心区、金融创新运营示范区和改革开放先行区；河北是“一基地三区”，即全国现代商贸物流重要基地、产业转型升级试验区、新型城镇化与城乡统筹示范区、京津冀生态环境支撑区。

三、我国区域经济发展的战略选择

（一）依据地区经济因素，合理选择发展战略

地区经济发展战略应充分考虑地区地理位置、自然资源禀赋、劳动力、资本、技术等区位条件，以及区位生产要素流动状况和区间贸易发展。自然资源丰富程度、劳动力要素数量和质量、资本规模及流动、技术水平等因素是区域经济发展中的重要影响因素。在制定和确立区域经济发展战略时，要结合区位优势，扬长避短，打

破生产要素流动壁垒，完善市场机制，降低交易费用，实现资源在区域间的最优配置。

（二）控制地区发展差距，实行地区协调发展

梯度推移理论认为，世界或一国范围内客观存在着经济技术梯度。该理论认为，随着经济技术发展，技术会从发达地区向落后地区转移，促进落后地区经济发展，实现全国经济的均衡发展。因此，梯度推移理论认为，首先让有条件的高梯度地区引入学习新技术，率先发展起来，然后逐步将技术转移至第二梯度、第三梯度地区。总之，在发展中国家区域经济发展战略中，应优先发展已经有一定优势的发达地区，然后利用高梯度地区带动其他地区经济发展。

梯度推移理论对发展中国家区域经济发展具有重大的参考价值，并且许多发展中国家在经济发展中采用梯度推移政策实现了区域经济发展。但是应当注意，梯度推移理论认为技术从第一梯度向第二、第三梯度转移没有任何壁垒。然而，在经济发展初期，倾斜性发展战略会拉大高梯度地区和二、三级梯度地区的经济发展，造成人力资本差距过大，技术转移门槛上升，这反过来又会促进地区间经济水平差异，使国民经济发展受到影响，甚至产生严重的社会问题。

（三）消除区域流动壁垒，建立统一的大市场

由于地区经济发展水平、文化的差异，在市场体制不完善、商品经济不发达的条件下，往往会产生地区经济割据现象。地区经济割据是指由于地区间经济发展差异、市场体制不健全所形成的区域贸易保护现象。具体来说，各个地区依靠自己的某些权利限制其他地区商品的进入来维护自己的利益。地区割据阻碍了商品生产和交换的正常渠道，降低了生产要素的流动性，否定专业分工的经济效益，使资源不能实现合理配置，降低经济效率。并且地区割据易使政府过度干预市场经济发展，产生寻租行为。因此，发展中国家应消除区域经济发展壁垒，建立完善的全国统一市场，促进资源在不同区域间的合理配置，提高经济效率，促进经济发展。

（四）充分发挥市场机制，正确认识政府作用

市场机制在促进区域平衡发展、缩小区域经济差距中所起到的作用是有限的。市场机制不会自动缩小区域经济差距，相反市场竞争会加剧两级分化，使发达地区更加发达，落后地区更加落后。因此，政府需要采用相应的政策措施扶持落后地区产业发展，避免地区间收入差距过大。

第五章

外贸创新与外贸再造

对外贸易对于经济增长具有积极的推动作用。党的十九大报告指出："推动形成全面开放新格局。开放带来进步，封闭必然落后。中国开放的大门不会关闭，只会越开越大。"面对美国的贸易保护主义和单边主义，面对中美贸易战，我国并没有停止对外开放的脚步。习近平总书记在博鳌亚洲论坛2018年年会开幕式上的主旨演讲中指出："综合研判世界发展大势，经济全球化是不可逆转的时代潮流。"

第一节　贸易保护背后的国际贸易理论

近几年来，随着世界经济不景气，以美国为代表的很多国家为了保护本国产业，对进口商品实行关税政策和非关税壁垒等限制措施，全球贸易保护主义正在重返国际舞台。为了使贸易保护具有合理性和隐蔽性，西方贸易保护论者积极寻找贸易保护的理论根据。因此，我们有必要对国际贸易理论的发展历程以及贸易保护理论内容进行梳理和评介，以便更有针对性地采取反制措施。

一、自由贸易理论

自由贸易理论，主要包括绝对优势理论、比较优势理论、要素禀赋理论、规模经济理论、产业内贸易理论、竞争优势理论、产品生命周期理论等。

（一）绝对优势理论

绝对优势理论，亦称绝对成本理论，是西方经济学鼻祖亚当·斯密在其著作《国富论》中提出的概念。亚当·斯密认为产品的国际分工能够极大地提高劳动生产率。每一个国家都有其自己独特的产业，都具有生产出某些特定的产品的绝对有利条件。若每一个国家都按照对自己绝对有利的生产条件组织专业化生产，然后进行国际交换，那么对所有交换的国家都是有利的，两个国家的贸易都能得到利益。

绝对优势理论及其模型解释了国家之间的商品交换的原因和利益所在：就是一个国家的某种产品占有绝对优势，而另一个国家的另一种商品也占有绝对优势。

（二）比较优势理论

比较优势理论，亦称比较成本理论，是英国经济学家大卫·李嘉图在其著作《政治经济学及赋税原理》一书中提出的概念。大卫·李嘉图认为，即使某个国家所有产业或所有产品都处于劣势，这个国家也可以具有劣势较小的产业，也可以生产劣势较小的商品；而那个所有产业和所有商品都占有绝对优势的国家应生产优势相对较大的商品。李嘉图认为，每个国家都会在某个产品的生产中具有相对优势，即出口相对生产率高的产品，使相对成本下降，这样可以使贸易双方的贸易福利均增加。李嘉图举了一个例子加以说明：英国和葡萄牙都可以生产葡萄酒和毛呢，而且葡萄牙在两种产品的生产上均处于劳动生产率高成本低的地位，即葡萄牙在两种产品上均具有绝对优势，英国处在绝对劣势的地位。但葡萄牙在生产葡萄酒比生产毛呢的生产率高，若在葡萄牙专业生产葡萄酒而英国专业生产毛呢，此种情况下两国进行贸易，两国的产量和国民收入都会增加。因此，比较优势理论认为，自由贸易对于任何国家，不论是发达国家还是发展中国家都是优势情况。此一观点也被认为是国际贸易理论的基石。

比较优势理论及其模型解释了两个国家之间产业或商品都处于绝对优势或绝对劣势，但这两个国家照样能够从事商品交换的原因和利益所在：就是一个国家所有产业和所有商品都占有绝对优势时，应生产优势相对较大的商品，而另一个所有产业或所有产品都处于劣势，那么这个国家可以生产劣势较小的商品。

（三）要素禀赋理论

要素禀赋论，是 20 世纪初由瑞典经济学家赫克歇尔及其学生俄林在比较优势基础之上的理论成果，也称 H－O 理论。1929—1933 年，世界发生资本主义经济危机，受危机影响，各国纷纷抢占世界市场，并严格限制国外商品的进口。在这种背景下，俄林撰写了《地区间贸易和国际贸易》一书，主张国际分工和国际贸易自由化，提出了著名的 H－O 定理。

要素禀赋理论认为贸易发生的原因在于各国要素资源稀缺程度的不同，而要素稀缺程度的不同导致要素价格的差异，从而导致贸易的发生。这一理论与李嘉图的比较优势理论的不同点在于，它把影响贸易的要素由比较优势的单一要素，即劳动，拓展到多个要素，如土地、劳动力、资本等。假设有 A 国和 B 国，A 国资本相对丰裕，即资本要素价格相对劳动要素价格要低，而 B 国劳动相对丰富，即劳动要素价格相对较低。此时，在汇率一定的情况下，A 国向 B 国出口资本密集型产品，B 国向 A 国出口劳动密集型产品，这种贸易可以使两国国民收入最大以及社会福利最大。

需要注意的是，A 国有可能资本和劳动力要素成本均低于 B 国，所以这里的要素丰裕程度和稀缺程度是一个对本国其他要素而言的相对概念。

（四）规模经济理论

规模经济是指由于生产专业化水平的提高，企业的单位成本降低，从而使得企业的长期平均成本递减的经济。规模经济包括内部规模经济、外部规模经济和结构规模经济三种类型。

规模经济理论的代表人物是阿尔弗雷德·马歇尔（Alfred Marshal），他在《经济学原理》一书中研究了规模经济报酬的变化规律，即随着生产规模的扩大，规模报酬依次经过递增—不变—递减三个阶段。因此，可以根据产量、利润和成本三者之间的关系建立一个规模经济收益曲线，用来描述企业规模经济的合理区间。

规模扩大，企业收益增加，则为规模经济；规模扩大，企业收益递减，则为规模不经济。

从图5-1规模效益曲线图中可以看出，当规模（产量）达到Qe1时，企业处于盈亏平衡状态；当规模超过Qe1，销售收入超过总成本，企业取得净收益；当规模达到Qe2时，企业又达到另一盈亏平衡状态；规模继续扩大，总成本高于销售收入，企业开始亏损。

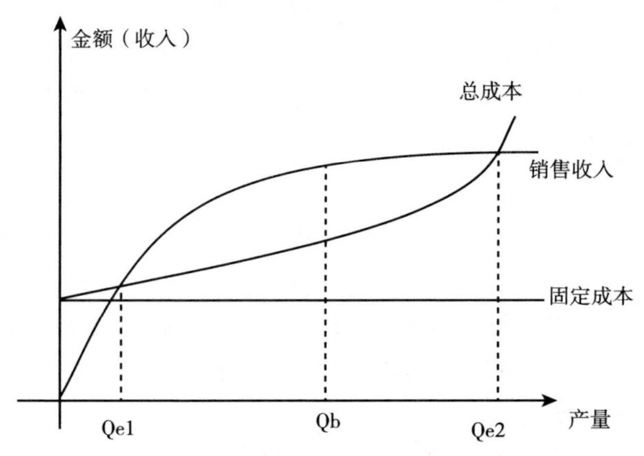

图5-1 规模效益曲线

在Qe1至Qb之间，销售收入增长幅度高于总成本增长幅度，即企业规模收益一直是递增的。在Qb至Qe2之间，总成本增长幅度明显高于销售收入增长幅度，也就说明这段时期内，企业规模收益一直递减，直至规模超过Qe2后变为负值。因此，Qe1至Qb的区间是规模经济区间，企业规模化应控制在这个区间内。

规模不经济是规模经济的递延，当企业达到一定生产规模后，若继续扩大生产规模，边际效益会逐渐递减，甚至到零直至负值，导致经济效益下降的一种经济。

当企业集团在长期平均成本LAC处于下降阶段生产一定产出时，长期边际成本LMC低于长期平均成本，这时如果增加投入，就会产生规模经济效应。而当长期平均成本处于上升阶段，长期边际成本高于长期平均成本时，这时就产生了规模不经济效应（见图5－2）。

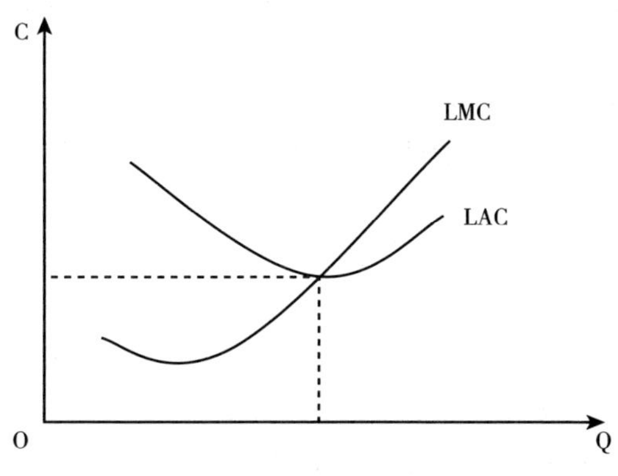

图5－2　LAC曲线与LMC曲线的关系

因此，企业都有一个最佳规模点；通过提高科技管理水平，这个点可以向后移，企业还可以继续扩大规模并获得规模收益。

（五）产业内贸易理论

第二次世界大战后，发达国家之间国际贸易活跃，产业内贸易越来越普遍，即一个国家既出口也进口同一种产品。产业内国家贸易的现实催生了产业内贸易理论的出现。

产业内贸易理论认为，俄林的H－O理论只能用于解释产业间贸易活动，而不能解释产业内贸易行为。因此，产业内贸易理论提出，即使是同一种产品，在产品生产的不同生产阶段可以细分为不同环节，生产不同中间产品，比如在零部件生产环节需要的是资本和技术等劳动要素，在零部件组装环节需要的是较多的劳动力要素。这就促进了同一产业同一种产品的国际贸易活动，促进发达国家之间的贸易分工及其产业内贸易的兴盛。

（六）竞争化优势理论

1990年美国经济学家迈克尔·波特在其著作《国家竞争优势》一书中，将企业竞争优势引入国家层面分析。波特认为，一个国家在国际市场上能够占据竞争优势是一个国家在国际贸易中占据优势地位的关键。

国家竞争优势主要来自于国家主导产业在国际市场上的竞争优势，主导产业的竞争优势在于是否建立成熟的创新机制从而带来较高的生产率。建立在自然资源和非熟练劳动力基础之上的传统的、静态的比较优势理论在现今的经济贸易活动中愈发显得捉襟见肘，然而建立在大量的人力资本投入、技术创新和物质资本投入的“创造”出来的比较优势，也称“动态”的比较优势，尤其是在技术密集型和资本密集型的产业中愈发适用。

这种把静态的、自然的比较优势拓展到动态的、创造的比较优势，这不仅是重要的理论创新，更重要的是它在政策上的意义。现代贸易理论认为各国的比较优势是可以通过政策来改变的，因而强调国家对经济的干预和一定程度的贸易保护。另外，现代贸易理论十分注重科技在一个国家发展过程中所占据的地位，一个国家若想在国际竞争当中经常保持比较优势和创造更高级的比较优势就必须在科教方面进行大量投资。

（七）产品生命周期理论

产品生命周期理论是美国哈佛大学教授雷蒙德·弗农1966年在《产品周期中的国际投资与国际贸易》一文中首次提出的。到20世纪80年代初，美国经济学家克鲁格曼等又进一步发展了这一理论。产品生命周期，是一个产品从出现到从市场上消失即被市场淘汰的过程。费农认为："产品生命是指市场上的的营销生命，产品和人的生命一样，要经历形成、成长、成熟、衰退这样的周期。就产品而言，也就是要经历一个开发、引进、成长、成熟、衰退的阶段。"但是同一个产品在不同的国家出现的时间上是具有差别的，这段时间差来源于不同国家技术水平上的差异，国家竞争能力的差异，也决定了国际贸易的方向和国际投资的流向。费农把这些国家依次分成创新国（一般为最发达国家）、一般发达国家、发展中国家。典型的产品生命周期一般可以分成四个阶段，即介绍期（或引入期）、成长期、成熟期和衰退期（见图5－3）。

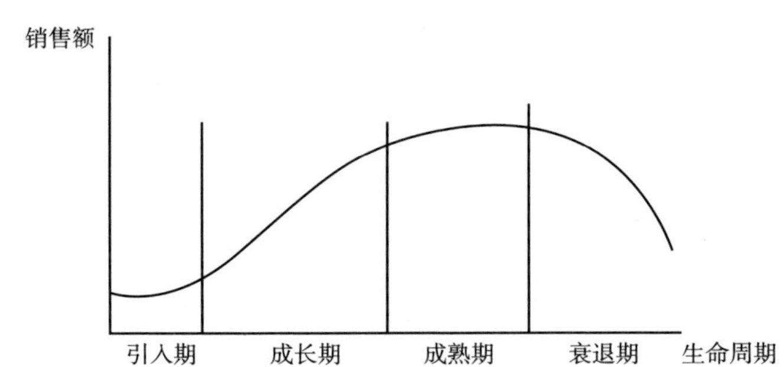

图5－3　典型的产品生命周期

第一阶段：介绍（引入）期

第一批产品设计投产并进入市场进行测试的阶段。此时的产品品种少，价格高，对需求的开发和宣传的力度才刚刚开始，销量很低。而且由于技术的限制还无法进行大规模生产，无法获取高额利润，反而需要大量的投资。这一阶段往往由发达国家进行。

第二阶段：成长期

产品在介绍期获得一定销量成功之后，便进入成长期，即已经打开市场，拥有通畅的销路，并且受到消费者的欢迎。这一阶段中，由于需求的存在，宣传的到位，越来越多的消费者开始购买产品，需求量和销量迅速上升，从而成本快速下降，利润快速上升。这时竞争者看到有利可图，将纷纷进入市场参与竞争，使同类产品供给量增加，价格随之下降，企业利润增长速度逐步减慢，最后达到生命周期利润的最高点。此阶段其他发达国家开始生产这一产品，产品种类逐渐丰富，由创新国的生产开始向其他发达国家扩散。

第三阶段：成熟期

产品规模化生产，迅速普及并在全球市场销售，价格和需求平民化，生产标准化。销售增长速度放缓，竞争加剧，产品种类迅速丰富，成本和利润一起下降，但利润下降更多。此阶段产品生产线开始由劳动力比较优势的发展中国家接手，创新国逐渐退出生产过程，生产由技术和资本密集型转向劳动力密集型。

第四阶段：衰退期

是指产品进入了淘汰阶段。随着科技的发展以及消费习惯的改变等原因，产品的销售量和利润持续下降，产品在市场上已经老化，不能适应市场需求，市场上已经有其他性能更好、价格更低的新产品，足以满足消费者的需求。此时的生产线已经在发展中国家形成规模效应，创新国和其他发达国家基本退出生产，创新国开始进行下一轮设计研发，准备新产品的出现和下一轮新产品周期。该类产品的生命周期也就陆续结束，以至最后完全撤出市场。

产品生命周期对于微观企业生产来说尤为重要，企业在制定产品策略以及营销策略时具有最直接的参考价值。管理者要想使他的产品有一个较长的销售周期，以便赚取足够的利润来补偿在推出该产品时所作出的一切努力和经受的一切风险，就必须认真研究和运用产品的生命周期理论，此外，产品生命周期也是营销人员用来描述产品和市场运作方法的有力工具。同时产品生命周期理论说明企业获取高额利润的关键在于始终保持产业链的高端地位，即科技产品的创新是一个企业的获取超高利润的最重要的方式。

二、贸易保护理论

传统贸易保护理论，主要包括重商主义理论、幼稚产业保护理论和超贸易保护理论。

新贸易保护主义理论或理论观点，包括中心—外围理论、战略性贸易政策理论、地区经济主义新贸易保护论、国际劳动力价格均等化新贸易保护论和绿色贸易保护论等。

（一）重商主义理论——资本原始积累时期的贸易保护主义

发达国家的国际贸易保护主义可以追溯到15世纪的重商主义思想。重商主义有早期和晚期之分，早期的重商主义主要代表人物有英国的约翰·海尔斯、马林斯，法国的博丹、安徒安·孟克列钦等。晚期重商主义的代表人物包括托马斯·孟、意大利的安东尼奥·赛拉和法国的让·巴蒂斯特·柯尔培尔等。

早期的重商主义认为金银是财富的唯一形态，国家必须实行干预政策，促使金银流入不流出。其途径有两种，一是在国内通过开采矿山来获得，但由于矿山资源量的限制，这种靠国内获得金银财富增加并不是好办法；另一种是通过对外贸易的多出口少进口方式获得，通过贸易顺差或出超，使金银流入国内，实现聚集财富的目标。

晚期的重商主义的着眼点从金银的直接控制转向国际贸易直接控制。晚期的重商主义认为金银留在国内的钱柜里就是死钱，应该把货币投入国际流通中，允许金银输出以扩大对外国商品的购买。但是，在增加进口国外商品的同时，应更大量地向国外出口商品，最终形成贸易顺差，使更多的货币回流到国内，实现财富的增加。

晚期的重商主义强调通过实施奖出限入政策，获取贸易差额，因此，又叫“贸易差额论”。

各行其是的重商主义政策由于没有共同的贸易准则，以损人利己为目的奖出限入阻碍了国际贸易。但其政策措施加速了资本的原始积累，推动了资本主义生产方式的发展。

（二）幼稚产业保护理论——自由竞争时期的贸易保护主义

幼稚产业保护理论的主要代表人物是美国的亚历山大·汉密尔顿和德国的李斯特。

18 世纪 70 年代，美国独立后的第一任财政部长亚历山大· 汉密尔顿提出《制造业报告》，主张对本国有能力生产的商品进口征收高额保护关税，以保护国内的幼稚工业。必要时，也必须对农业进行保护，即对本国能够生产的农产品的进口征收高额关税。1789 年，美国制订了第一个关税税则，平均税率为 8.5%，此后到 1808 年，关税税率不断提高。1833 年，贸易保护主义运动在美国积极展开。1846 年的《沃尔克税则》（Walker-Tariff）把进口货物分成 ABCD 等几个等级，实行分别税率为 100%、40%、30% 和 5%。1861—1866 年，平均关税税率由 18.8% 提高到 48.3%。

在汉密尔顿征收高额保护关税的幼稚工业保护论基础上，德国的李斯特进一步使其系统化，形成完整的理论体系。1841 年，李斯特在《政治经济的国民体系》一书中提出了以重视生产能力发展为特征的幼稚工业保护理论。李斯特认为，进口廉价商品短期内看合适，国内消费者能够购买到质优价廉的商品。但是，从远期看得不偿失，国内产业将会长期处于依附地位。而如果重视培养国内产业创造财富的生产能力，对国外进口商品采取限制进口的贸易保护措施，诸如关税和限制进口等，短期内消费者的利益会受到损害，但从长远看，国内幼稚产业壮大后，商品供给增加，商品价格随之降低，有利于公众福利的增加。

李斯特认为一个国家的经济发展过程经过原始未开化时期、畜牧时期、农业时期、农工业时期和农工商时期等五个阶段，不同发展阶段实行不同的国际贸易政策。在原始未开化时期、畜牧时期和农业时期等三个时期，实行自由贸易政策；第四个阶段——农工业时期，实行贸易保护政策；第五个阶段——农工商时期，实行自由贸易政策。李斯特认为德国正处于第四个阶段——农工业时期，因此，必须实行贸易保护政策。

（三）超贸易保护理论——垄断竞争时期的贸易保护主义

19 世纪 70 年代，世界资本主义从自由竞争时期走向垄断时期。19 世纪末 20 世纪初，全球战争和经济危机不断发生。特别是 1929—1933 年世界资本主义第一次经济危机之后，世界主要资本主义国家，如美国、英国、德国、法国等，纷纷对贸易严加管制，为了加强国内企业的垄断地位，各国除了采用传统的高额保护关税手段，还采用进口配额、外汇管制等非关税壁垒，同时通过出口信贷、出口补贴等政策鼓励出口。

世界几个主要发达国家先后出台对本国垄断企业保护的政策。1931 年 11 月，英国政府颁布《紧急进口税条例》，对进口商品征收高达 50% 的关税；美国于 1890 年颁布的《麦金莱税则》平均税率为 49%，1879 年的《丁利税则》使平均关税率高达 57%；德国于 1885 年和 1888 年继续提高农业保护税。

超贸易保护理论与幼稚产业保护理论具有本质区别：一是保护的不是国内幼稚工业，而是国内已经高度发展或走向衰落的垄断工业；二是目的不是培养国内的自由竞争能力，而是为了巩固和加强对国内外市场的垄断地位；三是不仅仅是限制进口，而是在垄断国内市场的同时，对国外市场进行进攻性扩张；四是贸易保护措施不仅仅是采取关税手段，还包括实施非关税壁垒、奖出限入措施等。

（四）新贸易保护理论

20 世纪 70 年代，美国为了改变国际收支恶化的局面，维持一家独大的国际地位，掀起了全球性的贸易保护主义的浪潮，把非关税壁垒作为贸易保护主义的主要手段，强调所谓“公平贸易”，1985 年迫使德、日等国签订《广场协议》。因此，称为新贸易保护主义。

新贸易保护主义的主要特点：一是以非关税壁垒作为主要贸易工具。二是以集团或区域作为贸易保护壁垒，以获取贸易保护的局部利益。三是打着公正的自由贸易的旗号，将各种非关税壁垒措施法律化和制度化。比如，美国涉及管理外贸的法律达 1000 多种，是实行管理贸易的新贸易保护主义的代表。《1974 年贸易法案》中的“301 条款”和 1988 年的“综合贸易法”，尤其是“超级 301 条款”和“特别 301 条款”，分别要求政府对没有进行公平贸易和没有对美国知识产权进行有效保护的国家进行谈判或报复。

新贸易保护理论主要包括中心—外围理论、战略性贸易政策理论、地区经济主义新贸易保护论、国际劳动力价格均等化新贸易保护论和绿色贸易保护论等。

1. 中心—外围理论。中心—外围理论是阿根廷经济学家普雷维什（Raul Prebisch）于1949年5月向联合国拉丁美洲和加勒比经济委员会递交的《拉丁美洲的经济发展及其主要问题》报告中提出的。亦叫贸易条件恶化论，也被称为普雷维什—辛格假说，是一种以实际收支而不是从实际资源的角度来考察贸易和经济发展关系的理论。

在贸易条件理论出现之前，人们普遍接受初级产品报酬递减而价格会不断上升的说法，原因在于初级产品依赖土地等有限的资源，相反，工业制成品由于具有规模效应和技术进步的特性，其价格会不断下降。因此，初级产品相对制成品的价格应是不断上升的。然而，普雷维什—辛格假说对这一理论提出了针锋相对的看法。

普雷维什认为，世界应分为两大体系，一是由发达资本主义国家组成的中心体系，一是由拉丁美洲和其他发展中国家为代表的外围地带。贸易条件不断向不利于发展中国家发展的方向变动，发展中国家的贸易条件从长期来看在不断恶化。中心—外围国家体系的分离，使得外围国家从一开始就处于不平等地位，产生了诸多导致外围国家贸易条件恶化的因素。第一，技术进步优先在工业部门发展，技术水平、劳动生产率都会远远高于初级产品生产部门，因此工业制成品的价格会远高于初级产品。第二，市场需求的不对等，市场对初级产品的需求收入弹性低，而对工业制成品的需求收入弹性高，随着工业经济的发展，人们的实际收入水平不断上升，对工业制成品的需求也随之增加，对初级产品的需求即便是有所上升也只是很小的幅度，甚至由于出现新的合成产品、低能耗技术而降低对初级产品的需求。第三，国际贸易的周期性规律运动对中心国和外围国会产生不同的效果，在国际贸易繁荣发展时期，工业制成品和初级产品的价格会同时上升，但一旦出现国际贸易的衰退，初级产品的价格下跌幅度会大大超过工业制成品，这样的贸易周期性变动便加大了工业制成品与初级产品之间的差距。

辛格认为初级产品的贸易条件恶化应从两个方面来分析。第一，根据恩格尔定律，制成品的需求会随着人们收入水平的提升而提升，收入水平提高越快制成品需求越高。由此看来，经济发展必然带来制成品的需求愈发旺盛，而初级产品的需求愈发走弱，初级产品贸易条件随之恶化。第二，技术进步带来初级产品的替代品的出现从而使初级产品的贸易条件降低，这种下降不仅是周期性的而且是结构性的。事实证明，国际贸易不是缩小而是扩大了发达国家与发展中国家之间的差距，“不平等的交换”必然带来“不平等的发展”。因此，他们主张与发达国家切断经济联系，奉行自主发展的方针，实行贸易保护政策。

2. 战略性贸易政策理论。20世纪80年代以来，以詹姆斯·布朗德、巴巴拉·斯潘塞等人为代表的西方经济学家提出了战略性贸易政策理论。战略性贸易政策理论只针对寡头垄断、不完全竞争和存在规模经济的产业结构。这些产业往往是具有超额垄断租金并对本国国民经济有技术外溢效应的高端产业。

战略性贸易政策理论可以分为利润转移理论和外部经济理论。

利润转移论包括三大政策内容：一是政府采用出口补贴和研发补贴来补贴本国企业的战略性出口政策，目的是把外国企业的垄断利润转移到国内企业。二是政府采用进口关税政策以抽取外国垄断厂商的垄断租金的战略性进口政策，目的是通过抽取外国厂商利润使其利润下降，提高本国福利、限制外国产品进口、扶持国内产业。三是政府采用贸易保护，全部或局部地封闭本国市场，阻止国外产品进入本国市场。目的是使国外厂商生产成本上升，达不到规模经济；而国内厂商快速扩大市场份额，达到规模经济。

外部经济理论是指具有高附加值的战略性产业能够产生巨大的外部经济，对其他产业乃至国民经济发展发挥着重要影响作用，并在国际分工格局中长期占据出口优势地位。为了避免或降低因为存在外部经济而导致战略企业在国际市场竞争中失败，本国政府有必要对这些战略性产业进行补贴。政府补贴能够促进那些产生显著外部经济的产业顺利发展，在国际竞争中处于有利地位，同时对国外相关产业或企业具有外部溢出效应，实现国际贸易的双赢。

3. 地区经济主义新贸易保护论。1994 年，英国经济学家蒂姆·朗和科林·海兹在《新贸易保护主义》一书中提出了地区经济主义新贸易保护论思想。他们认为在经济全球化背景下，自由贸易政策带来贫富差距扩大、发达国家失业率攀升、全球资源的分配愈加不合理等后果。因而，他们主张实施贸易保护，反对自由贸易主义。

他们认为，实施地区性贸易保护政策，既可以利用地区资源，促进地区经济发展，又可以改变发展中国家在国际贸易格局中的落后地位，还能够保护资源环境，促进人类可持续发展。地区经济主义新贸易保护主义提出，为实现地区环境和经济效益和谐发展，必须根据预期的出口量对进口量进行控制，并使出口量与进口量保持平衡，因而，政府应制定严格的、高标准的进出口限制规则。

4. 国际劳动力价格均等化新贸易保护论。国际劳动力价格均等化新贸易保护论认为，根据大卫·李嘉图的比较优势理论，发达国家由于劳动力成本较高，资本和技术成本较低，因而发达国家主要发展资本和技术密集型产业。发展中国家由于资本和技术缺乏，劳动力相对充足，因而发展中国家主要发展劳动密集型产业。但问题产生了，若发展中国家利用劳动力成本优势发展制造业，那么，发展中国家具有较大的成本优势，将会取代发达国家的大部分制造业，从而导致了发达国家失业率攀升、产业空心化和生活水平的降低。因此，发达国家应对发展中国家的劳动密集型产品实行配额制和其他非关税壁垒的贸易限制，抵制对发展中国家的商品进口。

5. 绿色贸易保护论。1988 年，美国根据《海洋哺乳动物法案》，认为为了保护海豚，应该禁止墨西哥的捕捞金枪鱼的渔网的进口，因为这种渔网既能捕捞金枪鱼，也能误捕海豚。这就是“金枪鱼贸易案”。“金枪鱼贸易案”拉开了绿色贸易保护的序幕。绿色贸易保护主义在20世纪90年代逐渐兴起。

绿色贸易保护论认为，环保问题已成为人类永续发展的突出问题，因此，为了保护环境，国际贸易需要考虑进出口货物对环保带来的不利影响。因此，应提高进口的环保等级，采取更为苛刻的环保检查制度，限制或减少进口那些环保要求低的产品。

绿色贸易保护主义兴起的原因有二：一是经济发展带来了环境污染和生态的破坏，因此，环境生态保护成为全球共识；二是WTO规则限制了关税壁垒和非关税壁垒使用的空间，于是，迫使部分发达国家的贸易保护主义采取这种新形式以保护本国产业。

绿色贸易保护主义具有合法性和隐蔽性的特点。GATT、WTO以及相关贸易协议都有环保条款、公约、国际环境管理体系标准（ISO14000）等。其中部分条约的模糊界定成为了部分国家实施绿色贸易保护主义的引用条文，衍生出各种贸易限制政策。例如，具有权威性、普遍性的国际贸易条约GATT便允许“环保例外权”、允许“为了保护生命与健康以及环境采取必要措施”，这就为部分国家实施绿色贸易保护主义提供了合法的设立动机。

第二节　我国外贸发展环境

一、国际贸易发展的总体形势表现良好

（一）新兴经济发展势头良好

长期以来，在世界经济贸易活动中，美国、日本、欧盟等发达国家（经济体）始终占据着核心地位，发挥主导作用。因此，发达国家的国际贸易活动直接影响着世界经济的发展走向。由于世界经济主导在几个发达国家手中，在客观上极大地抑制了发展中国家的经济发展。作为经济欠发达的发展中国家在国际贸易中处于不利地位，在全球产业价值链中处于中低端，只能输出资源型产品和附加值低的劳动密集型商品。发达国家依托强大的国家贸易规则的话语权，凭借其强大的金融、军事和科技实力，对发展中国家进行经济盘剥，比如经济“剪羊毛”手段，在国际贸易中从发展中国家手中获取了巨大的“剪刀差”利润。最终出现马太效应，发达国家的经济实力越来越强，发展中国家越来越贫穷和落后。

近些年来，随着世界经济一体化加速发展，以发展中国家为代表的新兴经济体在世界经济发展格局中引人注目，特别是以中国、印度、巴西、俄罗斯和南非等“金砖国家”迅速崛起，逐渐成为世界经济发展的火车头。中国的制造业逐渐向东南亚、南美洲和非洲的一些国家转移，带动越南等一批新兴市场国家经济的崛起。

反观当前几个主要发达国家，由于身处世界经济危机不能自拔，加之人口老龄化、经济体“空心化”等问题的影响，经历漫长的经济复苏过程，经济增速缓慢。近几年，美国平均经济增速为2.2%，欧洲平均经济增速为2%，日本处于经济萧条发展中。可以预期的是，在将来，发展中国家的经济总量在世界经济中的占比会越来越大，甚至在不久的将来，会赶上或超越发达国家及地区；发展中国家在世界经济舞台中的话语权，包括外贸规则的制定、世界经济影响力都会与日俱增。据国际货币基金组织（IMF）预测，2019 年全球经济增长仍可保持 3.1%，其中新兴市场和发展中经济体预计增长加快至4.5%。预期 2020 年全球经济增长维持在 3.6% 的水平。这为我国对外贸易发展提供了很好的契机。

（二）双边、区域经济自由贸易快速发展

现代国际经济贸易形式主要包括多边自由贸易、双边自由贸易和区域自由贸易等三种重要的贸易形式。多边自由贸易和双边自由贸易是现代国际经济贸易的主导形式。当前，世界经济向纵深发展，区域自由贸易发展迅速，区域自由贸易在国际贸易的占比逐渐提高，对世界经济发展的作用也越来越大。

欧盟的建立带动了欧洲经济多边自由贸易的发展。第二次世界大战后，欧洲各国积极寻求经济快速发展，以欧盟的形式促进欧洲经济的复兴。欧盟最初还是政治联盟，后来随着世界多元化的发展，欧盟逐渐从政治联盟过渡到经济联盟。

近几年，以中国为主体的亚太经济贸易发展迅速，正在成为推动亚洲太平洋地区经济发展的重要力量。我国积极开展双边和多边的国际贸易往来，南美的秘鲁、智利等国，东亚的韩国、日本等国，南亚的印度、巴基斯坦等国，以及东盟、欧盟国家、俄罗斯等，都与我国以签订协议的形式，组建自由经济贸易区，建立境外经贸合作区。

二、我国外贸发展面临的挑战

（一）中美贸易战及其影响

特朗普就任总统以来，重拾 20 世纪 70 年代美国里根时期的贸易保护主义手段，目的是为了保持美国在全球的绝对霸主地位。特朗普政府认为，经济总量排在美国之后处于世界第二位的中国对美国构成直接、最大的威胁，尤其是在高技术领域，比如，2015 年中国提出的“中国制造 2025”，美国认为这威胁到自己的高技术产业在全球的优势地位。特朗普政府的贸易保护主义，不仅贸易战目标直指中国，也在世界范围内开展贸易战，比如针对美国原有的多边自由贸易协定采取“退群”策略，重新启动与墨西哥和加拿大的北美自贸协定谈判，重启美日经贸谈判，关税战剑指欧盟等。

1. 贸易战的起因及实质。中美贸易的争端源起于 2018 年 3 月，特朗普政府宣

布依据《1974年贸易法案》中的"301条款"，对从中国进口的500亿商品征收高额保护关税，然后在此基础上又成倍提升，追加了2000亿美元的贸易额，甚至威胁向来自中国的5000多亿美元商品全部额外加征关税，这些商品几乎涵盖所有产业部门和美国进口中国的绝大部分商品。同时还把政治问题和经济问题卷进中美贸易战中，采取卑鄙的绑票手段，对中兴和华为进行打压。中美贸易战不仅仅局限于双方较量，而且蔓延到世贸组织、"一带一路"国际合作、亚投行等多边平台。

中美之间的贸易逆差问题是美国对中国实行贸易战所声称的主要理由。以美元计价，中美贸易进出口总额为6335.2亿美元，同比增长8.5%。其中，出口4784.2亿美元，进口1551亿美元，贸易顺差3233.2亿美元，同比扩大17.2%。美国政府以贸易逆差为由发动贸易战违背客观经济规律。美国对中国的贸易逆差主要是由于美国的储蓄率相比中国过低所导致。美国的国民储蓄率过低，必然需要以贸易逆差形式进口别国国民储蓄供自己使用，制造业综合效益位居世界前列的中国必然在其制成品进口中占据主要份额；中国国民储蓄率高，必然以贸易顺差形式出口自己的国民储蓄供别国使用。2017年，中国储蓄率为44.7%，而美国储蓄率为17.1%，中美储蓄率差额高达27.6%。美国要想从根本上解决自身的贸易逆差问题，不是靠贸易战，而是要靠全面改革其社会保障体制，显著压缩其庞大的军费开支。要实现制造业回流美国，还需要改革其教育体制。中国的高储蓄和较高的贸易顺差，是全球净储蓄的主要供给者，世界经济体系获得了充足的劳动力，从而带动了世界经济体系有序发展。

美国发动贸易战实质是遏制中国崛起，是特朗普为了兑现"让美国再次伟大"的口号而发起的。在20世纪末，中国逐渐成为世界工厂、中低端制造业的外包中心。2018年，中国GDP突破90万亿元，折合13.6万亿美元，占世界经济比重上升到15.2%。2018年美国GDP为20.5万亿美元，中国的GDP是美国的66.34%。如果保持现在的增长势头，2030年左右中国就会赶上美国。但实际上，中美人均GDP相差悬殊，中国占不到美国的1/5。但是，中国发展的后发势头明显。当前这样成绩单的取得，主要是靠劳动力红利、低端的轻工业和服务产业链、薄利的世界工厂的贡献。在全球产业链中，中国还处于中低端，始终是大而不强。为了实现从制造大国向制造强国的蜕变，2015年，李克强总理提出了《中国制造2025》。中国建立了完善的工业体系和供应链体系，成为未来制造业振兴战略的后起大国与潜在的中坚力量。这对世界经济格局产生了巨大而深远的影响。

现在的美国是全方位的世界领袖，不仅仅是在经济领域，军事领域、科技水平、全球影响力等综合实力在全球都是独占鳌头。美国为了保持自己在全球的领导地位曾经全力打压对自己有威胁的国家和组织，例如：英国、德国、苏联、日本和欧盟。20世纪70年代，日本的GDP达到了美国的2/3，而且上升势头明显。为了防止日本超过美国，美国采取一系列的打压手段。1985年美国逼迫日本签订《广场协议》，迫使日本降低汽车进口关税、日元升值等，造成日本十几年的经济衰退。美国和苏联的全球争霸及其冷战，造成苏联的解体。有一种理论，叫“修昔底德陷阱”，是说后起大国挑战守成大国必有一战。美国一直防备着其他后起大国对其全球领导地位的挑战和威胁。但中国是“和平崛起”，“修昔底德陷阱”对中美之间并不适用，美国应把中国的崛起视为双赢，而不能当作零和游戏，甚至是战争。

2. 中美贸易战只能是双输。中美贸易战，对美国来讲，是损敌一千自伤八百的结果。

中美贸易战对美国的负面影响：2018 年 12 月下旬，美国资本市场道琼斯指数从 10 月初的高点跌落近 5240 点，跌幅接近 20%。2018 年 11 月至 2019 年 1 月，美国初次申请失业金人数的最后一期数值为 23.3 万人，较前值反弹 2.6 万人，反映美国经济出现放缓迹象。其一，中美贸易战增加了美国的财政负担。美国要保护本国产业，就必须对本国产业实行财政补贴。美国联邦政府在 2010 年的各项农业直接补贴仍高达 270 亿美元；在 2011 年，各项农业直接补贴为 233 亿美元；2012 年，各项农业直接补贴的财政预算则为 238 亿美元。这极大地增加了美国政府的财政负担。其二，美国对进口的中国商品征收高额关税，必然导致美国商品价格上涨，不仅会提升美国零售商品的进货成本，还会增加美国民众的消费负担。其三，中美贸易战还会造成美国企业进入不良发展、缩减其国内就业机会的后果。其四，美国政府对其国内企业进行财政补贴行为，违反了 WTO 有关反对补贴的条款，失道寡助。

中美贸易战对中国经济产生的负面影响：其一，对中国经济造成巨大的损失。比如，2018 年，美国对来自于中国的大型洗衣机征收 30% 的关税，对光伏产品征收 50% 的高额关税，对进口中国的铸铁污水管道配件征收 109.95% 的高额关税，对进口中国的钢铁征收 25% 的关税，对进口中国的铝征收 10% 的关税。2018 年 3 月，特朗普政府又宣布“因知识产权侵权问题对中国商品征收 500 亿美元关税，并实施投资限制”。其二，中美贸易战，不仅对中国企业的国际竞争力产生负面影响，还会对中国高技术产业的未来发展产生不利影响，阻碍中国外贸发展，对中国经济增长造成冲击。

中美贸易战也对其他国家和世界经济产生不利影响。其一，中美贸易战所采取的高额关税等措施，会在全球范围内形成不良的连锁反应，并抬升国际贸易交易成本，压缩甚至损害各国经济发展空间和发展潜力。自从 2018 年美国开始对于全球进口钢、铝分别加征 25% 和 10% 的关税，引起在汽车行业与主要发达国家的贸易冲突和中国的贸易摩擦。美国受影响的进口商品达到 8000 亿美元左右，出口商品将达到 3500 亿美元左右。如果贸易摩擦进一步升级，受影响的国际贸易还会增加。欧盟和日本等主要经济体均已出现出口增速回落迹象。2018 年 9 月 27 日，世贸组织已将 2019 年全球货物贸易实际预期增速进一步调低至 3.7%。其二，严重阻碍了经济全球化进程。中美是全球经济体中第一、第二两个大国，经济总量前两位大国打贸易战，中美两国不良的贸易关系必然对全球经济产生重要影响和作用。其三，对世界贸易格局产生影响。中美之间限制进口对方商品，但其国内需求仍然存在，因此，只能从域外的国家进口商品，这在一定程度上对全球贸易格局产生影响。

（二）国际经济贸易保护主义抬头

国际经济贸易交往中，长期存在着两种截然相反的国际贸易理论，即贸易自由主义和贸易保护主义。不同贸易理论必然影响着不同的外贸政策和外贸主张。长期以来，贸易自由主义在世界经济中占据主导地位，因此发达国家的经济贸易发展迅速，并成为全球经济贸易和经济发展的发动机，对世界经济产生深远的影响。近些年来，发展中国家，特别是新兴经济体国家的经济有了长足的进步，经济实力大幅度提升，在某些领域对发达国家形成了冲击和挑战；加之 2008 年世界金融危机以来，发达国家面临着更多的压力和困难，经济发展后劲不足，人口老龄化问题严重，经济下行压力较大。在这样的背景下，以美国为代表的发达国家开始转向，纷纷奉行贸易保护主义，以维护各自国家的利益，从而使贸易保护主义抬头，并呈现出愈演愈烈之势。

2016 年，美国、韩国、印度、欧盟等世界各国和组织针对中国产品发起反倾销和反补贴的“双反”调查有 117 宗。欧盟自 2014 年起针对中国产品发起 15 宗贸易救济调查。印度于 2016 年 4 月针对原产于中国的钢铁产品发起“双反”调查。

（三）国别风险与地缘政治风险不容忽视

面对中美贸易战，我国提出更加推动全面对外开放战略，尤其是我国倡导的“一带一路”战略是全面对外开放的重点。从过去的经验和教训看，实施“一带一路”战略主要面临国别风险，受到地缘政治因素的影响。

地缘政治风险。“一带一路”沿线国家有着极其复杂的地缘政治关系，是大国间国际博弈较为敏感的区域，因此，我国实施“一带一路”战略，必然引起美国的反弹和非议。在美国看来，若欧洲转向融入亚洲，则会打乱美国的“亚洲再平衡战略”的规划部署。美国通过加强对亚洲贫困国家的战略扶持来平衡与我国的竞争关系。同时，美国通过利用南海纷争挑拨我国与南海周边国家的伙伴关系，从而弱化我国降低“一带一路”海上丝绸之路的通道风险的努力。

国别风险。“一带一路”沿线国家，尤其是中亚、中东、南亚、非洲等国家，基本上是经济发展落后，政局持续不稳；部分国家连年战争不断，具有极其尖锐的民族矛盾和宗教矛盾。这就使得“一带一路”沿线国家和地区的地缘政治碎片化。

国际贸易摩擦风险。近年来，我国的对外进出口贸易发展迅速，特别是出口贸易的扩大，我国对“一带一路”沿线国家的贸易顺差加大，我国与一些国家间的贸易摩擦逐渐显现并升级。比如，印度、马来西亚等国多次对原产于中国的钢铁产品进行“双反”调查。产生贸易摩擦的原因，一是由于中国与“一带一路”沿线国家有着相似的贸易结构；二是沿线国家多为新兴经济体，有保护本国幼稚产业的倾向，比如中亚国家设置技术性和通关环节的贸易壁垒就属于此例。

基础设施投资运营风险。由于“一带一路”沿线国家的经济发展程度较低、政治法律体系不健全，基础设施投资环境异常复杂，如何保障投资运营安全就成为最现实和最直接的问题。据世界银行测算，“一带一路”亚洲国家，在未来十年内与基础设施相关的资金投入约需8万亿美元。据IMF的统计数据显示，中低收入国家的资本形成率占GDP比重仅在20%左右，以亚洲基础设施投资银行和丝路基金为代表的金融服务机构无法弥补基础设施建设所存在的巨大缺口。沿线部分国家立法和执法机制不健全，外国投资有被当地政府强制国有化的可能，基础设施均存在投资运营风险。

第三节 外贸创新与外贸再造

一、我国外贸体制的创新

（一）马克思理论中关于国际贸易的思想

在伟大的马克思理论之中，对于专门的国际贸易理论的研究并未单独列出，但我们却可以看出马克思对贸易和经济发展关系的理解作出了不少阐述。他在《〈政治经济学批判〉导言》中写道：“我考察资产阶级经济制度是按照以下的次序：资本、土地所有制、雇佣劳动、国家、对外贸易、世界市场。”马克思在对贸易和经济发展的理论主要包括以下几个方面：

第一，对外贸易和世界市场促进了资本主义的形成。马克思认为，随着对外贸易的发展，各地区联系更加频繁，进行生产交换的地点将会更加广泛，随之而来的规模效应，最终导致生产能力的增强，生产效率的提高，以及再生产的扩大。

第二，马克思认为对外贸易对提高利润率和利息率有很大的影响。首先，在影响利润率方面，对外贸易对利润率的正向作用比反向作用强。资本主义的发展受资本报酬递减规律的制约，随着资本构成的不断提高，资本积累对社会利润率的贡献将会呈现不断下降的趋势，而通过国际贸易的作用，资本利润率的正向作用将会对反向作用产生博弈的能力。马克思认为国际贸易虽能够有效加速资本积累，并影响不变资本和可变资本的比率，使资本的利润率加速下降，但同时他也认为，对外贸易上的资本在发达国家利润率较高。在出口贸易中，因为发达国家生产率水平大大超过落后国家，因此两种国家中商品价值差距很大。鉴于此，发达国家由于自身条件会在国际竞争中处于优势地位，在一定程度上成为主导者。马克思指出，在这场不公平的游戏中，发达国家的劳动较之落后国家会有更高的价值，从而可以有更高的收益率。除此之外，发达国家会借助自身的优势在这场游戏中处于垄断地位，然后迫使其他国家做不等价交换，自己从中获利。发达国家为了减少自己的生产成本，达到更多赚取利润的目的，从落后国家进口低价的生产资料。马克思认为对外贸易使得在社会生产中有更多的选择，所以各种生产要素的价格变低，从而生产成本变低，随之而来的是利润率的增长。而关于对利息率产生的作用，马克思也持肯定观点，他认为国际贸易对利息率的作用程度甚至超过对利润率的作用程度。

第三，马克思认为资本由于国际贸易的发展会得以持续积累，而且为生产再扩大提供有力的支持与保障，同时完全实现了剩余价值。马克思说："当国家不能生产资本积累所需的数量的机器时，需要从国外购买更先进的机器。生活资料和原料的情况也会如此。"通过对外贸易，市场与生产规模会扩大，然后就会产生专业的分工，这样就可以使生产的专业度更高。也就是说国际贸易会对生产和竞争产生一定程度的作用。

（二）对外贸易对经济发展作用的实证研究

理论方面，对外贸易对经济增长的正向作用分为静态和动态两个层面。静态收益主要基于新古典贸易理论的视角，而动态效应主要基于新经济增长理论的视角。

从静态收益来看，一个国家根据要素禀赋的不同，通过专业化和大规模生产，集中力量生产自己具有比较优势的产品，贸易国双方劳动效率都会提高，经济都会实现增长。

从动态方面来看，有以下两个方面原因。第一个是"干中学"效应，这一效应主要基于微观经济体即企业的视角，企业在经营生产过程中属于一种动态发展的过程，各类要素如人力资源、技术设备和管理经验等均处在不断丰富进步的过程，出口贸易的出现使得企业处在更大的竞争压力之下，发展进步的速度加快，"干中学"效应增强，从而出口贸易对经济发展起到的是促进作用。第二是技术的外溢和扩散效应。在贸易之中，随着商品的跨境，商品中所包含的技术会产生外溢和扩散效应。对于出口企业，往往由于国外所需产品较之国内需求要求更高，因此，出口企业的出口品的生产质量和标准比国内生产线的技术创新度更高，因而引起国内企业的模仿，长此以往导致整个经济体的技术进步的正向循环和经济增长。这就是出口贸易引起技术外溢的条件基础，同时也是贸易部门带动国内非贸易部门发展的牵引力所在。

改革开放以来，我国对外贸易发展十分迅速。迅猛的贸易发展带来学术界的关注和讨论，大致有两个核心内容。第一，出口贸易与经济增长是否有关联；第二，出口贸易对经济增长的贡献程度。

对于第一个争论，绝大多数学者持肯定态度。从贸易结构方面，杨全发、舒元（1998）以及王琳（2016）等学者研究证明，对于发展中国家，初级产品的出口对贸易起到了带动作用，而工业制成品和服务产品出口却没有。而对于发达国家，商品贸易和服务贸易均可以带动经济的增长。从贸易对经济增长的影响机制方面，钟昌标（2002）、何莉（2007）等多位学者研究表明，对外贸易可以从资本获得、技术外溢、制度进步以及综合的多要素机制等方面影响经济增长并产生正向效应。还有一个方面就是贸易对经济增长的内生性问题，内生性问题主要体现在三个方面，双向因果、遗漏变量和测量误差。黄新飞、舒元（2010）等多位学者通过不同的面板模型、不同的工具变量控制内生性问题仍然得出结论，出口贸易对经济增长具有相关关系。

对于第二个争论，传统方法由公式 $Y=C+I+G+(X-M)$ 得到，所得结果表明对外贸易对经济增长贡献十分有限。林毅夫（2003）研究表明，传统方法计算下的结果具有很大的局限性，主要原因在于该方法仅仅关注净出口对经济增长的贡献而忽视了净出口与政府支出、消费和投资之间的相关关系，从而导致净出口对经济增长贡献度计算结果的较大误差。通过对传统方法的改进，计算中加入了净出口对政府支出、消费和投资的间接影响，使结果更加接近真实值。

（三）我国外贸体制的演变

1. 发展中国家两种贸易战略和政策。贸易战略和政策主要有两种，进口替代战略和出口促进战略。一般来说，对于大部分发展中国家选择出口促进战略往往会获得更大的发展。但是，无论是进口替代还是出口促进，都不能当作一种固定模式，在选择的时候需要根据当时所处的历史条件和国际环境，两种战略各有优缺，能否及时跟随整体形势变化而作出最合适的调整尤为重要。

（1）进口替代战略。进口替代战略属于内向型发展战略，指一国首先采取进口产品对国内某一空白市场进行开发培育后，采取一系列措施限制这一市场国外工业产品进口，从而促进本国有关产业或行业的发展，保护本国市场，使得本国产品逐渐在市场上替代进口品，主要针对工业产品。

这一战略一般由发展中国家施行。由于一个国家发展初期某些市场未被开发，因此需要外国进口品进行对国内市场的培育，当国内空白市场被开发具有一定基础后，本国企业开始生产。此时本国企业由于工业不发达、生产效率低等原因所生产产品难以与发达国家进口产品竞争，因而需要一定程度的政策保护以促进本国该行业和产业的发展。

其一，进口替代战略的措施。进口替代战略的措施主要有三种：保护性关税、进口配额和外汇管制。

保护性关税。采用高额关税使得进口商品价格远高于市场价格，从而抑制进口，保护本国产业发展。这是最常用的进口替代战略的方法。在这里应该区分两个概念，名义保护率和有效保护率。名义保护率是指税后价格增加量与税后价格的比值，关税越高，名义保护率越高。但名义保护率有时并不能很好地体现关税对一个产品的保护力度，比如有些国内最终制成品的生产需要进口国外的中间产品或者原料，而保护性关税的施加使得国内生产产品成本提高，从而保护性关税对国内制成品市场竞争的影响并不能够达到关税预期程度。加拿大经济学家 C. L. 巴伯于 1955 年首先提出来有效保护率的概念，以增加值的角度去衡量对行业保护的程度，以抵消中间产品和原材料由于关税带来的成本提高而产生的影响。此举意义在于体现了一国关税应更多地对进口制成品施加，而降低对中间品和原材料的关税。然而值得注意的一点是，关税的最终买单者为本国消费者，财富由居民手中转移到政府，这是对社会福利的损害。

进口配额。即对国内某种进口商品的数量加以计划和分配，达到限制进口、保护国内产业发展的目的。这是目前最流行的非关税壁垒。政府通过拍卖或者无偿发放的方式，将进口许可证分配给国内进口商，使进口商有权利进口一定数量的国外商品，没有进口许可证将无权进口该类商品。但进口配额有两个很大的弊端。第一是容易导致寻租和腐败的发生。政府较少采用拍卖的方式分发许可证，往往会将进口许可证直接分配给有限数量的进口商，得到许可证的进口商会因为国内外巨大的价格差异赚得暴利。这也导致进口商们不惜重金从管理许可证的官员手中拿到配额，从而滋生腐败。第二是容易产生进口商对进口商品的垄断。与保护关税不同，进口商品配额一旦达到饱和，将不再会有进口出现。这也意味着不再会有新的供给出现，这时进口商可以操纵供给以高于市场价格和关税价格之和的垄断价格在市场出售进口品，进而对消费者甚至经济造成侵害。

外汇管制。政府通过颁布法令的形式对国际结算和外汇买卖进行限制，以平衡国际收支和干预本国货币汇率的一种制度。即出口商所得外汇必须以官方汇率出售给外汇管理部门，而进口商所需外汇必须以官方汇率向外汇管理部门申请购买。这样一来，政府方可以通过外汇管理部门对汇率的控制和对外汇的集中管理来管控进口的种类数量甚至贸易国家，从而起到保护本国产业发展的目的。

其二，对进口替代的评价。进口替代战略实施的动力主要在于两个方面。第一，开发和刺激国内需求的产生。通过引进和限制国外进口商品进入本国市场，使得国内对此类产品产生需求，由于对进口产品的政策限制，利润和生存空间的形成，促进了本国对此类产品的大规模生产和投资，如果替代政策有效，国内市场将实现从国外产品需求向国内产品需求的转变，进而开拓国内市场，刺激国内消费需求。第二，后发国家实现国家工业化的重要途径。对于后发国家而言，进口替代战略为国家发展战略产业和工业化的发展提供了条件。进口产品的引进和限制，给予了国内新兴产业学习先进技术和管理经验的途径。通过学习积累和自主创新，国内产业逐渐拥有自己的技术、资金和人力资源等基础，国内产品对进口品的替代程度加深，最终实现本国产业的发展甚至形成出口。对于第二方面典型的例子是日本的发展，通过进口替代实现国内产业发展再向国际出口。

若对进口替代战略采取的方式和程度过激，同样也会出现不利于本国经济发展的代价。第一，从货币币值方面考虑。一方面由于过分的限制国外商品进入本国市场，本国货币币值高估，进而对国内已有的出口产业造成压力和抑制，国家外贸依存度愈发下降，使得经济愈发“内向化”。另一方面，国内幼稚产业的发展本就需要大量的外汇去进口技术、中间品和原材料，但由于高估的币值限制出口进而减少了本国外汇的获取渠道，从而影响国际收支平衡，对幼稚产业的发展产生逆向影响。第二，由于对国内产业的过分保护，使得国内的产业利润过高，企业无心增强创新、提高生产效率，国内产业得不到有效的提升。同样由于高额利润的刺激，进口商会不惜重金得到进口的许可，典型的例子就是进口许可证，这也有助于寻租效应和助长腐败的滋生。

（2）出口促进战略。出口导向贸易战略又称出口促进贸易战略，原本意指发展中国家应按照李嘉图的“比较优势论”依据自身的要素禀赋来参与国际分工加强相互贸易。但由于贸易条件的不断恶化和发达国家的贸易保护，发展中国家相继意识到在原有贸易结构中自己所遭受的不公平待遇和付出的经济福利的损失，开始发展本国的现代化和工业化。本文所讨论的出口替代战略为先期利用进口替代战略建立起来产业基础并开始向国外出口的情况。

其一，出口促进的措施。出口促进的措施主要有三种：金融措施、税收措施和补贴。

金融措施。一是出口信贷，是出口国政府鼓励本国银行对本国出口厂商、外国进口银行、进口商提供的贷款，以促进本国商品的出口；二是出口信贷国家担保制，是指国家为了扩大出口而设立专门机构，对本国出口商或银行提供的信贷予以保险；三是调整汇率，避免汇率高估，使之反映真实的市场供需状况，甚至汇率贬值，以促进出口，增强出口产品国际竞争力。

税收措施。一是出口减免税，指政府对出口商品的生产和经营减免各种国内税和出口税，其目的在于降低出口商品的生产成本，以提高出口商品价格竞争力。二是出口退税，是指本国商品出口时，政府将征收该产品的国内税收返还给出口厂商的措施。我国从 1985 年开始实行出口退税政策。三是设立自由贸易区，在贸易区内不设立任何关税和配额，使产品在自由贸易的条件下出口。

补贴。补贴又称津贴，是一国政府对国内企业的一种资金支持。不过这种做法越来越多地遭到进口国的贸易报复，征收很高的反倾销税。

其二，出口促进的评价。大量经验证明，出口促进战略比进口替代战略具有更大的经济带动能力，经济发展速度的大幅提升是由进口替代转向出口促进带来的。出口促进战略能够有效的原因主要有以下几个方面。第一，产业向出口转型后可以拥有国内外两个市场，市场潜能扩大，根据比较优势理论，生产要素会向出口部门流动，资源也会向这个产业集中。第二，出口促进产业比进口替代产业拥有更高的劳动密集度，可以创造更多的就业机会，且外向型企业增长速度往往高于内向型企业。第三，由于出口企业所面临的是国际竞争，这会迫使生产厂商持续创新，提高生产率，减低成本获得更高的利润。第四，工业制成品的需求弹性大于初级产品的需求弹性，能够有效地防止和缓和贸易条件的下降趋势。

2. 改革开放后我国外贸体制变迁。改革开放后，我国外贸体制变迁大致可分为三个阶段：第一阶段是 1978—2000 年，改革开放条件下的对外贸易体制；第二阶段是 2001—2007 年，经济全球化下的对外贸易体制；第三阶段是 2008 年至今，金融危机后的对外贸易体制。

（1）1978—2000 年，改革开放条件下的对外贸易体制。改革开放以来，随着我国经济体制逐渐从计划经济向市场经济的过渡，外贸体制也随着从高度集中、统一管理向市场化转变。期间，下放了外贸经营权，推行外贸经营承包责任制，取消了外贸财政补贴、自主经营、自负盈亏。特别是在 1994—2000 年期间，实行汇率改革、取消承包制、建立适应国际经济通行规则的综合配套改革。

党的十四大提出我国建立社会主义市场经济体制。为了最大程度满足社会主义市场经济体制发展的需要，中国外贸体制改革进入了创新阶段。一是深化对外贸易管理制度的改革。1993 年年底发布了《国务院关于进一步改革外汇管理体制的通知》和《中国人民银行关于进一步改革外汇管理体制的公告》，从 1994 年 1 月 1 日开始进行外汇制度改革，实行“以市场供求为基础的、单一的、有管理的浮动汇率制度”，取消外汇留成制度等，逐步建立统一规范的外汇市场，逐步实现人民币可兑换。二是完善对外贸易法律制度。1994 年 5 月颁布《中华人民共和国对外贸易法》，揭开了中国对外贸易法制化的进程。此后，又陆续颁布《关于设立中外合资对外贸易公司试点暂行办法》以及《中华人民共和国反倾销和反补贴条例》等法律法规。三是改革对外贸易行政管理制度。放宽外贸经营权，外贸经营主体多元化；逐渐放开出口商品范围；行政管理手段按照国际通行的规则进行改革，并通过配额加许可证的办法，配额有偿招标、拍卖和规范化的分配办法或核定经营的办法对不同商品进行管理。四是实行国家管制下趋向贸易自由化的保护贸易制度。

（2）2001—2007 年，经济全球化背景下的对外贸易体制。2001 年我国加入 WTO。我国对对外贸体制与 WTO 要求不相适应的方面进行了规范和调整。

一是改革行政管理组织机构。国务院于 2003 年 3 月，撤销了外经贸部以及国家经贸委，组建商务部。商务部主要负责研究和拟定与对外贸易发展相关的法律法规，并对对外贸活动进行有序的控制和管理。

二是完善对外贸易制度。依据 WTO 多边贸易规则，我国对原有的对外贸易法律法规进行了清理和修订完善，使我国外贸法律法规与国际通行的法律体系接轨，出台了《货物进出口管理条例》和与之配套的多项部门规章。

三是规范了货物进出口管理制度。关税水平将至 9.8%，大幅削减和规范非关税措施，对于部分商品的进出口取消数量限制，对于重要农产品以关税配额管理代替原来的绝对配额管理。出台了进出口配额许可证管理等与货物进出口管理有关的规定。在利用外资方面，修订并颁布了《指导外商投资方向规定》和《外商投资产业指导目录》，完成了 WTO 知识产权理事会对中国加入 WTO 以来执行《与贸易有关的知识产权协定》和相关承诺的审议工作，使市场准入程度不断加大。

四是实行公平与保护并存的对外贸易政策。加入 WTO 后，面向国际市场需要履行其责任以此保证各国对外贸易的公平；面向国内市场需要对幼稚产业进行保护以此促进这些产业的发展，从而提升其市场竞争力。

(3) 2008 年至今，金融危机后的对外贸易体制。2008 年美国爆发了房地产次贷危机，引发金融危机，并蔓延到全球许多国家。世界经济低迷，进口需求严重萎缩。受此影响，我国出口大幅下滑，出口占 GDP 的比重从 2007 年的 37.5% 骤然下降到 2008 年的 4.75%。2009 年，我国进出口总额出现自 1998 年亚洲金融危机以来 11 年的首次下降——进出口总额 2207.535 亿美元，同比下降 13.9%。其中，出口 1201.612 亿美元，下降 16%，是 30 年来首次下降；进口 1005.93 亿美元，下降 11.23%。

为了应对全球性金融危机，我国采取反周期的经济政策。与 2008 年相比，2010 年出口贸易总额和进口贸易总额都得到了恢复和提高，2010 年进出口总额 29740 亿美元，同比提高 34.7%。其中，出口 15777.5 亿美元，增加 31.3%；进口 13962.4 亿美元，同比提高 38.8%。到 2014 年，进出口贸易总额仍然保持稳步提升的状态。从 2012 年开始，中国人口红利逐渐消失。加之，受全球总体经济复苏势头不足，以及国内经济下行压力较大的影响，2015—2016 年，进出口贸易总额、出口贸易总额和进口贸易总额均有所下降。因此，中国不断需要外贸制度创新，来促进外贸持续、稳定的增长（见表 5-1）。

表 5-1　　2008—2016 年中国货物进出口情况统计表　　单位：亿美元

年份	进出口贸易总额	增长率(%)	出口贸易额	增长率(%)	进口贸易额	增长率(%)	贸易差额
2008	25632.6	17.8	14306.9	17.2	11325.7	18.5	2981.2
2009	22075.4	-13.9	12016.1	-16.0	10059.3	-11.23	1956.8
2010	29740	34.7	15777.5	31.3	13962.4	38.8	1815.1
2011	36418.6	22.5	18983.8	20.3	17434.8	24.9	1549.0
2012	38671.2	6.2	20487.1	7.9	18184.1	4.3	2303.0
2013	41589.9	7.6	22090.0	7.8	19499.9	7.2	2590.1
2014	43030.4	3.5	23427.5	6.1	19602.9	0.5	3824.6
2015	39586.4	-8.0	22765.7	-2.8	16820.7	-14.2	5945.0
2016	36849.3	-6.8	20974.4	-7.7	15874.8	-5.5	5099.6

这一时期，外贸活动逐渐以市场为基础，由外贸市场直接引导外贸企业；制定了一系列的符合国际惯例、行之有效的外贸政策措施；完善外贸立法，解决外贸活动中政策透明度差的问题。

（四）我国外贸体制创新的途径

我国外贸体制改革的主要目标是要围绕着如何转变外贸增长方式，提高对外贸易的质量、效益和水平。具体包括三个方面：一是外贸机制进一步市场化。要进一步取消地方政府在外贸活动中的行政干预，所有外贸活动要建立在以市场为核心的基础上，让市场的决定性作用最大程度地覆盖外贸领域和外贸活动。外贸促进的体制、方式、政策符合市场化要求，与国际惯例相一致。建立一个由中央政府实施宏观管理，直接调控外贸市场，由市场引导企业的外贸管理体制与机制。二是外贸运行进一步自由化。完善符合市场经济体制发展方向和融入经济全球化的外贸自主经营制度和自由竞争制度。外贸活动主要是通过市场经济制度化、法律化的规则来实现，而不是以政府宏观调控为主导，实现外贸运行长期有序的自由化运作。三是外贸管理进一步法制化。外贸管理通过一整套的市场经济外贸法规来完成，实现全国对外贸易管理规定与政策的统一性。

1. 改革外贸管理体制。

（1）强化宏观管理职能，弱化行政管理手段。政府宏观管理是指通过税率、利率和资金供求等的宏观经济杠杆进行调控。进一步完善外贸企业的准入与退出制度、外汇便利化制度、出口退税机制、通关便捷措施等。要弱化地方政府的外贸行政管理职能，强化其外贸服务功能。

（2）加强出口产业政策管理，建立出口产业政策管理机制。出口产业政策既要照顾一般，又要突出重点。要制定出以增强国际竞争力、占领国际市场为基点的出口产业政策；对于具有潜在国际竞争优势产业，加大对研发、生产各环节的政策扶持。

（3）建立健全完善外贸市场体系、与外贸相关的社会中介服务体系和外贸企业行业协会组织。外贸市场体系包括生活资料市场、生产资料市场、劳务人才市场、资金市场、信息市场、证券市场、技术市场、运输市场、房地产市场、企业产权交易市场等市场体系。与外贸相关的社会中介服务体系包括社会福利、保险等社会保障机构和从事会计、审计、律师职业介绍、资产评估、劳动就业培训、信息咨询业务的社会中介服务。

2. 改革外贸促进体制。

（1）解决好与外贸促进相关的中央和地方分工边界不清晰的行政管理体制问题。

（2）建立科学有效的对外贸易服务体系网络。全国性的贸易促进服务重点是外贸公共信息、国外市场调查以及我国商品的对外整体推介。展览、培训、贸易咨询、企业辅导、与出口相关的技术服务及其他促进服务，应主要由地方各类贸易促进机构承担。调动和发挥好民间外贸促进机构的积极性。建立覆盖全国的出口辅导中心，在国外建立外贸促进机构。

（3）改革外贸促进方式，变直接促进为间接促进，更多采用市场化运作模式。

3. 改革外贸经营体制。

（1）建立适用各类出口企业的统一的出口货物“先免、后抵、再退”的统一退税办法。

（2）在具体的退税管理手续上，要朝“促进自营与代理，控制收购”的方向倾斜。

（3）推出一系列助推外贸综合服务企业发展的便利、创新办法，比如简化退税审核手续、建立专人联系制度等。

（4）按照自 2016 年 9 月 1 日起实施的《出口退（免）税企业分类管理办法》，对出口企业实行差异化管理，提升出口退税管理的针对性和实效性，推动外贸转型升级。

二、我国外贸再造

（一）当前我国外贸体制变革的突出特点

1. 转变外贸发展方式。当前，世界经济低迷，外需不足，导致出口持续下降。根据国家统计局资料，我国 2015 年和 2016 年外贸出口连续下行。与 2014 年相比，2015 年出口贸易总额和进口贸易总额都有所减少，2015 年进出口总额 39586. 4 亿美元，同比减少 8. 0%。其中，出口 22765. 7 亿美元，同比减少 2. 8%；进口 16820. 7 美元，同比减少 14. 2%。与 2015 年相比，2016 年出口贸易总额和进口贸易总额都有所减少，2016 年进出口总额 36849. 3 亿美元，同比减少 6. 8%。其中，出口 20974. 4 亿美元，同比减少 7. 7%；进口 15874. 8 美元，同比减少 5. 5%。因此，我国把扩大内需促进经济增长作为宏观经济政策的核心。把增加居民收入、完善社会保障制度、引导居民消费观念变革等作为扩大内需的新途径，并拉动经济发展。为了进一步稳定外需，转变外贸发展方式，保持出口产品的国际竞争力，完善和确定了出口信用保险、出口税收、外企融资和加工贸易等制度安排。

2. 调整对外贸易政策。近几年，由于世界经济不景气，以美国为首的西方发达国家的贸易保护主义在全球范围抬头，制约中国对外贸易的发展。正是这些国际贸易环境的不确定性，我国不断调整外贸政策，由过去的“奖出限入”，逐步转变为在保障出口的前提下，鼓励进口发展为中心。调整的具体政策，包括调整鼓励国内企业参与国际竞争的出口退税政策；调整给予加工贸易企业更多资金及政策支持的加工贸易政策；建立贸易摩擦的预警机制以及颁布应对贸易摩擦的法律法规政策等。

3. 完善海外投资制度。美国等发达国家纷纷打出贸易保护主义的大旗，对进口商品采取更加严格的限制措施，因而使中国商品出口受到阻碍。为此，中国政府采取“走出去”的外贸战略，鼓励中国企业通过跨国并购、绿地新建、建立境外经贸合作区等方式在国外进行投资，扩大国际市场。跨国并购和绿地新建是两种传统的“走出去”方式，而建立境外经贸合作区是始于 2006 年兴盛于近几年。跨国并购是单个企业的中外合作，而绿地新建和建立境外经贸合作区是对外直接投资方式。

（二）我国外贸再造的路径选择

在当前外需动力不足、全球贸易保护主义抬头、国际贸易规则面临重塑的严峻背景下，我国外贸再造的路径，应坚定维护多边贸易体制，积极探索具有中国特色的双边和区域贸易协定，借助“一带一路”等加速开放进程，有效增加对国外直接投资，积极推动我国对外贸易高质量发展。

1. 坚定维护多边贸易体制，积极探索具有中国特色的双边和区域贸易协定。坚定维护多边贸易体制，推动经济全球化和贸易投资自由化，共同构建人类命运共同体，是我国稳步推进改革开放的重要原则。2018 年 7 月，世贸组织成员国会议中，绝大多数成员国对中国的贸易政策走向和发展给予积极肯定和高度评价，认为中国对全球多边贸易体制的贡献和发挥起着积极的引领带动作用。

我国应继续利用 WTO 框架，积极主动参与 WTO 的改革，逐步从 WTO 中的贸易规则接受国，变为国际贸易规则的制定者，实现大国对国际贸易规则的引领作用。

努力争取通过贸易谈判方式，解决中美贸易争端问题，重视中美贸易谈判成果落地后的执行机制实施问题，构建良性竞争的中美贸易新形式。在同美国进行贸易博弈的现实状况下，我国也要做两手准备，积极探索与主要贸易伙伴，诸如欧盟、日本、韩国等发达经济体积极开展双边和区域谈判；在“一带一路”合作协议的基础上，推进自贸协定谈判进程，促进国际贸易伙伴的多元化。

2. 继续提高外贸便利化水平，改善外贸营商环境。我国在改善外贸营商环境、提高外贸便利化水平方面已经取得了长足的进步，包括减少通关手续、缩短进出口通关时间、降低通关费用、完善进口退税政策、进一步减少外商投资负面清单等。

在现有外贸政策优化的基础上，还应该释放外贸政策的红利，进一步清理和规范进出口的费用，切实降低企业的成本和负担。此外，针对外贸企业降低企业融资门槛，扩大出口信用保险保单融资；采取多种政策和措施，支持有订单、效益好的企业出口。

3. 加大对国外的直接投资。企业“走出去”有三种方式，即跨国并购、绿地新建和境外经贸合作区。跨国并购是单个企业通过参股或控股方式进行的中外合作，是企业“走出去”的一种捷径。绿地新建是单个企业的对外直接投资。境外经贸合作区是政府主导企业参与，通过在产品销售地投资建厂，在海外设立外贸“飞地”，是一种全新的对外直接投资方式。

（1）跨国并购是企业“走出去”的一种捷径，是企业对外投资的一种重要方式。跨国并购是企业通过参股或控股的方式，获得企业经营的控制权。实施跨国并购，可以整合全球资源，快速拓展国际市场；也可以规避部分贸易壁垒，减少贸易摩擦。但跨国并购也有软肋，跨国并购有“七七定律”的说法，即 70% 的企业的并购行为以失败结束，而失败的原因 70% 是由于水土不服，并购企业不适应当地的文化，没有整合企业文化。

（2）绿地新建是企业“走出去”的一种常规路径，是单个企业的对外直接投资方式。相比较跨国并购，盈利周期较长。但从长期来讲，绿地新建具有独特的优势：一是政策优势。绿地新建可以直接为东道国带来产出、税收和就业，因而更能受到投资国的欢迎和政策支持。二是新建企业的投资自主性更强。无论是选址，还是规模经营，都有完全的自主性，更有利于企业确定和实现宏伟蓝图及其长远规划。

（3）中国境外经贸合作区是对外直接投资的一种全新方式，是中国企业“走出去”的重要平台。境外经贸合作区采用政府推动、企业主导和商业运作的经营模式。境外经贸合作区，由商务部牵头与外国政府签署在投资国建立经贸合作园区的协议。园区由具有较强经济实力和较丰富国际商贸经验的中国企业负责建设、开发与经营。财政部门拨付2亿至3亿元人民币的资金支持，并提供超过20亿元人民币的中长期贷款。中外企业均可入驻园区。合作园区内的中国企业，除了主要技术人员和管理人员以及关键设备由中国负责提供外，一般技术人员、基层管理人员、劳动力和原材料均由签约国提供，生产的产品在当地销售。

2006年，中国海尔集团在巴基斯坦建立的海尔工业园，是我国在海外设立的第一个境外经贸合作区。截止到2016年底，我国在全球50多个国家建立了150多个境外经贸合作区，范围涉及中东欧、非洲、东南亚、中亚、西亚、俄罗斯等地区或国家。境外经贸合作区的扩散效应显著，境外经贸合作区共吸纳2000多家中国企业入驻园区，占中国对外直接投资企业的10%左右。

境外经贸合作区鼓励中国企业在签约国的合作区内投资建厂，加速我国优势产能的转移，为实现国际产业转移探索出一种有效途径。经贸合作区内的中国企业利用签约国的优质原材料和廉价劳动力，可以节省生产成本，提升产品的国际竞争力；境外经贸合作区可以产生出口贸易的替代效应，即由过去在中国境内的商品出口，转变为在境外合作区的直接销售；境外经贸合作区的建立与运营，可以有效规避签约国的贸易保护政策，极大地减少贸易摩擦。

第六章

环资促进与生态建设

在新的发展历史阶段，资源环境问题是制约中国发展的硬约束。环资工作也面临许多新问题新挑战。资源环境与经济发展共生共存。“共生”的传统定义是两种密切接触的不同生物之间形成的互利关系。人类最能表现出共生性质，如人类群体之间的社会共生、人与禽畜共生、人与植物共生、人与微生物共生。“共生”的现代社会学定义是一种事物不能独立存在和发展，相伴而生的必然有其他事物。

发展是解决我国一切问题的基础和关键，但是我们的发展并不是以牺牲环境、滥用资源为代价的，正如党的十九大报告中提出的：“坚持人与自然和谐共生。建设生态文明是中华民族永续发展的千年大计。”

人类社会生存和发展依赖于资源、地理位置和环境因素的影响，离开这些因素，人类社会会失去得以生存和发展的基础。随着人类社会的不断推进发展，人脑得到开发，人类对自然的态度也随之不断发生变化，由原始社会的崇拜、敬畏自然到工业革命时期的征服自然。随着工业革命对自然资源和环境的破坏和滥用，导致了环境污染、生态失衡、能源短缺等一系列危害的产生。因此，人们对环境的态度进一步转变，要求人与自然和谐相处，善待自然，敬重自然，积极保护环境。

但是资源和环境问题并不能像人口存活率、教育一样随着经济的发展而得到改善，而且有些资源和环境一旦遭到破坏就是永久性的，所以，这就需要人类社会不同部门发挥各自优势，加强对环境的保护，推动人类社会的可持续发展，避免挤占下一代人的经济福利。2017 年中国生态环境状况公报显示，生态环境质量：2016 年，在 2591 个县域中，生态环境质量 为“优”“良”“一般”“较差”和“差”的县域分别有 534 个、924 个、766 个、341 个和 26 个。“优”和“良”的县域面积只占国土面积的 42.0%。

习近平早在 2005 年任浙江省委书记时就提出“绿水青山就是金山银山”，我们必须采取正确的态度对待资源与环境，尊重自然、顺应自然和保护自然。2018 年 4 月 26 日习近平在深入推动长江经济带发展座谈会上的讲话指出：“现在，我国经济已由高速增长阶段转向高质量发展阶段。新形势下，推动长江经济带发展，关键是要正确把握整体推进和重点突破、生态环境保护和经济发展、总体谋划和久久为功、破除旧动能和培育新动能、自身发展和协同发展等关系，坚持新发展理念，坚持稳中求进工作总基调，加强改革创新、战略统筹、规划引导，使长江经济带成为引领我国经济高质量发展的生力军。”

2015 年 3 月，中共中央政治局通过的《关于加快推进生态文明建设的意见》文件中提出：到 2020 年，资源节约型和环境友好型社会建设取得重大进展；生态文明建设水平与全面建成小康社会目标相适应。

第一节　加强资源节约型社会建设

资源节约是指在经济社会发展和保护环境的历史进程中，人们合理使用和充分利用资源，提高资源使用效率，最终达到帕累托最优状态的过程。节约是一个古老的经济学和伦理学概念，在古代和近代中国，节约一般是省吃俭用的代名词。在西方，经济一词的英文 economy 来源于古希腊文中的 oikonomos，即“管家”，它不仅有“家庭管理”，而且有“节约”等含义。到了近现代，经济一词是指社会物质资料的生产、分配、交换、消费和积累等活动；经济关系和经济制度；节约、精打细算等。随着时代的发展，人们对节约的认识不断深化，节约有狭义和广义两个维度。狭义的节约，是指个人或家庭在衣食住行等方面的节俭。广义的节约，是指社会经济活动中各方面的节约，不仅包含生活消费和生产消费，还包含流通环节，产品的研发阶段；不仅包含物质形态的商品，还包含非物质形态的服务。

资源节约型社会的内涵是：在社会生产、流通、分配、消费等领域，通过采取法律、经济、技术管理、宣传教育和行政综合性措施等，鼓励和动员全社会合理开发利用和切实保护各种资源，维持生态平衡，提高资源利用效率、生产率和单位资源的人口承载力，以最少的资源消耗获得最大的社会和经济效益，满足人们日益增长的物质与生活文化的需要，保障经济社会的可持续发展的一种社会形态，其核心就是发展循环经济、节约资源。

一、自然资源与经济发展

（一）自然资源的内涵、特征和分类

1. 自然资源的内涵。本文根据《辞海》和联合国环境规划署（UNEP）对自然资源的定义，加以整理得到自然资源的定义，即：自然资源指在一定的时间、技术条件下，可以产生经济价值和生态价值的，且能够提高人类当前和未来幸福的，天然存在、未经人类加工的自然因素和条件的总称。

2. 自然资源的特征。

（1）有限性：指在资源的数量方面，自然界对自然资源的提供并不是无限性的，尤其是那些不可再生资源，比如，石油、天然气等，对于其形成需要大量的时间资源。所以，自然资源在数量上的有限性与人类社会需求无限性是相互矛盾的。

（2）可用性：即可以被人们使用、利用，这是自然资源的基本属性。正是因为自然资源的有限性以及可用性，才需要将自然资源明码标价，将公共资源私有化。

（3）整体性：即自然资源之间虽然是一个单独的个体，有其各自的特点，但是它们彼此之间是相互联系的、相互影响的，共同处在同一个复杂的系统中。

（4）空间分布的不平衡性以及严格的地域性：即不同的资源根据自身的特点分布在不同的区域内，且不同区域资源组合在质量上和数量上都有显著的地域差异。

（5）利用的发展性：指人类利用自然资源的范围和途径会随着人类社会的发展而进一步拓展，从而提高自然资源的利用效率。

3. 自然资源的分类。自然资源按照不同的分类标准有不同的体现：

（1）按照自然资源的可利用限度分类，可以分为可再生资源和不可再生资源。可再生资源是指那些在一定程度上可以循环利用的自然资源，比如水资源、土地资源、森林资源等，也成为“非耗竭性资源”；不可再生资源即为储量有限且不可更新，一经开采和使用就永远消失的自然资源，比如，矿产资源、化石燃料等，也称为“耗竭性资源”。

（2）按照自然资源的用途分类，分为劳动资料性自然资源和生活资料性自然资源。劳动资料性自然资源是指作为劳动对象或者用于生产的自然资源；生活资料性自然资源是指直接作为人们生活资料的天然性和野生性的食物等资源。

（3）按照自然资源的利用目的分类，分为农业资源、药物资源、能源资源、旅游资源等。

（4）按照自然资源在地球上的圈层特征分类，分为地表资源和地下资源。地表资源是指分布在地球表面和空间的资源，如水资源、土地资源和气候资源等；地下资源是指埋藏在地下的资源，如矿产、地热等。

（5）按照自然资源的数量和质量的稳定程度分类，可分为恒定资源和亚恒定资源。恒定资源是指自然资源的数量和质量在较长一段时间内是稳定不变的，不会因为人类的使用而耗竭的资源，比如气候资源等；亚恒定资源是指，其数量和质量是在经常变化的，比如矿产资源、土地资源等。

（二）自然资源与经济发展的关系

1. 自然资源对经济发展的重要性讨论。自然资源对于经济发展是否具有十分重要的作用？为什么有些自然资源丰裕的国家经济发展缓慢，而自然资源短缺的国家却发展迅速呢？又为什么有些国家为了抢占资源而发动战争？为了控制资源而采取极端的政治、经济手段呢？

在18世纪后期，经济学家并没有将资源和环境问题纳入经济领域，并认为自然资源是自然提供的，对每个人来说都是免费的。但随着人类社会的不断发展，经济水平不断提高，人口出生率和人口存活率上升，人们对用于生产的资源的需求不断增加，资源就显得供不应求，由此引起了经济学家对资源和环境的重视。比如，在19世纪的前75年，欧洲的食品价格显著上升时，经济学家就开始将土地收益作为生产中的固定成本引入经济。

对于自然资源对经济发展所起的作用，在经济学家间也有不同的看法。西蒙·库兹涅茨曾指出“经济增长不可能受到自然资源绝对短缺所阻碍”，即认为一国的自然资源与经济发展并不存在必然的联系。理由为，对于自然资源缺乏的国家可以从别国进口原材料，比如，对于缺乏天然气的国家，可以从天然气丰富的国家进口；国土面积小的国家，其耕地资源缺乏，可以从别国进口粮食和其他植物性资源。所以，自然资源的多寡并不会影响一个国家经济的发展。世界发展史上确实有很多这样的国家和地区发展起来了，比如日本、新加坡、瑞士等，首先这些国土面积很小，植物性自然资源、动力性自然资源都比较缺乏，对这些资源的需求都是通过从别国进口实现的，但这些国家的经济增长速度仍然很快，迅速实现了工业化和现代化。

与此同时，有些经济学家也指出，自然资源对经济发展是有很大影响的，一方面，自然资源的存在也确实是一个国家在经济发展过程中的优势。对于自然资源丰富的国家来说，它节省了从国外购买自然资源的时间成本和运费成本，而且也可以将这些自然资源转化为人造资本，从而实现资本和人力资本的积累。另一方面，一国自然资源禀赋会影响一个国家的产业结构，比如，日本的国土面积较小，粮食依靠国外进口，主要发展工业；而澳大利亚的国土面积较大，是粮食的主要出口国家。

2. 自然资源对经济发展的作用。

（1）自然资源是经济活动赖以存在和发展必要物质源泉，在一定程度上影响着一个国家或地区的经济发展方向、产业结构和劳动生产率。资源丰裕的国家或地区，其资源型的产品就比较便宜，可以为经济发展提供更为便宜的生产原材料，这样的国家或地区如果由于其资源丰富而不进行深加工的话，就会发展成为生产、出口劳动密集型和资源密集型产品的国家或地区，比如我国在改革开放初期就曾直接出口大量的自然资源。而资源缺乏的国家或地区，由于本国没有廉价的资源供给，所以，就更加注重资源节约和资源的利用效率，比如日本，重视研发，大力发展科学技术，产业政策也偏向于资源节约型产业的发展。

国家统计局数据显示，2017年，我国的水资源总量为28675亿立方米，人均仅有2068.31立方米；森林面积为20769万公顷，森林覆盖率仅为21.6%；石油储量为250120.3万吨；天然气为54365.5亿立方米；煤炭为2492.3亿吨。从总量上看都很高，但是人均很少。作为一个人口大国，我国要不断提高资源利用效率。

（2）丰富的自然资源可以为经济发展筹集资本。对于一个刚起步的经济体而言，发展工业、发展经济需要大量的资金，而资源丰裕的国家或地区可以通过原材料出口获得较高的收入，为经济发展提供资本的原始积累，进而为国内经济结构的改善提供机会。比如，利用资本的原始积累研发科技，提高生产效率，在扩大生产规模的基础上，从事新兴产业，改变产业结构，从而进一步提高经济发展质量。

3. 自然资源的不合理利用会阻碍经济发展。自然资源本身对经济发展有着重要的作用，但是，一旦资源使用不当，就会对经济发展起着反向的作用。

资源丰富的国家或者地区，如果不对自然资源有计划地使用，很可能会形成长期依赖并锁定在资源型初级产品的出口上，以换取自己所需要的工业消费品，忽视对经济的工业化和结构转变，使得自己的出口贸易条件不断恶化，进而在国际贸易中处于不利地位，经济发展困难。更有甚者，有些国家会因为突然发现了丰富的自然资源，却不控制出口而出现“荷兰病”。

20 世纪 60 年代的荷兰，在海岸线处发现了大量天然气和石油。大量能源的出现，使得荷兰政府看到了巨大的利益，于是大力开发天然气和石油资源，发展石油、天然气行业，从而使荷兰一夜之间成为以出口天然气为主的国家，天然气出口的剧增，使荷兰获得了巨大的外汇储备，经济显现一派繁荣景象。可是，好景不长，天然气行业的发展挤占了农业和其他工业部门的资源和资金，削弱了其他行业的国际竞争力。到 20 世纪 80 年代初期，荷兰出现了通货膨胀严重、制成品出口萎缩、收入增长率下降以及失业率上升的现象。国际上称这一过程为“荷兰病”。

“荷兰病”发生的主要原因是，资源或者初级产品的大量出口，带来了出口收入的激增，而这种激增使得该国的外汇过多，导致国内通胀加剧，使得本币升值。如果此时政府不采取政策手段降低汇率，就会严重影响本国工业制成品的出口，使其国际竞争力下降，因而出口不振，导致这些部门收入和利润减少，失业人口增加。

“荷兰病”的历史事实并不在少数，比如，20 世纪 70 年代，英国在北海发现了大量的油田，这一发现曾给英国带来经济的大发展，但也仅仅是昙花一现，随后就出现了外资大量涌入、本币升值，国内传统的出口部分竞争力下降，患上了“荷兰病”。

自然资源作为物质生产的资料，本应该推动经济的发展，但却对经济发展产生了反面的影响。正是因此，20 世纪 80 年代以来，越来越多的学者对其进行研究，1993 年理查德·奥蒂最先提出了“资源诅咒论”。之所以会出现“资源诅咒论”这一现象，是因为自然资源除了本身作为一种生产要素外，其对经济发展的其他因素还会产生挤出效应，一旦这种挤出效应大于自然资源投入带来的效应，最终就会对经济增长起负面作用。

自然资源对经济发展的其他因素的挤出效应，主要包括以下几个方面：

（1）挤出教育。资源丰富的国家，产品的生产和出口主要集中在初级产品，并不需要也不会专注于培养高技术水平的劳动力，也就是人力资本。有的学者利用美国州一级的数据对投资、教育、开放度等资源诅咒传导机制进行了实证研究，研究表明，挤出教育是资源诅咒中最重要的传导途径，占资源负面影响的25%。

（2）挤出投资。指丰裕的资源会通过对储蓄、就业等经济活动的负面影响阻碍对物质资本的投资，从而导致经济增长缓慢。有的学者认为，这种传导机制可能是由于自然资源所带来的持续财富流给人们一种无需资本积累和传递就可以实现财富增长的幻觉。由此，人们就更加专注于消费，减少储蓄和投资。

（3）挤出创新。自然资源对创新的挤出效应是通过限制企业家创新活动来实现的。萨克斯和沃纳（2011）认为，如果资源部门的工资很高，高到足以吸引潜在的创新者和企业家来到资源部门，那么，自然资源就会挤出企业家的创新。

除了以上的挤出效应导致资源诅咒的情况出现以外，从国际经济关系入手，有的学者指出，“中心—外围论”以及“贸易条件恶化论”都可以从不同的视角解释资源丰裕的国家经济发展困难的原因。

二、全面促进资源利用方式的根本转变

破解资源瓶颈约束、保护生态环境的首要之策就是节约资源。构建资源节约型社会就必须重视保护和修复自然生态系统，着力抓好节能减排工作，大力发展循环经济，加强资源集约。

（一）推进节能减排

1. 节能减排的内容。节能减排的提法出自于我国“十一五”规划纲要，即《国民经济和社会发展第十一个五年规划纲要》。面对中国快速增长的能源消耗和过高的石油对外依存度，“十一五”规划纲要提出，“十一五”期间（2006—2010年），2010年比2006年单位GDP能耗降低1/5，主要污染物排放量减少1/10。这两个指标合在一起，就是我们所说的“节能减排”。

关于节能减排，有狭义和广义之分。狭义的节能减排，是指节约能源和减少污染物排放。广义的节能减排，内容更宽泛，节能不仅包括能源的节约，还包括物质资源的节约；减排不仅包括环境有害物质（包括“三废”和噪声等）的减少排放，还包括减少废弃物。

节能与减排二者之间，既有区别又有联系。减排必须与节能协同并进，一方面，减排项目必须加强节能技术改造和节能新技术的应用，以免因为单纯追求减排效果而造成能源消耗的大幅增加；另一方面，节约能源也要通过技术手段，通过管理，从能源生产、运输、储存，到能源消费的各个环节，减少环境污染物质的排放，有效、合理地利用能源。

中央政府在“十五”计划中，将二氧化硫（SO_2）、化学需氧量（COD）、氨氮（NH_3N）指标纳入常见污染物的具体减排目标，但由于规划属性的预期性缺乏约束性，致使污染物减排目标均未完成。从“十一五”规划开始，由于规划属性的约束性，均超额完成了减排任务（见表6-1）。

表 6 - 1　　历次五年规划的主要减排指标与实施情况　　单位：%

规划期间	规划指标	规划属性	减排目标	减排比率	完成情况
“十五”规划（2001—2005）	二氧化硫（SO_2）	预期性	-10	27.3	未完成
	化学需氧量（COD）	预期性	-10	-2.1	未完成
	氨氮（NH_3N）	预期性	-10	24.1	未完成
	烟/粉尘（DUST）	预期性	-10	1.5	未完成
	固体废物（SOLID）	预期性	-10	-17.9	完成
“十一五”规划（2006—2010）	二氧化硫（SO_2）	约束性	-10	-14.3	完成
	化学需氧量（COD）	约束性	-10	-12.5	完成
“十二五”规划（2011—2015）	二氧化硫（SO_2）	约束性	-8	-18	完成
	氮氧化物（NO_x）	约束性	-10	-18.6	完成
	化学需氧量（COD）	约束性	-8	-12.9	完成
	氨氮（NH_3N）	约束性	-10	-13	完成

2. 节能减排的意义。改革开放以来，我国经济建设取得了巨大成就，一跃成为世界第二大经济体，但同时也付出了资源过度消耗和环境被严重破坏的巨大代价。这种局面与经济结构不合理、经济增长方式粗放直接相关。因而，只有坚持节约发展、清洁发展，才能实现经济绿色发展。此外，进一步加强节能减排工作，也是为了减少温室气体的排放，应对全球气候变暖，履行一个付责任大国的国际需要。

3. 节能减排的着力方向。“十二五”规划期间，国家超额完成了节能减排任务。“十三五”规划部署了中国在“十三五”期间 2016—2020 年的节能减排主要目标，见表 6 - 2。

表 6 - 2　　“十三五”规划的主要节能减排的目标

规划期间	规划指标	规划属性	减排目标	减排比率
“十三五”规划（2016—2020）	化学需氧量（COD）	约束性	2001 万吨	-10%
	氨氮（NH_3-N）	约束性	207 万吨	-10%
	二氧化硫（SO_2）	约束性	1580 万吨	-15%
	氮氧化物（NO_x）	约束性	1574 万吨	-15%
	万元 GDP 能耗			-15%
	挥发性有机物			-10% 以上

为确保完成“十三五”规划的主要节能减排的目标，国务院印发了《“十三五”节能减排综合工作方案》，明确了“十三五”期间节能减排的重点领域突破方向：

（1）加强工业节能减排。实施工业能效赶超行动，规模以上工业企业单位增加值能耗，2020 年比 2015 年降低 18% 以上；对重点能耗行业，比如钢铁、电力、有色金属、建材、石油石化、化工等行业加强能耗管控，全面推行能效对标，使其能源利用率达到或接近世界先进水平；加强对工业企业电力使用，将可再生性能源应用占比指标纳入到工业园区的考核体系中。

（2）强化建筑节能减排。编制绿色建筑建设标准，到2020年，城镇绿色建筑面积比2015年提高一半以上；推广使用绿色节能建材，推行装配式、钢结构建筑方式；改造既有居住建筑节能改造5亿平方米以上，基本完成北方地区的居住建筑节能改造；完成公共建筑节能改造1亿平方米以上；在建筑用能模式上，推广太阳能、工业余热、空气热能、浅层地热能等。

（3）促进交通运输领域的节能减排。到2020年，公共交通返单率达到30%；大力推广和支持节能环保汽车、新能源汽车、液化天然气动力船舶等的使用及其配套设施建设；到2020年新增乘用车平均燃料消耗量将至每百公里油耗5.0升；实施绿色民航项目，比如机场地面车辆油改电等；对铁路编组站的制冷和供暖系统的燃煤替代及节能改造；培育共享型交通运输模式等。

（4）推动商贸流通领域的节能减排。对零售、批发、餐饮、住宿、物流等行业的落后用能设备进行淘汰，对照明、制冷和供热系统进行节能改造；推进绿色饭店建设，加快绿色仓储建设；建设绿色物流园区。

（5）推进农业农村节能减排。到2020年，基本实现农村地区的供电服务；推广农用节能机械、设备和渔船，发展节能农业大棚；推进城镇燃气管网延伸到农村地区，提升农村能源利用的清洁化水平。

（6）加强公共机构节能减排。公共机构单位建筑面积能耗和人均能耗，2020年比2015年分别下降10%和11%；创建全国节约型公共机构示范单位三千家，领跑者二百家；在中央国家机关和新能源汽车试点城市，配备更新车辆，其中节能汽车和新能源汽车占比50%以上；淘汰燃煤设施。

（7）强化对重点用能单位的节能减排管理。在重点用能单位，开展“百千万”行动，即国家、省、地市分别对“百家”、“千家”和“万家”重点用能单位进行节能减排的目标责任制进行评价考核。

（8）强化对重点用能设备的节能减排管理。到2020年，燃煤工业锅炉实际运行效率提高5%以上，新生产的燃煤锅炉的运行效率在80%以上，燃气锅炉运行效率达到92%以上。

（二）大力发展循环经济

1. 循环经济的兴起及其内容。

（1）传统经济学的弊端。传统经济学是以西方经济学鼻祖亚当·斯密的《国富论》为基础构筑起来的理论体系。因而，传统经济学以“经济人”为基本前提假设来研究人类社会的各种经济活动和经济关系及其内在逻辑与规律的一门科学。传统经济学认为，每个企业主都是经济人，其生产产品的目的是为了获取利润最大化，而并不是为了社会福利的增加。不论是在100多年前建立的以充分市场竞争为前提的西方微观经济学，还是西方宏观经济学，无不是以“经济人”这个传统经济学特征作为基本内核的。

传统经济学家构建的经济学框架是通过改变量等方式解决经济社会问题，这就使得传统经济学在人类社会发展中，特别是在经济生活中发挥着不可或缺的作用。但是，人与自然是一个相互依赖、共生共存的复杂生态系统，它包括社会、经济和自然三个子系统。传统经济学在其理论框架中没有把自然这一变量纳入其中，专注于经济系统，忽视了自然系统对经济系统的基础性作用。传统经济学追求利润最大化，试图以最小的经济投入谋求最大利润和物质福利这一本质就决定了它根本不可能解决生态问题。作为传统经济学下的理性经济人，成本外部化是利润最大化的最佳方式。弥补对外部生态的破坏，增加企业内部生产成本，不符合传统经济学“经济人”的假设。

（2）循环经济的兴起。物质资源的有限性决定了传统经济学的线性经济发展模式的局限性。20世纪60年代，美国学者鲍丁（Boulding）提出了宇宙飞船经济理论（Earth as a spaceship），指出地球只是太空中的一条小小的宇宙飞船，人口和经济的无序增长迟早会使飞船内的有限资源消耗殆尽，而飞船内人们的经济活动在生产和消费过程中排出的废料会污染飞船、毒害舱内乘客，此时飞船会坠落，社会随之消亡。为了避免这个人类悲剧，必须改变经济增长方式，变消耗型为生态型，变开环式为闭环式（人类一切物质需要都要靠完善的循环得到满足）；经济发展目标是追求福利和实惠，而不是一味地追求产量。这就是循环经济思想的源头。

2005年发布的“十一五”规划中，中国首次把循环经济写入“五年规划”。2008年，国务院颁布《循环经济促进法》，提出从微观、中观和宏观三个方面推动循环经济向前发展。“十二五”规划提出了循环经济的量化目标，即到2015年，国家工业体系要实现废物综合利用率达到72%；国家级工业园区循环化改造的目标是50%以上，省级工业园区的目标是30%以上。2016—2020年的“十三五”规划，对循环经济的评估更清晰，对循环经济评价指标更细化。

（3）循环经济的内容。循环经济是指由资源—产品—再生资源所构成的，物质和能量在整个经济活动中反复流动的经济发展模式。

循环经济的基本特征：是“两低一高”，即低开采、低排放和高利用。

循环经济的基本原则：是通过减量化、再利用和资源化的原则，实现物质和能量在经济活动过程中的闭环流动。减量化是指从源头上节约资源，减少生产和消费过程中物质和能量的消费量，以此达到减少污染物排放的目标。再利用是指提高产品和服务的利用效率，实现产品和包装容器以及初始形式的多次使用，减少一次性用品的污染。资源化是资源的高效利用，指物质和能量在完成使用功能后能够重新变成再生资源循环使用。

循环经济与传统经济的区别。第一，传统经济是资源—产品—污染排放的物质和能量单向流动的线性经济；而循环经济是资源—产品—再生资源的物质闭环流动性经济。第二，传统经济的特征是“两高一低”，即高开采、高排放和低利用；而循环经济的特征是“两低一高”，即低开采、低排放和高利用。第三，传统经济中的经济增长模式是通过过度的资源消耗和环境破坏实现经济增长；而循环经济中的经济增长模式是依靠生态型资源循环来实现经济增长。

2. 发展循环经济的举措。2015 年 5 月，中共中央、国务院关于加快推进生态文明建设的意见明确提出了发展循环经济的任务。建立农业、工业和服务业的循环型体系，提高社会资源产出率。完善资源回收体系；推广循环经济典型模式；构建覆盖全社会的资源循环利用体系。

为实现上述任务目标，需要从以下几个方面着力：

第一，颁布促进循环经济发展的法规，对于资源循环利用和清洁生产提供法律保障。加快建立与循环经济相适应的激励和约束机制，发挥税收减免和财政支持的政策杠杆撬动作用；完善与循环经济相关的环境管理和消费管理等方面的政策。

第二，加大宣传力度，提高公众对循环经济的参与度和认知度。加强循环经济发展方式的宣传，提高公民对发展循环经济重要性的认识和参与循环经济的积极性，引导人们成为政府、企业和个人环境行为的参与者。

第三，合力攻关资源节约和综合化利用、产业链条延伸和产业融合等方面的关键核心技术，实现产业结构的优化升级，延长资源高效利用的产业链，提升绿色发展水平。

第四，加大投入，兴办资源循环利用和环保产业。我国人均资源短缺的现实将长期存在。庞大的资源若不加以循环利用，其后果将是灾难性的。面对就业压力大、经济结构单一、有效需求不足的经济现状，完全可以加大资源充分回收、循环利用的力度，兴办一系列相关产业。如废旧物资的分拣回收、有机废物的无害化处理、废水废渣的重复利用，使之成为一门新兴的庞大产业。这对于吸纳劳动力，缓解资源压力，保护环境，实现可持续发展都具有极为重要的意义。中央已采取措施，大力提倡循环经济，在振兴东北老工业基地战略中，实施循环经济已成为其中最鲜明的亮点，为全国产业升级和经济发展树立了崭新的坐标。越来越多的人们正逐渐认识到爱惜资源、保护环境的重要，认识到节约资源和能源的重要。加大科技创新，建立循环经济发展体系，走可持续发展之路，是我们的必然选择。

（三）加强资源节约

节约资源是保护生态环境的根本之策。党的十八大报告对节约资源的重要性、资源节约的领域、全面资源节约的途径等都作了明确阐述。

一是要建立资源节约的理念。节约资源涉及千家万户、各行各业。这意味着人们在价值观念、生产方式、生活方式、消费方式、行为方式等方面都要进行资源节约的变革与创新。必须培养在全社会资源节约的理念，提升人们节约资源的意识，树立全民重视节约、爱护资源的意识和风尚，形成节约资源的社会共识和共同行动。我国是一个人口大国，庞大的人口决定我国不可能走西方的高消耗模式而必须建设节约型社会。在水的节约与循环利用、废品回收的运行办法、土地的高效利用、一次性产品的限制使用（如塑料袋、过度包装、卫生筷）等方面，要切实加强宣传，精心组织，对居民进行资源与环境教育，树立全民重视节约、反对浪费、爱护资源环境的意识和风尚。在建筑设计上要降低能耗，加大对生产废料、生活垃圾的再利用。从家庭、社区做起，动员和组织全社会参与节约，建设节约型社会。

二是要尤其重视和加强能源节约。我国是能源消费大国，能源对外依存度高。2017 年，我国石油表观消费量 6.1 亿吨，其中原油产量 1.9 亿吨，进口 4.2 亿吨，石油对外依存度为 68.85%。2018 年，原有进口 4.62 亿吨，同比增长 10.1%，相当于日进口量 924 万桶。成品油进口 3350 万吨，同比增长 13%。2018 年，中国成为全球最大的原油进口国，中国石油对外依存度为 70.9%。

2017 年，我国天然气累计消费量 2373 亿立方米，同比增长 15.3%。我国天然气产量为 1487 亿立方米，同比增长 8.5%。进口 920 亿立方米，同比增长 27.6%。2017 年，中国天然气对外依存度为 38.77%。虽然从表面看，对外依存度并不高，但进口量增速远远大于自产量增速，说明中国的天然气对外依存度在上升中。2018 年，我国天然气进口 9040 万吨，同比增长 31.9%。2018 年，中国成为全球最大的天然气进口国，中国天然气对外依存度超过 40%。

能源已经成为我国极为重要的战略资源。随着我国经济社会发展，能源需求量连年增长，但我国能源储量和开采量严重不足。能源已然成为制约中国发展的战略资源。因此，我们必须把节约能源放在资源节约工作的突出位置。在能源生产和能源消费环节，要开源节流，加快开发新能源、可再生能源，支持节能低碳产业发展，确保中国的能源安全。

三是要推动资源利用方式的变革。资源节约，并不是减少或降低人们的生活水平，而是使生产同等数量的产品消耗更少的资源，或者是用相同数量的资源生产出更多的产品，使有限的资源更好地满足人们对美好生活的追求。因此，转变资源利用方式，推动资源高效利用，是资源节约的根本途径。转变资源利用方式，就需要通过科技进步和技术创新，实现经济增长方式的根本转变，挖掘资源节约潜力，实现资源高效利用，努力用最少的资源支撑社会经济的发展。自然资源的有限性与人类需求的无限性之间的矛盾将长期存在，这对矛盾运动成为社会生产力发展的重要动力之一。在这对矛盾中，人是矛盾的主要方面。既可以由于人类不合理地滥用资源造成资源破坏、浪费，退化枯竭乃至资源环境恶化，也可以由于人类理智而科学地珍惜保护，合理利用资源，在不断提高资源利用所带来的社会福利的同时，减少对资源的损耗与环境的危害，保障可持续发展的需要。最根本的是要实现经济增长方式的根本性转变，走出一条资源节约型的经济发展道路。采取开源与节流并重、把节约放在首位的方针，有选择地发展资源利用高新技术产业，采用先进适用科技改造传统产业，改变其资源消耗过高的状况，逐步建立起一个资源节约型的国民经济体系。

四是坚持“严而又严”的总要求，实行严格的管理制度措施。严格按规划办事，充分发挥规划在宏观调控上的作用。在资源供应的总量、结构、布局上，区别情况分别采取鼓励、允许、限制、禁止等不同政策，并综合运用价格、税率等经济杠杆和技术、法规、行政的手段，采用适合国情和经济发展要求的资源运营、监督机制，实现宏观调控的政策目标。

五是节约集约利用水、耕地、矿产等资源，大幅降低消耗强度。第一，实行最严格的水资源管理制度。加强水源地保护。加强用水总量管理，对用水实行总量控制和定额管理，制定和明确江河流域水量分配方案。强化水循环利用，建设节水型社会。第二，坚持最严格的耕地保护制度，严守18亿亩的耕地保护红线，确保永久基本农田保持在15.46亿亩以上。第三，提高矿产资源的合理开采和综合化利用水平。加强矿产资源的变革勘查、保护和合理开发；提高矿产开采回采率、选矿回收率和矿产综合利用率水平；提高矿山固体废弃物的资源化水平。

第二节　加强环境友好型社会建设

环境友好型社会是人与自然和谐发展的社会，通过人与自然和谐的发展促进人与人、人与社会的和谐。环境友好型社会的建设，就是要求人们在社会活动中以尊重自然规律为核心，尽可能减少废物的排放，有效地防止环境的污染，节约资源、保护环境，用最小的环境投入换取社会经济发展的最大化，不但要形成人类社会与自然和谐共处，而且要形成经济社会和自然相互促进，从而使人类与环境和谐发展。

一、环境与经济发展

环境是指在某一地理空间栖居的所有生物组成的生物群落及其生活环境。环境是一个有机整体，既包括人类生产和生活所依赖的自然环境，还包括人类创造和经营的社会环境，即包括自然界的有生命和无生命的事物以及人类创造的事物。这是人类生存和发展的必要条件，人们离不开环境而独立存在。

（一）环境的经济功能

人们生活在一定在环境下，环境之于人类的作用有以下四点：

1. 生命支持。环境提供给人赖以生存的环境资源，不论是生物的、化学的还是物理的，环境作为一个整体，其中有些物质是维持人的生存所必需的，比如大气、河流、臭氧层等，这些服务一旦减少或者消失，那么人类的生存将直接受到威胁。

2. 舒适感。这个主要是从人们的主观心理角度出发的，人们通过对景色的观光从而获得美的享受和满足感。在当今社会，随着经济的发展，人们对于环境舒适感的要求越来越高。

3. 为人类生活和生产提供自然资源。一方面，可以为人类社会提供直接可以消费的自然资源；另一方面，为人类社会提供生产所需的原材料。

4. 环境对污染物质具有一定的吸纳能力。环境本身具有一定的净化能力，而在人类的生活、生产中，由人类所制造出来的废弃物大部分是由自然界自动净化掉的，但是，环境的净化能力是有限度的，且其中也有一小部分是不能够自动吸收的，比如重金属废料，所以，一旦超过了环境的净化限度以及净化能力，那么伴随着经济增长而来的就是环境污染。

（二）环境质量与经济发展的关系

环境是经济发展的一部分，环境质量与经济发展到底存在着怎样的关系呢？

有些学者利用历史长河中国家的实际情况来分析。比如，19—20 世纪的英国伦敦，工业革命由此开始，从而带动了经济的飞速发展，但同时也带来了严重的环境污染，因此，伦敦得名为“雾都”。但最近几十年来，英国积极改善环境，从而使得伦敦的“雾都”形象得以改善。这样的例子不在少数，由此，这些学者得出了“环境库兹涅茨”曲线（见图 6－1），这是一条倒“U”形曲线，即随着经济发展水平的变化，环境必定会经历先恶化，经过治理后再改善的过程。这些学者将环境恶化作为经济发展的一个必经阶段。其理由是，经济发展过程必然要经历经济结构的转变，即从农业经济经过工业化过程转变为工业经济，随着经济进一步发展，工业社会会迎来服务业的大发展，向现代化经济转变。而正是这些经济结构的转变才导致了环境呈现这种倒“U”形曲线变换。当经济处于农业状态时，由于此时对于环境索取资源的需求有限，所以经济对生态环境的破坏性很小；但随着工业化进程的推进，经济规模不断扩大，人口数量不断增长，资源的消耗量也随之快速增长，这就使得资源总量不断减少，同时也伴随着资源的过度开发，破坏了生态系统。与此同时，工业化进程的加速发展，会产生大量的废弃物，而这些污染物严重超过了环境本身的承载能力，使环境恶化；当经济发展到更高水平后，会积极转变产业结构，发展低耗能、低污染的服务业，从而环境得到改善。

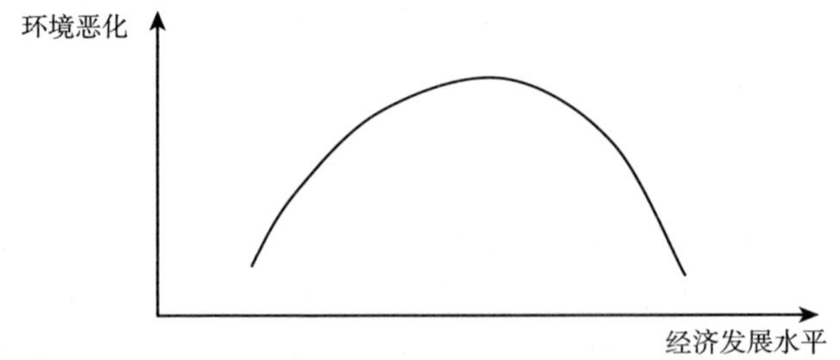

图 6－1 环境库兹涅茨曲线

另一些学者提出了反对的声音，认为仅仅将环境质量与经济增长、经济规模进行对立分析是片面的。这些学者指出，“经济规模大致取决于两个方面的因素：人均收入水平以及人口规模。”人均收入水平的提高除了对经济发展规模提出更高的要求以外，还对环境的质量提出了更好、更迫切的要求，所以，在实现经济增长的同时，人们也愿意用高收入来治理环境，两者并不矛盾。因此，广大的发展中国家不一定要走老牌发达国家实现经济发展所走过的路。

【案例】

环境账户和国民账户

经济增长对环境的影响可以通过环境账户来体现。

由于将环境作为一种资源引入了国内生产总值的计算，所以，环境中的自然资源和环境本身将被视为有价值的自然资本。

“因为引入了环境资源，国民收入账户框架进行修正：

国内生产总值（GDP）

减去：矿产资源耗尽的费用

减去：由生产性活动造成的土地、水和空气质量下降所带来的环境成本

等于：在环境上调整的国内生产净值

减去：环保费用

减去：环境对健康的影响

减去：政府和家庭活动的环境成本

减去：丢弃资本品对环境造成的破坏

减去：外国对本国造成的不利环境影响

加上：本国对外国造成的不利环境影响

等于：在环境上调整的净收入。”

二、我国环境保护工作的现状

（一）环境污染种类、危害和成因

1. 环境污染的种类及其危害。世界银行发布的《1992年世界发展报告》中将环境污染分为了七大类，即水污染和水短缺、大气污染、固体废物和有害废弃物、土地退化、森林毁坏、生物多样性丧失以及引起大气变化。通过对环境的经济功能分析，可以知道环境与人类的生活与生产密切相连，所以，环境污染反过来影响人类社会的发展。比如，19世纪60年代，英国伦敦的工业发展和人类的日常生活都以煤炭为主要能源燃料，也就是说，煤炭对不管是在生活上还是在工业上都是必不可少的，正是因此，伦敦由于煤炭的大量使用，产生了严重的大气污染，严重影响了人们生活、生产的便利程度。

对于人类生活，环境提供着人类赖以生存的空气、水等物质，这些物质的变质也会影响人们的身体健康，比如，以一定媒介传播的疾病会得以迅速传播，“过高的城市颗粒物水平是每年30万—70万人提前死亡的原因”。在工业生产上，企业生产是按照“边际收益等于边际成本”即MR = MC来进行生产规划的，企业的个人行为却会产生外部效应。而这里所说的是生产的负外部效应，即企业生产所产生的污染，会对周围的人们的生产和生活产生危害，而该企业并不用为此支付额外的费用。由于人的自私性，企业仅仅从自己的角度出发，除了自己生产所使用的成本MCp以外，对其他人也会产生额外的成本，即MCe，所以此时整个社会的边际成本是两项相加，即MCs = MCp + MCe。而企业生产并未考虑整个社会，仍是按照MCp = MRp来生产的，所以会产生严重的资源无谓损失，造成市场效率低下。

环境自身拥有自我净化的能力。一般而言，在一个稳定的生态环境中，环境的自净能力会维持这个生态系统健康发展。由于人类的介入，其行为使环境的自净能力大大减弱。

2. 环境污染的成因分析。一方面，环境的恶化是由于经济的盲目扩张所致。第二次世界大战之后，各国政府为了追求更快的经济增长，以环境的破坏为代价，疯狂掠夺自然资源。经济发展在短短几十年实现了跨越，进入一个崭新的、高度发达的工业化时代。但是，这种全球经济的累累硕果，是建立在环境污染和耕地、水、矿产过度消耗的基础上的。另一方面，人口的过剩与贫困是环境遭到破坏的重要原因。1968年，美国的埃尔利希（Ehrlichs）在《人口爆炸》提出人口爆炸对环境的影响。埃尔利希认为，人口的巨大增长将导致耕地与森林的毁坏、水和空气等地球资源的污染、气候环境的恶化与物种的灭绝。人口统计学家估计，到2030年，全球人口约为90亿；到21世纪末，全球人口为110亿—120亿；到2100年，全球人口最低为60亿，最高为200亿。埃尔利希认为造成环境退化的决定性呈正相关因素有三个方面：人口数、他们的富裕程度、技术类型和废物处理。埃尔利希提出了一个著名的关于富裕国家“人类总的环境影响”的公式：

人类总的环境影响 = 人口数 × 他们的富裕程度 × 技术类型和废物处理

埃尔利希这一公式揭示了迅速增长的人口是导致生态容纳量负担过重的循环乘数。世界银行已开始运用这一公式，并考虑投入—产出平衡以及利用能源的因素。

以上我们从经济扩张和人口激增两方面分析了环境恶化和资源衰竭的直接原因。我们仅仅知道这是由于人类活动造成的污染超过了环境自我修复的能力范围而产生的，但并没有对此进行经济方面的解释。

（1）理性人假设与环境产权不明晰。亚当·斯密对于经济学分析提出了“理性人”的假设，即人是自私的且其行为是逐利的。此假设在这里是完全适用的，由于人的自私性和逐利性，并不会从整个社会的角度去思考问题，而且由于对于环境的财产权并没有明确的界定，导致人类的行为是从“拥有这个环境系统的所有权和使用权”出发的，所以企业或者个人的行为，仅仅会以上文所说的 MR = MC 来操作，进而从整个社会的角度出发，会形成资源配置不当，并产生大量的环境污染成本。

（2）政府政策失灵。所谓政府政策失灵就是指由于一系列原因导致政府的政策不能够有效实施或者政策制定有误，而使经济活动效率低、成效小，甚至造成破坏。这一系列的原因包括环境信息的稀缺性或者不对称，政府政策制定、实施的时滞性等。一旦政府政策失灵必然会扭曲资源的配置，产生额外的成本，并产生环境污染，比如，许多国家会对农业的农药价格实行补贴，这就造成了人们大量使用农药，造成水污染和土壤污染等。

（3）发展中国家的“产业转移”现象。除了注意以上环境污染原因，发展中国家还要注意在经济起飞前，发达国家利用其对经济发展的渴求以及环境保护意识未全面开发的情况，将一些高污染、高耗能的产业转移到广大发展中国家，使发展中国家成为这些产业或者行业的集中区。

由于人类行为的自主性和自私性，不论是个人还是国家，皆以自己的利益为出发点，在享用环境中的资源的同时，却并没有为此付出相应的成本，导致不同人群对环境的使用结构不合理。人生活在环境中，若想要得到环境的友好反馈，就要对环境保持敬畏与友善。

（二）我国环境保护工作现状

随着经济社会的快速发展，我国环境问题日益严峻。为实现可持续发展的目标，我国大力开展环境保护工作，特别是党的十八大以来，生态文明建设纳入中国特色社会主义事业的总体布局中。我国大力推进生态文明建设，努力建设美丽中国，环境保护的力度大、成效明显。国家和地方政府出台了一系列有关环境保护的法律、法规、政策和措施，环境恶化状况得到遏制，在大气污染治理和水资源污染治理等方面均取得了较大的成效。但是，环境污染问题依然是制约中国经济和社会发展的重要因素。

1. 我国的环境问题治理现状。

（1）治理大气污染任务依然繁重。来自于生态环境部资料，2018 年 1—12 月全国空气质量状况为：空气质量平均优良天数 289 天，占比上升到 79.3%，同比上升 1.3 个百分点。大气污染物平均 PM2.5 浓度为 39 微克/立方米，同比下降 9.3%；平均 PM10 浓度 71 微克/立方米，同比下降 5.3%；平均 O_3 浓度 151 微克/立方米，同比上升 1.3%；平均 SO_2 浓度 14 微克/立方米，同比下降 22.2%；平均 NO_2 浓度 29 微克/立方米，同比下降 6.5%；平均 CO 浓度 1.5 毫克/立方米，同比下降 11.8%。

京津冀及周边地区“2 + 26”城市 2018 年平均优良天数比例为 50.5%，同比上升 1.2 个百分点；PM2.5 浓度为 60 微克/立方米，同比下降 11.8%。北京市 2018 年平均优良天数比例为 62.2%，同比上升 0.3 个百分点；PM2.5 浓度为 51 微克/立方米，同比下降 12.1%。长三角地区 41 个城市 2018 年平均优良天数比例为 74.1%，同比上升 2.5 个百分点；PM2.5 浓度为 44 微克/立方米，同比下降 10.2%。

虽然，通过强有力的大气环境治理，我国大气污染物排放量呈总体下降趋势，但环境污染排放量依旧很高，大气污染治理形势不容乐观，大气污染极易反弹，空气污染治理的工作任务任重道远。

（2）水资源污染治理工作任务依然艰巨。水资源是人类生存和经济社会发展不可或缺的重要资源。来自水利部 2018 年的资料，我国可供水量为 6040.2 亿 m^3，其中，地表水源供水量 4912.4m^3，占总供水量的 81.3%；地下水源供水量 1057.0 亿 m^3，占总供水量的 17.5%；其他水源供水量 70.8 亿 m^3，占总供水量的 1.2%。用现在的用水方式推算，2030 年我国用水最高峰期将达到 8800 亿 m^3，将超过水资源和水环境承载力极限。

由于人口数量庞大，城市规模不断扩大，经济特别是工业化进程的加快，生活废水和工业废水和其他废弃物大量排入江河海湖等水体。目前，我国城市污水和工业废水不到一半经过了集中处理，其余的直接排入江河。因此，污废水排放量严重超过水体自净能力，水质发生恶化，水体遭受污染。根据《2014 中国环境状况公报》，2014 年我国 202 个地级市以上城市的地下水监测，优良级水质只占 10.8%，较差级水质占比达到了 45.4%。

我国水质分为一、二、三、四、五类，其中，一、二、三类水质是饮用水标准；四类和五类水质达不到饮用水标准。2016 年，我国的河流、湖泊（水库）、省界水体及地表水中，四类水体占比 28.8%，劣四类水体高达 32.3%，五类水体占比 32.9%，劣五类水体占比 33.9%。我国水体污染形式主要是重金属和有机物严重污染为主。

（3）耕地面积减少，土地退化加剧。2018 年，虽然为了坚守 18 亿亩耕地红线，实行了占用耕地补偿制度，但占优补劣现象普遍。耕地成为污染物的最终受体。根据调查，全国土壤重金属点位超标率达到 19.4%，其中，中度重金属点位超标为 1.8%，重度重金属点位超标为 1.4%。数据显示，我国耕地退化面积占总耕地面积的 40%，东北地区黑土区有机物含量比开垦之初下降了 3%左右。

2. 我国环境问题的原因。

（1）经济发展和城市化进程的加快，给环境造成巨大的压力。我国工业产业结构依旧处于重化工业化阶段，粗放型经营模式普遍，资源消耗量大，工业生产引致环境污染问题没有实质性的改变。我国现阶段县级以下的城镇化水平较低，生活污水和生活垃圾乱排乱弃，污水处理和垃圾处理严重不足，环境和生态压力较大。

（2）人口因素，给环境造成巨大的压力。我国新中国成立以来，社会安定，经济社会发展，人们生活水平有了较大的提高，加之，医疗条件和水平的逐步改善，人口死亡率大幅下降，出生率大幅提高，出现了三次人口生育高峰。第一次人口生育高峰，是出现在1949—1957年，人口净增1.05亿；第二次人口生育高峰，是出现在1962—1970年，人口净增1.57亿；第三是次人口生育高峰，是出现在1981—1990年，人口净增1.43亿。迅速增加的人口，一方面对资源的需求大幅增加，另一方面对基础设施、生活必需品和就业的需求增加。这些需求的增加给资源环境管理造成较大的压力。

（3）我国环境管理体制不完善，法制不健全，环保意识薄弱。我国现有的一些体制影响了环保事业的发展，缺乏综合素质较高的环保人员和环保监管队伍。我国现有的大气污染法和环境保护法的内容还不完善。地方政府为了发展本地经济，以牺牲环境为代价，换取经济利益，造成“先污染后治理”的陷阱。许多企业为了追逐高额利润，外部不经济，造成严重的水污染、空气污染和垃圾污染等，影响社会经济可持续发展。

（三）环境的治理

针对以上环境污染的原因，可以从两个角度来分析一个国家如何实现环境的治理，即对于环境的治理，需要发挥市场和政府两方面的作用，使之有机结合。

1. 发挥市场的主体作用。

（1）明确环境产权。根据科斯定理，在零成本或者成本极低的情况下，如果产权是明晰的，那么资源的配置就是有效的。所以，足可以看出产权界定的重要性。环境如果一直被人类社会视为公共财产，那么个人以理性的角度必然会造成一个又一个的“公地的悲剧”。将环境的产权明晰了，一旦发生环境污染，就要对受到环境污染的人或者该区域内的所有者支付相应的补偿，这种持续成本的存在会使得企业加强技术改进而减少环境污染。

（2）外部性问题内部化。对于产生外部性的行为除了支付相应的成本以外，还有一个方法就是，将这种产生外部性的影响，转变为对内部的影响，即将于外部性相关的所有企业加以兼并形成一个企业。这样，其成本就成为其内部消耗的了，不用持续向他人支付补偿。

2. 发挥政府辅助的作用

（1）催化环保意识的觉醒。对发展中国家来说环保意识尤为重要。发达国家随着经济的发展，越来越认识到环境的重要性，积极采取措施改善环境，而广大发展中国家由于忙于推动经济起飞，对环境关注相对较少。所以，政府首先要做的就是对环保意识的推广，只有在思想上认识到环境的重要性，才能够在其他方面的治理做到快速有序。

（2）发挥政府的权力。政府颁布的要求具有法律的约束力，所以可以充分发挥政府的作用。比如颁发排污许可证、或者利用税收的“奖惩”制度等。企业的“排污”商品需要支付一定的价格，根据商品的供求关系，可以知道对于正常品来说，价格越高，对该商品的购买就相应地减少。而对于“节能减排”方面做得好的企业政府会给予税收方面的优惠，从而进一步推动企业的环保行为和企业的生产。

第三节 中国生态文明制度体系的构建与创新

党的十八届三中全会提出推进生态文明建设，必须建立系统完整的生态文明制度体系。习近平同志在党的十九大报告中指出，加快生态文明体制改革，建设美丽中国。

生态文明建设其实就是把可持续发展提升到绿色发展高度，为后人“种树”，留下更多的生态资产。

一、可持续发展

20 世纪是整个世界经济大发展的时期，但与此同时也产生了一系列全球问题，比如，人口增长、粮食问题、全球变暖以及生物多样性遭到破坏等问题，这些都在制约着人类社会的发展，因此，经济发展问题、人与自然和谐发展的问题，引起了人们的密切关注，如何实现人类社会的可持续发展成为了 21 世纪亟需解决的问题。

（一）可持续发展的由来

1968 年，意大利菲亚特公司邀请了 30 多名科学家、教育家、经济学家和实业家讨论人类目前的发展现状以及未来的发展处境，共同组成了“罗马俱乐部”。1972 年罗马俱乐部发表了名为《增长的极限》的文章，并指出，“人口增长、粮食供应、资本投资、环境污染、能源消耗是影响经济增长的五个因素”，在人口快速增长和工业的快速发展，与资源的不断减少的相互作用下，“人类将在 2100 年之前崩溃”，为此，“从 1975 年起，要停止人口的增长，到 1990 年停止工业投资的增长。”——零经济增长论。

随后罗马俱乐部又发布了一系列有关全球最关注问题的文章，这引起了人们的热烈讨论，产生了“乐观学派”和“悲观学派”两个对立的学派。悲观学派认为，人类社会应该停止地球人口的增长，限制工业发展，从而减少对自然资源的消耗和破坏；而乐观学派认为，科学技术的进步是一个动态过程，人们完全可以利用不断革新的技术发现甚至制造出新材料、新能源，不必杞人忧天。

1987 年，联合国环境和发展委员会在《我们共同的未来》的报告中对可持续发展作出了定义，即“既满足当代人的需要，又不对后代人满足其需要能力构成危害的发展”；1991 年，世界自然保护同盟、联合国环境署、世界野生生物基金会共同发表了《保护地球》的报告，认为可持续发展是“在不超出支持它的生态系统的承载能力的情况下改善人类生活质量”；1992 年，世界银行在《1992 年世界发展报告》中，又将可持续发展定义在更明确的范围，即“把发展和环境政策建立在成本与效益相比较的基础上，建立在审慎的宏观经济分析上，将能加强环境保护工作，并能导致福利水平的提高和持续性。”

（二）可持续发展的内涵

以上给出了不同角度的“可持续发展”的定义，虽然出发的角度不同，但是其中所暗含的基本原则是一致的。首先了解一下可持续发展的路径。

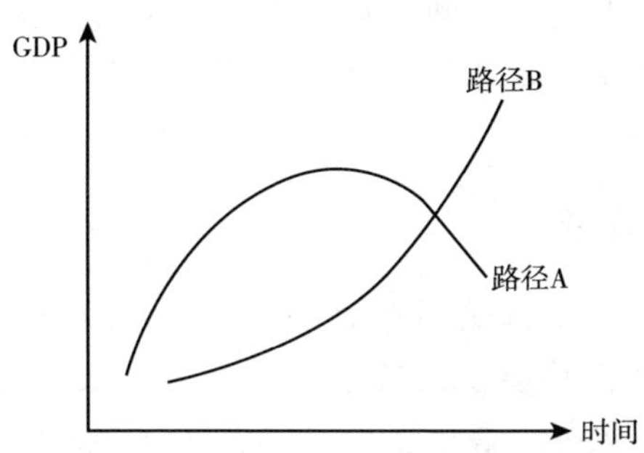

图 6-2　可持续发展和不可持续发展方式

图 6-2 给出的是可持续发展和不可持续发展的基本方法，路径 A 为不可持续发展路径，在经济发展之初，经济通过大量开采不可再生资源作为能源，不计代价的发展，确实使经济得到了快速的发展，但是随着时间的推移，资源和能源遭到了巨大的破坏，从而制约了经济的发展，所以不可持续发展形成的发展曲线呈现的是倒“U”形。而路径 B 即为我们所说的可持续发展路径，经济是在尊重自然的基础上发展起来的，不会过度开采和滥用，起步期间发展非常缓慢，但是通过长时间对资源的投资和配置实现了在长久时间内的持续增长。

1. 可持续发展的核心是发展。可持续发展的核心仍然是经济的发展。经济发展是人类社会所要求的，如果单纯地希望保护环境，那么人类社会将停滞不前，人类对美好生活的向往都无法实现，无论是在物质上还是在精神上的。由此，经济发展是必要的，是人类社会生产和生活必要的物质基础。所以，“可持续发展”不是抑制发展，相反是在鼓励发展，只是要求在其发展的方式上，不是粗放式的，而是可持续的发展，要求人类社会的发展长久维持在一定的状态下。

2. 可持续发展的基础是保护自然资源。可持续发展不仅仅要求经济发展，还要求我们尊重自然、敬畏自然，与自然和谐相处。人类社会生产和生活都离不开自然资源，所以，人类社会的活动与环境是相互影响的，而可持续发展要求人类社会的活动必须在环境自身所能够承受的程度下进行。为了人类社会的可持续发展，必然要保护自然、减少对环境的破坏与污染。

3. 可持续发展的目标是建立一个系统性的生存环境。人类社会生活和生产的空间，可分为经济系统、社会系统和生态系统。可持续发展要求实现三个系统的共同发展，因为，经济系统、社会系统和生态系统是一个统一的整体，牵一发而动全身。

其中，经济系统是经济发展的基础和前提；生态系统是为经济发展提供材料和稳定环境的，是经济发展的保障；而社会系统的有序、全面发展是可持续发展的最终目标。

4. 可持续发展表现为公平与效率的并举。可持续发展并不是一个民族、国家的事情，也不是一个时代人的事情，从更为广阔的角度考虑，可持续发展是整个人类社会的事情，从更为广泛的角度考虑，可持续发展是不同代际之间的事情。所以，当今世界存在的这种南北发展不平衡、贫富差距悬殊等以及过度使用资源和能源的现象都是不可取的。尤其是这种代际公平，更值得我们注意，我们有义务保证后代使用自然资源的权利不受侵害。

（三）可持续发展的途径

1. 加强人力资源的培养。人是经济活动中最活跃的因素，是推动经济发展和社会变革的主要力量。在当代社会，人口增长问题是主要问题之一，面对这一问题，除了对人口增长加以控制以外，最重要的是加强人才的培养力度。有了有能力的人才，才能为科学技术的推进做贡献，进而发明出更高效的生产设备，以便以更少的资源高效生产出高质量的产品。

2. 建立资源节约型的发展模式。要转变经济发展模式，改粗放型的发展方式为集约型发展方式，比如，现在广受大家推崇的循环经济和低碳经济等，都是以提高资源的利用效率和单位人口自然的承受能力为主导的。

3. 发挥政府的作用。市场对于资源的配置有时会出现失灵，这时政府要发挥其辅助作用，在政策和战略上对经济发展加以引导，在推进经济平衡发展的同时，也要注意在环境方面的保护。政府的主要手段除了加强环境保护方面的立法外，还可以在全社会广泛宣传环保，增强人们的环保意识，同样，也可以发挥政府的宏观调控作用。

二、中国生态文明建设

面对资源约束趋紧、环境污染严重、生态系统退化的严峻形势，必须树立尊重自然、顺应自然、保护自然的生态文明理念，走可持续发展道路。

（一）生态文明的内涵

文明是人类在不断解决人与自然矛盾过程中，发展和创造的物质文明成果和精神文明成果的总称。人类文明的进程已经经历了渔猎文明、农耕文明和工业文明三个时期，面对工业文明带来的环境污染问题，现在正逐步进入到人类文明的第四个时期——生态文明时期。以联合国环境与发展委员会 1987 年发布《我们的共同未来》提出“可持续发展”理念为标志，人类开始从工业文明迈向生态文明时代。

1. 生态文明的内涵。生态文明，是指在人类社会与自然生态环境的和谐、共生、协调、统一的文明发展方式，是人类为建设和保护美好生态环境而取得的物质成果、精神成果和制度成果的总称，是贯穿于经济建设、政治建设、文化建设、社会建设全过程和各方面的系统工程，反映了一个社会的文明进步状态。

2. 生态文明的四要素。生态文明有四个核心要素：公正、高效、和谐和人文发展。

(1) 生态和社会的公正是生态文明的基础。生态文明就是要实现生态公正和社会公正，即要尊重自然权益实现生态公正；保障人的权益实现社会公正。

(2) 生态、经济和社会效率的三位一体是生态文明的手段。生态文明首先是要力求实现自然生态系统保护与生产力发展的平衡这个生态效率；在经济系统中，具有低投入、无污染、高产出的经济效率；在人类社会体系制度规范中，完善运行平稳的社会效率。

(3) 公平和谐与协调发展是生态文明的保障。公平和谐，是指谋求人与自然、人与人、人与社会的公平和谐；协调发展，是指生产与消费、经济与社会、城乡之间、不同区域之间、行业之间的协调发展。

(4) 人文发展是生态文明的终极目的。人文发展，就是要追求具有品质、品位、健康、尊严的崇高人格。

（二）生态文明建设的意义

建设生态文明，是功在当代，利在千秋的事业；是关系人民福祉，关乎民族未来的事业；是中国经济持续健康发展的关键保障。

1. 生态文明建设是中华民族伟大复兴的根本保障。一个国家或一个民族，必须有良好的生态作保障。大力推进生态文明建设，就是要实现人与自然的和谐发展，这已经成为中华民族伟大复兴的基本支撑和根本保障。随着我国经济的飞速发展，环境污染严重，生态系统退化问题极其突出，要求我们必须树立尊重自然、顺应自然和保护自然的生态文明的理念，把生态文明建设融入到经济、政治、文化、社会建设过程之中，实现经济建设、政治建设、文化建设、社会建设和生态文明建设的“五位一体”，实现社会主义现代化和中华民族伟大复兴。

2. 生态文明建设是中国经济社会发展的必由之路。生态文明建设就是要求创新发展、绿色发展和高质量发展。经济社会和谐发展，要求我们在经济快速发展的同时，必须保护好人类赖以生存的环境，这就需要改变传统的经济发展方式，努力建设资源节约型、环境友好型社会。只有建设社会主义的生态文明，统筹人与自然的和谐发展，把资源节约和环境保护作为推动经济社会又好又快发展的重要抓手，充分发展环保在产业转型、降耗增效方面的导向作用，才能实现在生态环境平衡的基础上促进中国经济向高质量发展迈进。

三、中国生态文明制度体系的创新途径

2015 年 9 月，中共中央、国务院印发了《生态文明体制改革总体方案》，提出

了加快建立系统完整的生态文明制度体系、加快推进生态文明建设、增强生态文明体制改革的系统性、整体性、协同性的总体方案。

（一）中国生态文明制度体系的薄弱环节

1. 地方政府生态责任缺失。地方政府尚未形成生态文明建设的执政理念，没有建立一个完善的对地方政府的生态文明建设的绩效考核体系。地方政府往往首先考虑发展经济，在经济效益和生态效益的博弈中，地方政府一般追求经济利益优先，在经济决策中，没有经过环境影响评估，必然对环境产生负外部性影响。

2. 环境治理中的市场机制治理弱化。中国环境治理主要以政府监管为主，而以市场调控为基础的环境经济政策处于薄弱地位。一是当前还存在着资源有价、生态环境无价的现象。二是环境经济政策有待完善，比如生态补偿还处于初级阶段。三是 2018 年实施的《中华人民共和国环境保护法》（以下简称《环境保护法》）还存在一系列问题：第一，税目少，覆盖面窄。《环境保护法》只是将直接向环境排放污染物的企业和个人作为纳税人，并且只对大气、河水、固体和噪声四种污染做了规定，更多的污染源没有列入到税目中。第二，环保税征管所依赖的环境检测技术和征管人员的专业水平还很不足。第三，税收优惠政策尚不完善。主要表现为《环境保护法》中，没有对税收优惠政策作完善和有效的规定，税收返还制度不完善。

（二）生态文明体制改革的总体要求

1. 树立六大理念。一是尊重自然、顺应自然和保护自然；二是发展与保护的有机统一、相互促进；三是绿水青山就是金山银山；四是保护自然的过程，就是增值自然价值和自然资本的过程；五是人口、经济、资源环境的空间均衡，即人口规模、产业结构、增长速度不能超出当地水土资源承载能力和环境容量；六是山水林田湖共同体处于统一的生态系统中。

2. 坚持六大原则。一是更好地发挥政府的主导和监管作用，健全市场机制，调动社会组织和公众的参与和监督作用。二是创新产权制度，区分自然资源资产所有者权力和管理者权力，合理划分中央地方事权和监管职责。三是建立城乡统一环境治理的体系。四是建立支持绿色、循环和低碳发展的利益导向机制和实现对各类市场主体的市场化、法制化和制度化的有效约束。五是坚持生态环境保护的主动作为和深化国际交流与合作的有机结合。六是党中央、国务院统一部署、整体协调推进；各地区试点先行，大胆探索，大胆试验。

（三）我国生态文明制度创新的途径

到 2020 年，构建起产权清晰、多元参与、激励约束并重、系统完整的生态文明八项制度体系；推进生态文明领域，国家治理体系和治理能力现代化；努力走向社会主义生态文明新时代。

1. 健全自然资源资产产权制度。(1) 对全部国土空间各类自然资源资产的确权登记并法制化。(2) 建立权责明确的自然资源产权体系，加强自然资源资产交易平台建设。(3) 组建对全民所有的矿藏、水流、森林、山岭、草原、荒地、海域、滩涂等各类自然资源统一行使所有权的机构，负责全民所有自然资源的出让等。(4) 实行中央和地方政府分级代理行使所有权职责，即中央政府主要对石油天然气、贵重稀有矿产资源、重点国有林区、大江大河大湖和跨境河流、生态功能重要的湿地草原、海域滩涂、珍稀野生动植物种和部分国家公园等直接行使所有权。(5) 探索建立水权制度，开展水域、岸线等水生态空间确权试点，在甘肃、宁夏等地开展湿地产权确权试点。

2. 建立国土空间开发保护制度。(1) 对国家级和省级的城市化地区、农产品主产区、重点生态功能区的主体功能区进行统筹规划，并制定区域政策。(2) 简化用地指标控制体系，把开发强度指标作为约束性指标，划定并严守生态红线，完善覆盖全国的国土空间监测系统。(3) 改革各部门分头设置自然保护区、风景名胜区、文化自然遗产、地质公园、森林公园等的体制，统一建立国家公园新体制。(4) 建立由一个部门对国土空间的用途统一管制的自然资源监管体制。

3. 建立空间规划体系。(1) 编制统一的空间规划，编制京津冀空间规划。(2) 统一编制市县空间规划，逐步形成一个市县一个规划、一张蓝图。在市县空间规划中，要对生产、生活和生态空间进行明确划分。明确划定研究制定市县空间规划编制指引和技术规范，形成可复制、能推广的经验。(3) 建立由一个部门负责市县空间规划的编制。在规划编制前期，必须对资源环境承载力进行评价，在空间规划编制过程中，要广泛征求意见，并由当地人大通过，然后，报上级部门备案。对当地政府违反规划行为进行问责。

4. 完善资源总量管理和全面节约制度。(1) 完善最严格的耕地保护制度，划定永久基本农田红线。建立节约集约用地的激励和约束机制。(2) 健全用水总量控制，制定江河流域水量分配方案，运用税收和价格手段加强工业和农业的用水量管理，加强在水功能区的保护、环境修复和监督管理。(3) 强化能源总量管理，健全节能的标准、统计、评估审查、监察等管理体系。逐步建立全国碳排放总量控制制度和分解落实机制，加强应对气候变化国际合作。(4) 实施所有天然林、草原、湿地、沙化土地封禁、海洋资源开发等资源保护工程。(5) 建立矿产资源集约开发机制；完善重要矿产资源开采回采率、选矿回收率、综合利用率等国家标准；完善矿山地质环境保护和土地复垦制度。(6) 落实并完善资源循环利用的相关制度，比如，种养业废弃物资源化利用制度，垃圾强制分类制度，资源再生产品和原料推广使用制度、限制一次性用品使用制度等。

5. 健全资源有偿使用和生态补偿制度。(1) 将资源所有者权益和生态环境损害等纳入自然资源及其产品的成本范围。在农村实施非居民用水的超计划、超定额累进加价制度。在城镇，实行城镇居民用水阶梯价格制度。(2) 扩大国有土地有偿使用的范围，限制非公益性用地划拨，国有土地收支纳入财政预算管理。理顺与土地相关的土地出让金、租金和税费之间的关系。提高工业用地出让地价水平。(3) 研究建立矿产资源国家权益金制度。调整探矿权采矿权使用费标准、矿产资源最低勘查投入标准。推进实现全国统一的矿业权交易平台建设。(4) 完善生态补偿和生态保护修复资金使用机制，逐步增加对重点生态功能区转移支付。在深入推进国土江河综合整治的同时，更多的生态保护修复资金用于青藏高原生态屏障、黄土高原—川滇生态屏障、东北森林带、北方防沙带、南方丘陵山地带等国家生态安全屏障的保护修复。

6. 建立健全环境治理体系。(1) 对全国所有固定污染源的企业核发排污许可证，排污企业必须持证排污。(2) 在京津冀、长三角、珠三角等重点区域，要建立大气污染防治联防联控协作机制，包括标准、环境风险评估、环境监管、行政执法等。(3) 建立“三农”环境治理体制机制。对绿色生态农业进行补贴，完善农作物秸秆综合利用制度；多种渠道筹措资金，确保农村污水和垃圾处理等环保设施建设。(4) 做到环境信息三公开，即大气环境和水质等环境信息的公开，排污单位环境信息的公开和监管部门环境信息的公开。(5) 大幅度提高企业的环境违法成本。对违反环保法规的企业或个人，要依法严惩重罚；对造成生态环境损害的，依法依规赔偿；对环境损害造成严重后果的企业或个人，要依法追究刑事责任。

7. 健全环境治理和生态保护市场体系。(1) 鼓励各类投资进入环保市场。(2) 推行环保管理中的四种市场交易模式，即用能权、碳排放权、排污权和水权等四种交易模式。(3) 建立绿色金融和绿色产品体系，即推广绿色信贷、绿色股票指数、绿色发展基金、绿色环评体系；将过去分头设立和使用的环保、节能、节水、循环、低碳、再生、有机等产品，统一整合为绿色产品；建立统一的绿色产品标准、认证和标识等体系。

8. 完善生态文明绩效评价考核和责任追究制度。(1) 制定可操作、可视化的绿色发展指标体系；根据不同区域主体功能定位，实行差异化绩效评价考核。(2) 制定资源环境承载能力监测预警指标体系和技术方法，建立资源环境监测预警数据库和信息技术平台。(3) 实行地方党委和政府领导成员生态文明建设一岗双责制；对领导干部离任后出现重大生态环境损害并认定其需要承担责任的，实行终身追责。

第七章

农业发展与乡村振兴

习近平总书记在党的十九大报告中指出："实施乡村振兴战略。农业农村农民问题是关系国计民生的根本性问题，必须始终把解决好'三农'问题作为全党工作重中之重。要坚持农业农村优先发展，按照产业兴旺、生态宜居、乡风文明、治理有效、生活富裕的总要求，建立健全城乡融合发展体制机制和政策体系，加快推进农业农村现代化。构建现代农业产业体系、生产体系、经营体系，完善农业支持保护制度，发展多种形式适度规模经营，培育新型农业经营主体，健全农业社会化服务体系，实现小农户和现代农业发展有机衔接。"

农业是国民经济发展的基础，其他部门的生存发展，都离不开农业的贡献与支持。农业发展是发展中国家经济发展的基础，更是实现工业化发展的重要因素，经济收入越落后的国家，农业所占比重越大。正确认识农业在经济发展中的地位，采取合理的农业发展模式，制定有效的乡村建设规划是发展中国家工业化进程中所面临的重要问题。

第一节　传统农业的分化与现代农业的崛起

农业是一国经济发展的基础，是实现工业化和现代化的前提。在大多数发展中国家，农业是经济发展的主导产业，是商品和劳动力的主要来源，而且经济水平越落后，农业在经济发展中发挥的作用越大。早期发展经济学理论认为，农业是落后、衰退的产业，解决发展中国家贫困问题，实现经济增长的唯一途径是实行工业化发展。但是实践证明，农业作为经济发展的基础，在现代化经济发展中的作用越来越突出。在发展中国家经济发展初期，过分强调工业化，企图单纯依赖先进工业化提高生产力实现经济增长的发展方式，最终都会因落后的农业羁绊阻碍工业化进程，导致发展中国家陷入农业和工业化发展的两难困境。从 20 世纪 60 年以来，发展经济学重新认识农业在发展中国家经济发展初期的重要作用，从仅仅依靠工业化发展方式转变为依靠农业、工业相互协调的发展方式。

一、传统农业的基本特征

要了解现代农业，必须了解传统农业。什么是传统农业，传统农业有什么特征呢？美国经济学家、诺贝尔经济学奖获得者舒尔茨在其《改造传统农业》中，假设农民局限于使用传统生产要素，并且要素配置有效率但边际投资效率低。同时也指出，这种效率只是静态意义上的，传统农业缺乏技术进步动态意义上的效率，必须改造传统农业。从总体上来说，发展中国家工业化初期，农业生产耕作种植基本上以原始和传统的方式为主，主要概括为如下几个特征：

（一）农业技术水平停滞

传统农业采用原始的耕作种植方式，使用的生产工具简陋，生产率极低。在发展中国家农业的长期发展过程中，农业技术通过一代又一代的口授和示范的方式流传下来，世世代代的农业生产方式相同，生产要素相同，生产技术长期以来保持不变，即表现为农业技术水平停滞不前的现象。农业技术水平停滞不前是传统农业社会的本质特征，更是导致发展中国家经济发展迟缓的重要因素。按照伊懋可的理论，传统农业是由于人口在增长消耗了农业剩余使得农业技术进步受限导致“高水平陷阱”。发展中国家劳动力资源丰富，但资本资源稀缺，劳动力素质差，西方发达国家现代化的农业技术难以直接应用于发展中国家的农业生产。因此，发展中国家农业建设必须结合本国实际发展情况，制定出符合本国农业发展的方式。

（二）农业商品化程度低

传统农业生产效率低，农业产出主要维持农民基本生活生产需求，仅有少部分剩余的农产品用于商品交换。由于农业投入产出低，可进入流通的农产品数量少，进行商品交易的市场规模也相对比较小。并且进行商品交易的小集市距离农村路途较远，交通工具落后，这在一定程度上降低了农民利用剩余农产品进行商品交换的意愿，造成进入商品流通领域的农产品数量少，农产品商品化程度低。在传统农业生产方式下，过小的市场规模，使农民不仅要进行农业生产，还要自行生产其他一系列生活用品，比如房屋建筑、生活家具、衣服鞋履等，用来满足基本的生活需求，分工协作的生产方式几乎很少见到。

（三）农业经营方式保守

在传统农业中，农民从事农业生产的首要目标是保证家庭基本的生产生存需求，将影响农业产出的风险最小化。这是因为，农业生产技术落后、生产力低，农业收入微薄，生存是农民面临的首要问题。由于传统农业生产缺乏先进技术用来抵抗自然灾害给农业生产带来的损失，使农业生产往往受制于自然环境，造成农业产出不稳定威胁农民生存，因此农民规避生产风险的意识较高。在基本生存物质资料获得没有任何保障条件下，农业生产采取新的生产方式或是使用新的生产工具，新的生产技术给农民带来收益的同时也增加了农民的风险。而传统农业中的农民是完全的风险规避者，所以一切可能有风险的技术进步都会被农民所规避，保守的落后的生产方式将是农民生产的最佳选择。

（四）农业收入长期较低

传统农业生产方式落后，技术水平低，造成农民人均收入少。而且农业生产受到自然环境的约束，农民对自然灾害的抵抗能力较差，生存成为农民首要目标，农民会继续采用生产率低的劳作方式进行农业生产以获得相对稳定的收入，放弃使用收益高风险大的先进农业生产技术，使得农民长期陷入低水平的农业生产活动中。农业产出少导致农民风险意识高，高风险意识使农民规避技术改变的风险使农业产出依然维持较低的水平，在没有外在因素的影响下，这种循环式的贫困将长期维持下去。

（五）中国小农经济的效率与高水平陷阱

中国传统农业是以小农耕作为主的农业生产，属于传统经济。一方面，耕地数量有限。在 1700 年，人均耕地中国为 0. 28 公顷，英国为 0. 91 公顷，法国为 0. 83 公顷。另一方面，中国居住环境好。华北平原一带，适宜居住，人口发展比较快，欧洲森林覆盖率高，不适宜居住。姚洋从人口增长和工业规模经济两个方面完善了伊懋可的高水平陷阱理论，认为中国历史上农业剩余被过快的人口增长所消耗，因而陷入了农业技术发达和工业停滞不前的高水平陷阱。

二、农业的贡献

农业作为发展中国家经济发展的主导产业部门，其对经济发展的重要性不言而喻。首先，农业发展有利于提高农民收入，改善农民生活水平。发展中国家农业生产力落后，生产效率不高，只有依靠大量投入劳动力生产要素的粗放型发展方式实现经济发展。因此，在发展中国家有 70%—80% 的人生活在农村，从事收入低微的农业活动。大力发展农业将会解放生产力，实现农业发展，进而提高农民收入，改善农民生活水平。其次，农业发展有利于推动经济发展。由于农业在发展中国家经济中占据主导地位，农业发展快慢对国家经济增长意义重大。农业发展越快，则农业对工业化、现代化经济增长所贡献的资本、劳动力、市场和外汇收入越多。而且农业发展对工业化、现代化经济增长的贡献随着经济发展呈递减规律，在发展初期，农业在经济中所占比重越大，则农业发展对经济增长贡献越大。当工业化完成后，农业对经济增长的影响将逐渐减少，甚至出现农业经济增长为负，即工业反哺农业的现象。此时，农业发展将实现从经济增长问题转换为保卫国家粮食安全的战略问题。但是，无论从理论上或是实践上都表明，即使一国在实现完全工业化后，农业对经济发展的作用依然不可忽视。

发展经济学奠基人张培刚先生在20世纪40年发表的《农业与工业化》中从粮食、原料、劳动力、市场、资金5个方面系统地阐释了农业在工业化和经济发展中的重要作用。1951年，美国经济学家库兹涅次在《经济增长与农业的贡献》中，对农业的作用进行重新概括总结为产品贡献（包括粮食和原料）、市场贡献、要素贡献，以及国内农业在国际市场交换获得收入的贡献。1984年，印度经济学家苏不拉·加塔克和肯·英格森在其《农业与经济发展》一书中，完全接纳了库兹涅茨对农业在经济发展中贡献的划分，并明确提出了农业的外汇收入贡献。

（一）产品贡献

在经济长期发展过程中，农产品和收入在国民经济发展中所占比例虽然不断下降，但是从总量上看，农产品和收入确是随着经济增长而增加，从而能够满足工业化发展和现代化进程中对农产品的需求，并实现剩余农产品和劳动力对工业部门的供给。从消费方式来看，农业总产品可以划分为农业部门的消费产品和农业剩余。农业剩余为非农业部门发展的贡献就是产品贡献。农业剩余越多，农业部门的产品贡献就越大。农业剩余又可以被划分为两种消费方式，一种是工业部门食粮的消费，另一种是生产原料的消费。农业剩余为工业部门人口提供食粮是食品贡献，农业剩余为工业部门进行生产活动提供原料是原料贡献。

1. 粮食贡献。劳动力的使用必须要维持其基本的生活资料，而农业为工业部门劳动力维持必要生存提供物质来源，在工业化和经济发展中的作用至关重要。在大多数发展中国家，工业部门所需的粮食主要来自于农业部门。在工业化和现代化进程中，工业部门和第三产业部门的规模将不断扩大，从事工业活动和第三产业活动的劳动力人数将不断增加。为了适应工业化和现代化发展的需求，农业部门生产不仅要满足农业部门的消费和生产需要，还要有农业剩余补给工业部门和第三产业部门，并且随着非农业部门的规模扩大，农业剩余也应随着非农业部门增长速度扩大，否则将会导致非工业部门劳动力维持生存所必须的生活资料缺乏而阻碍经济发展。

粮食短缺对工业化建设和经济发展的影响是十分巨大的，它会抑制工业化的发展，恶化工业贸易条件，从而使工业投资下降。由于发展中国家居民的需求价格弹性较小，需求大于供给时将导致粮食价格上涨，人们收入降低，从而对工业品需求下降。伴随着粮食价格上涨，其他商品价格也会普遍上涨，从而形成螺旋式通货膨胀。从理论上而言，通过进口可以弥补国内粮食短缺问题，但依然存在发展中国家外汇约束性强和粮食成本高的问题。发展中国家创汇能力有限，利用大量外汇购买粮食用于维持非工业部门劳动力的基本生存，必将影响到国内工业化发展对紧缺物资和技术的进口，从而阻碍了非工业部门的发展扩张。粮食作为商品不具有差异化的区别，国内生产与进口的粮食差异十分小，但国内粮食生产具有低廉的成本优势和价格优势，国内充裕的粮食供给将为国家资金优化配置起到决定作用。另一种解决粮食短缺的方式是政府采取财政补贴限制粮价上涨，但事实证明，这种方法的效果不太理想。若要解决发展中国家粮食短缺问题，最根本的方法还是采取规模化、集约化的生产方式提高农业劳动生产率，实现农业粗放型生产向集约型生产方式转化。

2. 原料贡献。在经济发展的早期阶段，因为发展中国家生产力落后，缺乏先进生产工具和技术，经济发展首先是为满足人民基本的物质生活需求，所以最初进行的工业化普遍是对技术水平要求较低、工艺简单、原材料容易获得的初级工业产品的生产，比如食品的初加工、烟草制品业、纺织工业、制革工业等。并且初级工业产品生产加工需要大量劳动力，这与发展中国家劳动力资源丰富、农产品供给充足的国情相适应。根据世界银行发展报告显示，20 世纪 80 年代，发展中国家工业总产值中约有 60% 是来自于食品、饮料、纺织和服装加工等初级农产品加工工业部门，而在发达国家这一比重仅为 20%。通过对比发展中国家与发达国家的数据可以看出，经济水平越低，工业化程度越低，则初级产品增加值在工业增加值的比重越高。这表明，农产品在经济发展初期阶段作用显著。

（二）市场贡献

农业部门对非农业部门产品的需求即为农业的市场贡献。从事农业生产活动所需的要素如种子、肥料和农具等农业部门可以自行供给，但是化肥、农业机械等产品则必须从非农业部门购买。并且，从事农业生产的劳动力生存发展所需的生活消费品一部分来自于农业部门的自给，如食物、蔬菜、水果等；但是衣服、家电、生活日用品和其他产品等则需要工业部门供给。虽然农业人口人均收入低，对工业品需求有限，但在发展中国家存在大量农业人口，形成了对工业品的巨大市场需求。农业部门对非农业部门的产品和服务需求将扩大工业产品的销售市场，从而推动工业部门的发展。因此，农业对工业部门发展的市场贡献是非常重要的。

（三）要素贡献

工业的发展扩大需要要素的不断投入，在经济发展中即表现为农业部门的劳动力要素、资本要素向工业部门流动。劳动力要素、资本要素从农业部门向工业部门的跨部门流动就是农业的要素贡献。

1. 资本贡献。农业资本是工业发展所需资本的重要来源渠道，并且农业资本流向工业部门是必然的经济现象。首先，工业部门资本收益率高。工业的高生产率决定了工业资本的高收益，而农业部门生产力落后，资本收益率低，在资本收益率决定资本价格规律下，工业资本价格高于农业资本价格。作为理性经济主体，必然会选择资本价格高的工业部门进行投资，从而形成资本从农业部门向工业部门的流动。其次，根据恩格尔定律，农产品的需求收入弹性小于工业产品，随着经济的增长，人们收入水平的增加，对工业产品的需求也会不断增加。最后，根据费·尼拉斯的观点，在具有庞大的温饱型农业部门的二元不发达经济中，农业部门是经济发展的基础。在工业化进程初期，农业作为国内经济发展的主导部门是国内储蓄—投资的唯一来源，对工业发展作用巨大。

农业资本向工业部门转移的方法有两种，一是私人投资的自愿转移；二是利用行政手段，如税收、价格、财政等方式强制性转移。强制性转移又分为间接控制和直接控制。间接控制是采用价格控制、征收间接税和汇率调整的方式调整农业部门和工业部门之间产品的交换价格，使农产品价格下降，工业品价格上升。扭曲农产品和工业品市场交换价格虽然在一定程度上促进了工业经济的发展，但产品价格扭曲下，生产要素价格也会随之扭曲，结果是城乡收入差距不断扩大，造成农业人口贫困加剧，这与发展经济学中消除收入差距的发展目标相违背。直接控制主要是对农产品征收重税。日本就曾采用对农产品征收高额税收的方法实现工业化发展。相比较强制性资本转移，市场机制下的私人资本转移避免了政府寻租行为，降低了政府管理制定政策的成本，并且优化了资源配置，经济效益最高。但市场机制下私人资本转移隐含了非常重要的条件，那就是农业必须有剩余，农民的储蓄大于消费。

2. 劳动贡献。随着工业的发展和扩张，工业经济发展所需要的劳动力要素数量将会不断增加，当工业内部劳动力实现全部供给后，工业部门的扩张则会吸纳其他产业部门的劳动力。在发展中国家，农业人口占到总人口的2/3，是工业部门发展所需劳动力的唯一供给渠道。因此，农业为工业化发展提供了必需的劳动要素。

劳动要素在农业部门和工业部门流动程度则取决于农业生产率和工业部门扩张程度。农业生产率越高，解放的生产力越多，则可以有越多的剩余劳动力向工业部门转移。而工业部门的发展速度决定了吸纳农业剩余劳动力的数量。农业的劳动贡献是工业经济得以高速增长的重要保障，正是因为农业部门劳动力要素充裕，工业扩大对劳动需求的增加并不会带来劳动要素价格上涨，才使得工业产品能长期保持低成本生产，低价格销售，扩大了工业品的国内市场和国际市场。

（四）外汇贡献

在工业化发展过程中，某些工业品生产所需的设备技术是发展中国家难以在短期内自行突破的。由于这些工业行业在经济发展中的地位至关重要，发展中国家只能引进国外先进设备和技术。在工业化发展初期，农产品是发展中国家出口创汇的主要来源，并且农业生产投资规模小、投入成本低廉、农产品差异程度小等优势为一国实现工业化发展奠定基础。第二次世界大战之后，日本工业经济便是通过出口大量农产品换取外汇的方式实现发展。

三、现代农业的演变及其特征

现代农业是指运用高质量的生产要素、先进的生产技术、现代化的经营管理模式，实现农业的规模化、集约化、市场化、专业化、产业化生产。与传统产业比，现代产业生产力先进，生产效率高，产业发展从依靠生产要素的大量投入转向农业技术水平的提高。

（一）农业演变三阶段

根据农业生产方式和商业化程度，农业发展可划分为三个阶段。

1. 自给自足的传统农业阶段。在这个阶段农业生产采用最原始的方法，生产工具简陋，生产效率低下，农业生产发展主要投入土地要素和劳动要素，农产品品种单一，农业剩余少。农民仅在农忙时节从事农业生产，大量闲暇时间无事可做。

2. 多样化经营的过渡阶段。这一阶段一般也称为多样化或混合的家庭农业阶段，是传统农业向现代农业过渡的重要阶段。这一阶段，农业生产主要以家庭经营为主。农业生产作物种类增加，由单一种植水稻、小麦等发展到种植果蔬、茶叶等多样化的农业经济作物，除此之外，农民开始经营简单的畜牧业。农忙时节忙于耕种、闲暇时间经营副业的多样化农业经营方式解决了农民被迫的季节性失业问题，提高了劳动要素资源的利用水平，增加了农民收入，经济效益显著。随着收入水平的提高，农业经营已经从维持农民基本生存所需的目标逐渐发展为追求更多的农产品剩余进行商品交换，提高生活水平。农产品剩余的累积提高了农民的抗风险能力，为了追求更多的农产品剩余，农民开始采用先进的农业工具和生产技术，利用优良品种、化肥和简单灌溉设施，提高农作物产量。

3. 产业化的现代农业阶段。在这个阶段，农业生产经营目标不再是追求更多的农产品剩余，而是追求农业生产利润的最大化。农业生产从单独的小规模家庭经营方式转化为集中的大规模混合经营模式，农业生产不仅是为了满足家庭需求，还为了最大程度地满足市场需求。价格、成本等经济概念贯穿于生产经营的全部过程。农业生产活动不仅仅使用土地和劳动两种要素，资本要素在农业生产中的地位日益凸显，技术创新、研发投入支出在农业生产中投入比例越来越高。现代农业生产发展将采取最优的资源配置、最大程度的资源利用率、先进生产技术进行市场化经营模式。

维茨的农业发展三阶段论为发展中国家农业发展提供了理论指导。目前，大多数发展中国家的农业处在第二阶段，有的国家甚至在第一阶段向第二阶段转变阶段。农业发展过程与国民经济发展过程是相适应和匹配的，农业现代化的发展绝不仅仅是建立几个大规模的农业园、扶植大型农业园区的发展，而是依靠现代科学技术发展推动农业生产水平提升，改善农业收入。明确这一点为发展中国家制定实施合理的农业政策意义重大。

据有关资料显示，2016 年我国家庭农场、农民专业合作社、农业产业化龙头企业等新型农业经营主体竞相发展，总量达到 280 万个；同时，新型职业农民不断壮大，总数超过 1270 万人，成为农业现代化发展的引领力量。我国已有各类家庭农场 87.7 万家，逐渐成为我国农业生产的生力军。其中，经农业部门认定的达到 41.4 万户，平均每个种植业家庭农场经营耕地 170 多亩，家庭农场的年均纯收入达到 25

万元左右，劳均纯收入近 8 万元，高于普通农户收入。

（二）现代农业的特征

1. 生产要素现代化。现代农业采用以石油和电力为主要动力的科技含量高、智能化、信息化的先进农业机械设备进行耕种，利用生物工程技术、基因技术培育农作物种苗，农业活动实现全产业链条的程序化、信息化控制，数字化监控农业生产的环境。

2. 生产技术现代化。现代农业生产经营将更多地使用现代化生产工具。现代生产工具与传统农业中使用的工具相比结构更加复杂、技术含量和智能化水平更高，比如，农业生产中的滴灌系统、农用飞机、生产环境监测系统等。

3. 生产经营规模化。现代农业土地规模经营相对集中，打破了传统农业中人多地少的发展模式，土地以租赁等方式集中到现代农业生产企业手中。

4. 经营方式产业化。现代农业经营以追求利润最大化为目的，生产经营和管理更加追求效率。价格和成本等经济逻辑贯穿现代农业。

5. 结构二元化。大多数发展中国家的农业基本呈现传统农业与现代农业并存的二元结构，传统农业在农业发展中占据很大比重，少数农业采取规模化的现代生产方式。

四、农业的技术变革

传统农业生产率低，资源利用率低，农业发展只能依靠土地要素和劳动要素的大量投入。然而一国自然资源并非是无限供给的，这就意味着农业发展不能一味地依赖于土地的开垦和繁育新的劳动力。假设当一国土地资源、人口资源已经充分利用，此时农业总产出已经达到极限，提高农业产出的唯一途径就是进行技术变革。事实上，在一国自然资源未达到其最大承载力前，人们就已经意识到了技术革命的重要性。无论舒尔茨传统农业的静态效率还是伊懋可的高水平陷阱都说明，改造传统农业必须进行农业技术变革。

（一）农业技术进步的类型

根据生产要素投入比率的变化，可以将技术进步划分为以下三种类型：

第一种是劳动节约型的技术进步。劳动节约型技术进步是指在农业生产中使用先进的生产工具代替劳动要素的投入，从而提高劳动生产率。主要表现为两种情况：一是土地资源有限的条件下，使用更多的先进生产工具，减少劳动力的使用。二是在土地资源的扩大中，只增加先进生产工具的投入，不使用劳动要素。在美国、加拿大等发达国家，土地资源丰富，人口数量少，人均土地拥有量大，劳动力相对短缺，劳动要素的成本相对要高。因此，在这些国家，技术变革的目标不仅是提高农业生产率还要降低高成本的劳动要素使用数量，技术进步更偏向资本密集型，从而达到优化劳动资源配置的目的。在大多数发展中国家，人口数量多，人均土地拥有量少，劳动力相对丰富，劳动要素价格相对低廉。并且发展中国家资金、技术水平有限，难以进行技术研发，农业经营的分散化也不适宜采用机械化的方式生产。所以在发展中国家技术进步偏向劳动节约型。

第二种是资本节约型的技术进步。资本节约型技术进步是通过使用生物技术改良后的高性能农作物品种，使用化肥农药等化学药物并配套相应的灌溉设施等方式提升单位面积产量，实现农业收入增加。从理论上讲，这种技术进步是规模中性的，农业生产仍然需要投入大量劳动力，与发展中国家劳动密集的要素禀赋结构相适应，代表了发展中国家农业发展方向。

第三种是土地—劳动交错型技术进步。土地—劳动交错型技术进步是指机械化技术的使用和生物技术的使用在农业技术变革中具有同等重要的位置。这种情况在欧洲国家最为常见，比如英国、德国。这些国家的人均土地拥有量适中，劳动力供给不像美国那样缺乏，土地供给并不像荷兰等国家极为短缺，资源禀赋结构是中性的，因此在这些国家提高土地产出率和劳动生产率同样重要。

（二）农业技术进步的阶段

20 世纪 60 年代，约翰·梅勒从农业技术进步角度提出发展中国家农业技术进步阶段论，按照技术进步程度不同，他将传统农业向现代农业的发展划分为三个阶段。

第一个阶段是技术停滞阶段。在这个阶段，农业技术水平基本保持不变，偶尔出现技术创新但不能持续下去，对农业生产率的影响小。在此期间农业生产的发展主要依赖于土地和劳动要素投入数量的增加。

第二个阶段是劳动密集型技术进步阶段，即低资本技术动态农业发展阶段。梅勒认为，农业在此阶段发挥着关键性的作用。在这个阶段，农业经济在整个国民经济中所占比重依然很大；随着人们收入水平的提高，人口数量的增加，整个社会对农产品的需求是不断增长的；资本数量有限，工业发展对资本的大量需求推动了资本边际报酬的上升；经济结构调整转换使农业投资降低，阻碍了农业的发展；农业部门和工业部门对机械化生产方式的需求弹性具有差异性。正是因为这些差异导致农业部门偏向于劳动密集型的技术进步，以提高土地产出率为发展目标。

第三个阶段是资本密集型技术进步阶段，即高资本动态农业发展阶段。在此阶段，农业经济在整个国民经济中的比重逐渐降低，所发挥的作用大大下降。工业的发展创造了大量的资本，资本在农业发展中的地位日渐提升。工业部门的扩张吸纳了大量农业人口，提高了农业中人均土地拥有数量，使农业生产规模化，并且工业部门较高的劳动生产率提高了劳动力的价格。从机会成本的角度看，从事农业生产的要素价格只有等于或高于工业部门才能维持农业生产所需要的劳动力。由于劳动要素价格高于机械化成本，因此大型农业机械设备、先进的农业工具等资本密集型技术不断研发并替代劳动力要素投入农业生产。与此同时，生物技术的发展促进了单位面积产量和单位牲畜量的提高，增加了劳动生产率，农民扩大农业规模，购置和更新机械设备，购买化肥、农药等生产资料需要大量资本。

梅勒认为，大多数低收入国家农业发展处于劳动密集型技术进步阶段。并且发展中国家资本要素稀缺，劳动要素丰富，在工业化发展过程中，农业应采取投入劳动力及与劳动力互补的要素方式发展，避免挤占工业生产资本。即农业发展应从改革土地产权、加强人力资本教育等角度进行。梅勒对农业发展阶段划分的理论仅适用于人多地少的国家，对于美国、加拿大等人少地多的国家，其农业发展则跃过了第二阶段直接进入第三阶段。

（三）绿色革命

在人类发展过程中，农业领域曾爆发过两次新技术革命，其中，第一次农业新技术革命被称作第一次“绿色革命”。在20世纪中期，第二次世界大战结束，世界各国民族独立运动蓬勃开展。发展中国家人口增长迅速，农产品的需求逐渐增加，同时伴随着工业化进程的发展，商品粮和工业用粮的需求进一步扩大。然而众多发展中国家农业生产力落后，且受到自然灾害影响，粮食供给面临巨大缺口。在粮食需求和供给的非均衡发展趋势加剧下，众多发展中国家致力于农业发展以解决粮食供给问题。由此，20世纪60年代中期，在许多发展中国家兴起了一次“绿色革命”。这次农业技术革命一方面通过利用生物技术培育出产量高、抗灾害能力强的优质小麦和水稻种子推广使用，另一方面通过农业机械设备、化肥农药的使用提高土地资源利用率，使粮食生产从单纯依赖增加要素投入转变为提高要素利用率，解决了发展中国家的粮食需求问题，因此被称为“绿色革命”。墨西哥、菲律宾等国大力推广种植高产小麦和水稻品种，粮食产量较往年大幅增加，有效缓解了粮食的需求问题。菲律宾通过此次技术革命实现从粮食进口国到粮食出口国的转变。

20世纪90年代，以生物技术、信息技术和新材料新能源技术等为代表的高新技术日渐兴盛。在第三次产业革命浪潮的推动下，世界范围内的农业技术革命再次兴起。因为第一次“绿色革命”成果显著，许多国家便沿用“绿色革命”叫法，称此次新的技术革命为第二次“绿色革命”。此次绿色革命的兴起源于现代生物技术、信息技术变革的发展变革。现代生物技术中的基因工程技术（DNA重组）、转基因技术和分子遗传技术通过对农产品基因改良使农产品种多样化，种类更加丰富，农产品经济效益增加。新材料、新能源技术革命打破了自然环境对农业生产发展的限制，利用信息技术实时控制光照、温度、湿度、施肥、用药，营造农作物生长的最佳环境，最终实现工业化农业生产。同时，现代信息技术在农业生产的各个领域也发挥着重要作用。它承担着农业数据处理、农业模拟与预测、农业专家系统、农业计算机网络、农业决策支持、农业信息决策处理等功能，提高了资源的利用率、农业的劳动生产率，促进了世界农业从传统农业向现代农业的转变。现代农业的发展实现了工业技术和传统农业的结合，促进了农业现代化工业体系的建设，增加了农业产业链的长度，提高了农业社会化服务功能。

改革开放以来，我国在动物疫病防控、现代种业、农业机械化、农业信息化、农业资源高效利用、农业生态环境等方面的农业科技贡献率不断提高，2017 年达到 57.5%。

第二节 农村发展的战略与政策

发展中国家主要以农业为主，且农业处于低水平发展阶段，与快速发展的工业部门形成了二元经济。所以，改造传统农业、转移农村剩余劳动力、工业化和城市化是发展经济学的必要逻辑。但工业化发达国家最大的特点是人口少，而发展中国家人口多。这就意味着，我们必须结合这一最大的实际，在工业化、城镇化的同时，注重农村的建设。通过农村建设，缩小城乡差距。只有农民富裕了，国家才会真正地富裕，从而实现城乡居民的共同富裕。如今的现代化，不仅是城镇的现代化，还包括农村的现代化。

一、农村发展战略

在发展中国家，大部分贫困人口生活在农村，如何实现农村发展对于发展中国家解决贫困问题十分重要。发展经济学关于农村发展的理论主要划分为两种，传统发展战略和替代发展战略。传统发展战略认为，工业化发展是发展中国家解决贫困问题实现经济发展的途径。因此，发展中国家要把工业放在经济发展的首位，必须投入大量资金、人力、物力支持工业发展。但是传统发展战略过分强调工业在经济发展中的作用，忽视了农业的发展，导致经济发展不平衡，呈现“二元结构”的经济现象，城乡之间、农业部门与工业部门间的收入差距越来越大。

与传统发展战略相对应的是替代发展战略。替代发展战略则认为经济发展中应重视农业、农村发展，并协调农业与工业发展之间的关系。20 世纪 70 年代，英国经济学家舒马赫在《小的是美好的》中指出：“贫困问题的核心在于一个赤裸裸的事实，世界的贫困是二百万个乡村的贫困问题，也就是二十亿贫困居民的问题。”印度在发展中所实施的“甘地发展战略”就是强调农业在经济发展中的地位，并在广大发展中国家进行使用。

世界银行的艾伯特·沃特斯根据发展中国家的生产发展经验，提出了“农村整体发展”战略。他认为农村发展应该是全面综合化发展，农业发展只是农村发展中的一部分，是增强农民收入、改善农民物质生活水平的基础。农村的发展应以农业为主、工业为辅的完善的经济体系，从而能够不断提升农民物质生活基础。

二、农村发展政策

农村发展目标是提高农业劳动生产率，增加农民收益，改善农民生活水平。从本质上找到制约农业发展的因素是实现农业技术进步、现代化、产业化建设的关键。理论上说，制约农业发展的因素主要是土地制度的不合理，农产品价格过低，基础设施投入不足，教育水平落后。

（一）土地制度及政策

土地制度是影响农民生产积极性进而影响农业劳动生产率的首要因素。采取合理的土地制度将有利于解放农业生产积极性，促进农业技术发展和应用，实现农业现代化、产业化发展。

在大多发展中国家，主要存在着大庄园制、种植园制、租佃制三种土地制度形式，这些土地制度都较大程度地制约了农业生产积极性，不利于农业发展。

大庄园制主要存在于拉丁美洲国家和地区。其主要表现为，土地是财富衡量的重要标准。庄园主拥有大量土地，仅将土地视为财富保障。庄园主不直接参与庄园的经营管理，而是通过委托代理方式寻找他人代为管理。管理者通过雇佣少地或无地的劳动者从事农业生产经营活动，并以劳动时间支付劳动者相应报酬，土地产出率的多少与劳动者的报酬没有任何关系。因此，在大庄园制度下，农业劳动积极性和劳动生产率较低，农业技术发展十分缓慢。种植园制是一种殖民主义性质的土地制度，是发达国家资本掠夺发展中国家资源的重要表现。发达国家资本家掌握土地所有权，采取资本主义生产经营方式，以追求利润最大化为目标。为了实现利润最大化，种植园主会雇佣当地廉价的劳动力进行劳累的生产工作，聘请国外专家专业负责农业生产管理，积极采用先进的农业技术提升劳动生产率，通过将丰富多样的农产品销往经济水平高的发达国家获得巨大的收益。种植园中的工人没有土地的经营管理权，只领取微薄的工资，不分享劳动生产率提高所带来的任何利益。因此种植园工人生产积极性较低。

租佃制广泛存在于亚洲国家和地区，是封建制度下产生的一种极不均匀的土地分配制度。大量土地集中在地主手中，地主与无地或少地的农民通过签订契约的形式将土地租给大量的农民，农民需要按照契约向地主交付“租金”，即地租。地租可以分为固定地租和分成地租两种形式。固定地租是指地主向农民收取的租金是固定不变的，与土地分成好坏无关。分成地租是指农民缴纳的地租占分成比例一定，但因为农业投入产出受自然灾害影响比较大，分成多寡随天气环境变化而改变，所以农民缴纳的租金也是不确定的。分成地租较固定地租更为灵活，当遇上天气恶劣农业大量减产时，农民所缴纳的地租也相应减少，这在一定程度上促进了农民生产积极性，但由于地主收取租金高达农民产业收入的一半以上，所以在租佃土地制度下，农民生产积极性并不高，新技术采用率较低。

在一些社会主义国家，土地公有制比较普遍。过去一种普遍的观点是，土地分配不均是抑制农业生产积极性、阻碍农业生产率提高的主要因素，因此实现土地平均化集体化是解放生产力、实现农业发展的重要途径。但是，发展中国家的经验表明，土地公有制虽然从土地所有权上实现完全平等化，但这种观点忽视了人类的差异性，缺乏激励机制，反而抑制了农业生产发展。

当土地制度与农业经济发展不相适应，阻碍农业经济发展时，进行合适的土地改革是十分有必要的。广义而言，土地改革是通过限定地租契约期限、限定地租分成、土地有偿转移和土地集体化四种形式进行土地所有权的再分配。土地改革是以温和的形式进行的一场深刻的社会革命，具有重要的社会意义。土地改革通过将地主土地分配给无地或少地的农民，增加农民就业机会，实现收入再分配，缩小贫富差距。

（二）价格政策

在发展中国家工业化进程中，为获取工业发展资本，大多数国家采取过工农产品价格“剪刀差”的形式，通过压低农产品价格、抬高工业品价格的方式将农业剩余转移到工业部门，实现工业部门的发展。虽然从短期而言，工业发展资本问题得到了有效解决，但是长期而言，农产品过低价格会导致农民相对收入降低，不利于农业生产的长期发展。改善农业贸易条件、调整工农产品价格将有利于促进农业技术进步和生产效率提高。但是在发展中国家，农产品支出占城市居民收入比重高，农产品价格上涨会引起劳动力成本上升，进而引发通货膨胀问题，不利于经济发展。为有效改善农业价格失衡问题，发展中国家可以采用以高于市场价格的价格收购农产品，然后以低于市场价格的价格销售给城市居民。以购销价格差的形式调整工农产品价格既可以提高农业收入，又可以降低城市居民生活成本，但是对国家财政负担较大。

（三）投资政策

农业基础设施可以分为两类，一类是生产性基础设施，另一类是生活基础设施。农业基础设施投资一方面可以发挥资本累积的乘数效应，提高农业经济发展；另一方面可以有效提升农业劳动生产率，从而提升农业效益。因此兴建农业基础设施对农业经济发展大有裨益。生产技术设施主要指道路、桥梁、电力、水利设施、运输、仓储等生产项目。第一，生产性基础设施有利于稳产增收。早期农业生产发展受制于自然环境，遇到干旱、暴雨、暴雪等灾害天气，农业收成将大大降低。通过兴修水利等基础设施，可以采取人工浇灌的方式避免自然灾害的影响，保证农民受益。而道路、桥梁等基础设施有利于农业机械化的生产方式，大大提高了劳动生产率，实现农业增收。第二，生产性基础设施建设提高经济效益。农产品具有极强的季节性，并且水果、蔬菜类农产品容易腐败，通过兴建运输系统和仓储系统，可以节省农产品运输时间，提高农产品品质，并且实现果蔬、肉类农产品反季节销售，有利于降低运输成本和销售成本，提高农业收益。生活基础设施主要指医疗、卫生、教育等设施。通过兴建基础设施，一方面可以提高劳动生产力身体素质，另一方面通过知识资本积累提高劳动生产力教育素质，从而提升劳动生产率。

第三节 我国乡村振兴与生态文明建设

2005 年党的十六届五中全会把“新农村建设”确定为国家战略，2007 年党的十七大报告提出“生态文明”的理念。2012 年党的十八大报告更是明确提出，“建设生态文明，是关系人民福祉、关乎民族未来的长远大计。”把生态文明建设融入到经济建设、政治建设、文化建设、社会建设中，努力建设美丽中国，实现中华民族永续发展。我国迈向社会主义生态文明新时代，实现农业强、农村美、农民富。2017 年党的十九大首次提出了乡村振兴战略。

一、我国新农村建设历程

中国的改革始于农村，农村改革在中国的现代化建设中具有重要的地位。改革开放以来，随着我国现代事业的发展，中国乡村建设取得了巨大的进步。乡村治理体系日益完善，乡村环境更加清洁美观。但是与城市相比，乡村发展仍然是相对落后的。

（一）制度建设

改革开放以来，中国乡村治理体系大致可以划分为五个阶段，分别是：乡村自我治理探索阶段，乡村治理制度化阶段，乡村治理组织化阶段，乡村治理主体能力建设阶段，乡村治理国家整合时期。

1. 乡村自我治理探索阶段。改革开放初期，农民迫于自身生计需求，为解决温饱问题，自主推行了农村经济体制改革。伴随经济体制的变革，乡村自我治理体系得以不断演进。

改革开放以前，农村主要实施“一大二公，政经合一”的体制，推行人民公社组织，实行政经不分、高度集中的计划经济。自 1958 年，农村高度集中的计划经济体制集中了农民手中分散的资源，极大地提高了农村生产效率，为中国工业化建设作出了巨大贡献，使中国迅速摆脱了“一穷二白”的局面，但人民群众的生存问题依然得不到解决。1978 年，安徽凤阳小岗村农民以极大的政治勇气、敢为人先的探索精神采取了分田到户、包干到户的家庭土地承包制度，为农村经济建设体制开辟了新的道路，极大地解放了农村劳动生产力。1979 年，广西宜州市合寨村同样采取了家庭联产承包责任制，并且采取了新的农村自治建设。1980 年 1 月，合寨村公开选举出村民委员会主任，制定村民公约，填补了农村经济体制改革后的政治体制建设。

2. 乡村治理制度化阶段。自 1982—1989 年，为避免乡村治理碎片化发展和异化风险，以国家为主导的乡村治理建设开始进入制度化阶段。在此阶段，我国出台了一系列措施推动乡村治理制度化建设。1982 年，中国宪法进行修订，规定农村集体经济组织实行家庭承包经营为基础、统分结合的双层经营体制；集体经济组织实行民主管理，依照法律规定选举和罢免管理人员，决定经营管理的重大问题。这表明中国乡村治理制度化建设的开始。1983 年，中共中央、国务院印发的《关于实行政社分开建立乡政府的通知》规定实施政社分开，建立乡政府，使乡政村治体制得到明确。1978 年 11 月第六届全国人大常委会通过了《中华人民共和国村民委员会组织法（试行)》，并与 1988 年 6 月 1 日起实行，该法案进一步明确了乡村体制的建设，对村委会成员的选举方式、组成等都进行了细化，明确了乡镇政府与委员会之间指导与被指导的关系。

3. 乡村治理组织化阶段。1989—2007 年是乡村治理组织化阶段时期。在这一时期，中国陆续出台了相关政策进行村民委员会组织建设，并于 1988 年修订的《村民委员会组织法》中提出“三个自我，四个民主”的管理体制。由此乡村治理体制得到基本完善。2005 年，中国取消农业税，打破了村民有限自治的治理结构。同年 10 月，党的十五届六中全会提出要按照“生产发展、生活富裕、乡村文明、村容整洁、管理民主”的要求推进社会主义新农村建设。在新农村建设目标的指导下，大量国家资源汇聚农村，极大地改善了农村生产生活环境。

4. 乡村主体能力建设阶段。2008—2016 年是乡村主体能力建设阶段。乡村治理体系的实施和落实，离不开乡村主体的参与。农民作为乡村主体，其能力水平关系着我国乡村治理体系建设的稳定性和持久性。在城乡二元结构的特征下，提高农民主体能力建设，使农民积极参与治理体系中，是推动农村发展、实现农村现代化建设的客观要求。2008 年 10 月，《中共中央关于推进农村改革发展若干重大问题的决定》指出这一时期要深化乡村治理的制度化和组织化建设，提高农民参与乡村治理体系的能力。

5. 乡村治理国家整合阶段。在我国经济发展进入中高速阶段，经济结构转型的关键时期，解决乡村制度建设，实现组织管理与主体能力的平衡发展是当下我国农村发展亟待解决的问题。2017 年，党的十九大报告中提出实施乡村振兴战略，构建“产业兴旺、生态宜居、乡风文明、治理有效、生活富裕”的乡村振兴战略。这一要求是推动农村有效治理、乡村全面振兴的重要保障，是实现人民大众日益增加的美好生活需求与不平衡不充分的发展之间的矛盾的重要途径。

（二）新农村发展的制度保障

从 1978 年党的十一届三中全会开启农村改革以来，我们走过了 40 年，农村建设取得翻天覆地的变化。尤其是从党的十八大提出美丽乡村建设以来，农村面貌更是焕然一新。从美丽乡村建设到生态文明建设，这些变化的重要原因是制度的创新。

1. 家庭联产承包责任制。家庭联产承包责任制是农户以家庭为单位，向集体组织承包土地和生产任务的农业生存责任制，是将土地按照人口比例分给农户经营，农户和集体组织签订承包合同。这一制度是在1978年由农民首先主动提出由政府认可和支持的一种制度。这种制度调动了农民的生产积极性，提高了农业生产效率。随着这一制度在全国的推广并不断完善，土地制度改革使农业取得巨大成功。我国使用世界1/14的耕地，生产了世界1/4的粮食，养活了世界1/5的人口。

2. 农业财政补贴。新中国成立之初，农业税占全国财政收入的41%，到2004年这一比例下降到不足1%。从2006年开始我国全面取消农业税，从而终止了在中国大地上延续了2600年的"皇粮国税"。中国进入工业反哺农业的时代。2006年取消农业税与1999年相比，全国农民减负1045亿元，平均每人减负120元。农业税的取消，减轻了农民负担，增加了农民收入，调动了农民生产积极性，解放了生产力，促进了农村劳动力的转移。据统计，2004年农村劳动力转移了1.2亿人，2012年达到2.63亿人。2018年农民工数量达到2.88亿人。

在取消农业税的基础上，国家对农业实行了更大范围的补贴。良种补贴、农机局补贴、农业生产资料综合补贴、粮食直补等保证了农业生产和农民收入的提高。1978年农村居民人均纯收入为134元，到2018年农村居民人均可支配收入为14617元，增加了100多倍。从2013年到2017年，农民收入均比城镇居民收入增长快。

3. 发展农民专业合作社。在坚持农业生产以家庭为单位的基础上，积极推进农户之间或农户群体与企业之间的合作，克服农民分散经营和市场地位缺乏的弊端，从而形成合力，提高农民在生产资料购买、农产品销售方面的话语权，降低交易成本。农民专业合作社是在农村家庭联产承包责任制的基础上，相同的生产和经营者，自愿结合的互助型经济组织。据农业部调查数据，农民专业合作社的成员与一般农户相比，人均收入高出10%—40%。2013年，中央一号文件指出，农民合作社是带动农户进入市场的基本主体，是农村集体经济发展的新型主体，是建设现代农业的重要举措。

习近平强调，"大国小农"是我国的基本国情农情。2019年国务院印发了《关于促进小农户和现代农业发展有机衔接的意见》，对提升小农户发展作出了全面部署。根据第三次农业普查数据，我国小农户从业人员占农业从业人员的90%以上。农户数量有2.3亿户，户均经营规模为7.8亩。要发展现代农业必须进行土地流转，发展农民专业合作社。目前，流转土地的农户达到7000万户，流转的承包地占家庭承包经营面积的37%。注册的农民专业合作社有210多万家。要加大对农民专业合作社的扶持力度，尤其是加大贫困地区的合作社发展。

（三）新农村的环境建设

改革开放以来，随着中国优质资源向城市的不断流入，农村发展资源相对缺失，造成农村基础设施、人居环境、教育卫生和医疗等公共服务建设落后，严重制约农村发展。2018 年，国务院发布《乡村振兴战略规划》，系统提出了生态宜居的美丽乡村建设规划，为新时代的乡村振兴指明了道路。

多年来我国的“重城轻农”发展造成农村环境长期缺乏管理，现代生活理念缺失，基础设施不完善，村民生活方式和生活水平长期得不到提高。在我国大部分农村地区，农民随意占用道路两旁的空地放置生活资料，如木柴等；生产生活垃圾随意丢弃，生活污水随意倾倒。有关研究表明，农村垃圾中含有大量的塑料袋、废旧电池、化肥农药包装袋等污染环境的物质。在农村，这些露天堆放的垃圾得不到有效处理，由于自然环境净化能力十分有限，长期垃圾积累造成土壤污染问题突出。

2003 年，中国政府提出新农村建设，但是长期以来中国政府绩效考核以 GDP 为主，因此农村环境建设并没有得到有效改善。富有深刻内涵的新农村建设在全国以 GDP 为追求目标之下，已经演变成为“有钱盖房，没钱刷墙”的形式化新农村建设。

近年来，生存环境在人们生活发展中的作用越来越凸显，尤其是农民赖以生存的农村环境更是受到广泛关注。街道整洁、乡村美丽的新时代乡村建设正在全国各地如火如荼地进行着。在农村干部带领下，各家各户集体清理道路两旁的生活垃圾和堆集的生活资料，乡村公路、街道路灯等基础设施日益完善，极大地提升了农村生活水平。许多地区的农民依托环境优美的乡村风景，兴建农业采摘园、举办农家乐等农村旅游活动，吸引城市的居民到乡村体验生活，为农村发展注入了新的活力。

二、我国乡村振兴与生态文明

（一）发达国家的农村振兴

历史上，发达国家在经济发展到一定阶段，基本实现工业化后，都有乡村振兴的历程。在 20 世纪 60 年代，美国曾因交通拥堵的城市病而推行新城镇建设，法国推行农村振兴计划，英国推行农村中心村建设。美国、法国和英国等发达国家的农村振兴建设使得农村基础设施建设加快，优化了农村的土地资源，改善了农村环境，吸引城市居民到农村进行创业，从而避免了农村凋敝。

20 世纪 70 年代，作为后起之秀的日本和韩国，面对在工业化和城市化过程中出现的农业衰退、城乡差距扩大的问题，也推行了农村振兴计划。如韩国的新农村运动、日本的村镇综合建设示范工程。

（二）乡村振兴与新农村建设

1. 乡村振兴是新农村建设的升华。2017 年党的十九大报告首次提出了“产业兴旺、生态宜居、乡风文明、治理有效、生活富裕”，实施乡村振兴战略。这是对 2005 年党的十六届五中全会“生产发展、生活宽裕、乡风文明、村容整洁、管理民主”的社会主义新农村建设总要求的全面升华。关于农村建设的理念在不断深化，制度不断创新。党的十九大报告指出，我国社会主要矛盾已经转化为人民日益增长的美好生活需要和不平衡不充分的发展之间的矛盾。实施乡村振兴战略就是要解决农村发展不充分、城乡发展不平衡的问题。中国富不富，中国美不美，中国强不强，关键看“三农”。

从总体上看，由新农村建设到乡村振兴，不仅是表述的变化，更是农村建设提高到了更高层次的变化。从具体内容看，由“生产发展”到“产业兴旺”，拓宽了对传统农业的认知；从提供物质产品到非物质产品，承载了人们的乡愁；由“生活宽裕”到“生活富裕”，更加注重农民对美好生活的追求；由“村容整洁”到“生态宜居”，强调生产、生活、生态相统一；由“管理民主”到“治理有效”，拓宽了治理机制。这充分表明，在中国特色社会主义进入新时代，农业农村发展的战略要求与时俱进，把农业农村建设纳入到国家总体布局，从美丽乡村升级到生态文明。“坚定走生产发展、生活富裕、生态良好的文明发展道路，建设美丽中国，为人民创造良好生产生活环境。”

2. 乡村振兴利于全面实现小康。习近平总书记指出，城镇化过程中，农村不能衰落，要相得益彰。当城镇化率超过50%的时候，农村乡土文化、田园风光、农业景观显得更加稀缺，会吸引城镇居民返乡居住、创业，成为城镇居民旅游的好去处。城乡之间的劳动力不再是单一向城市的流动，而是城乡的双向流动。我国目前城镇化率是59.58%。提出乡村振兴有利于劳动力的双向流动。2018年中国人均GDP达到9000多美元，属于中等偏上收入国家。我国处于从中等收入偏上国家向高收入国家迈进的关口，是处理城乡关系、工农关系的关键时期。城乡关系不再是附属关系，而是平等关系，城和乡构成命运共同体。农村美，中国才美，农民富，中国才富。

目前，我国城乡差距依然比较大。乡村振兴战略是避免一些发展中国家“中等收入陷阱”的重要举措。我国从中等偏上收入国家迈向发达国家，还有一段距离要走。迈向发达国家，需要具备三个条件，即城市化率达到70%，农业生产率接近第二、第三产业，农民收入接近城镇居民。因此，要迈向高收入国家行列，必须振兴乡村。

（三）如何实现乡村振兴

如何实现乡村振兴？党的十九大报告从体制机制建设，到具体政策制定，再到队伍建设等，都提出了部署。如建立健全城乡融合发展体制机制和政策体系，明确第二轮土地承包到期后再延长30年，培养造就一支懂农业、爱农村、爱农民的“三农”工作队伍等。

1. 产业支撑。乡村振兴必须有产业支撑。没有产业，就意味着凋零。产业是乡村振兴的基础。首先，要用好政府这只“看得见的手”和市场这只“看不见的手”，优化资源配置，从种植业到农产品加工、休闲农业到乡村旅游，打造与农业相关的文化活动，实现一二三产业的融合发展。有了产业，乡村才有活力。为那些到城镇打工返乡的农民提供工作岗位，也可以解决农村养老问题。根据本地实际，建设一村一品，发展县域经济。

2. 人才保障。乡村振兴使得乡村的魅力吸引城镇居民来乡创业、居住。新时代农民利用所学知识，结合互联网技术，使得农村发展更具活力。乡村振兴需要懂技术、懂生产、懂市场、懂经营、懂农村、懂农业的“六懂”新型职业农民，并逐渐成为乡村振兴的主力军。

3. 乡土文化。有产业支撑，有人才保障，还需要文化的内涵。把农耕文明与乡土文化相结合，使乡愁有依托。从农耕技艺、乡约民俗到民族服饰，深挖历史，讲好历史故事，打造乡村特色文化，让乡土文化更具文化底蕴。

（四）乡村振兴与生态文明

绿水青山就是金山银山。农村要以生态优先、绿色发展为引领，高质量进行乡村建设。

1. 生态文明建设。党的十八大以来，生态文明建设的思想不断完善，把生态文明建设纳入到“五位一体”总体布局。生态环境与经济发展相辅相成。要用底线思维，建立生态保护基本农田“双红线”保护制度，规划农村发展。党的十八届三中全会提出，要用制度保护生态文明。根据总体规划，制定生态文明的标准化指标体系，从土壤、饮用水等方面作出具体的制度安排。

2. 面源污染治理。农业生态环境保护和农村污染治理相结合，严格控制面源污染。农业中使用化肥、农药、除草剂，造成土壤、水体污染。我国化肥使用量在世界上是最多的，达到美国与日本使用量之和，是世界总的化肥使用量的1/3，导致土壤酸化。随着化肥使用量的增加，土地的生产力在下降。要制定专门的农村土壤污染防治法规，完善农产品产地环境监测网络，开展农业节约化肥和农药行动，保护土壤。化肥、农药的使用，地膜的使用，不仅影响土壤的质量，也会造成水体污染。加强水体污染防治和农村饮用水水源保护制度，保证农村居民的饮水安全。制定畜禽养殖污染防治办法，减少畜禽粪便污染。

3. 厕所革命。随着我国新农村建设，乡村游成为热点，2017 年乡村旅游游客数量达到 28 亿人次。但农村环境依然存在脏乱差。尤其是农村厕所环境更是堪忧，这严重制约了乡村旅游的发展。2014 年浙江德清县的五四村，在政府补贴和支持下，开展“厕所革命”，村里家家户户使用了抽水马桶，建起了高标准的公共厕所，打造出了 3A 级景区。“厕所革命”不仅带动了乡村旅游，使得农民发家致富，还美化了环境，满足了现代生活的要求。

习近平曾多次就“厕所革命”作出过重要批示，对乡风文明和农村生活改善寄予厚望。从 2015 年到 2017 年我国农村新建、改扩建旅游厕所 7 万多座，乡村使用卫生厕所的比例达到 45%。农村“厕所革命”既是美丽乡村基础设施建设的需要，也是乡村旅游公共服务的重点。“厕所革命”需要政府的财政支出。2018 年底，中央农办等 8 部门联合印发《关于农村“厕所革命”专项行动的指导意见》。2019 年财政部和农业部联合发布《关于开展农村“厕所革命”整村推进财政奖补工作的通知》。从 2019 年起，中央财政安排专项资金，以行政村为单位，支持引导农村普及卫生厕所，对粪污进行收集、储存、运输等处理，实现厕所粪污的资源化利用。2019 年中央安排 70 亿元资金支持。《乡村振兴战略规划（2018—2022）》和《农村人居环境整治三年行动方案》指出，要建立管护机制，在有条件的地区，力争卫生厕所普及率达到 85%。

第八章

人力资本与教育服务

当代社会，国际竞争即为经济的竞争，经济竞争则是科技的竞争，科技的竞争则是人才的竞争，而人才的竞争就是教育的竞争，所以教育是一国储存人才的重要手段，甚至可以毫不夸张地说，教育以人力资本为中介，间接决定着一国经济发展的水平与速度。目前，广大发展中国家在人力资本数量上增长太快，以至于造成了大量的结构性失业，而教育落后，造成了人力资源的素质并不高。所以对于发展中国家来说，要更加注重教育，提高其人力资本的数量和质量。习近平总书记于2016年12月7日在《在全国高校思想政治工作会议上的讲话》中指出："重视教育就是重视未来，重视教育才能赢得未来。"

党的十九大报告指出："在发展中补齐民生短板、促进社会公平正义。"其中，公平就体现在"学有所教"。"建设教育强国是中华民族伟大复兴的基础工程，必须把教育事业放在优先位置，深化教育改革，加快教育现代化，办好人民满意的教育。"

第一节　人口与经济发展

人类是群居生物，人类的生活在离不开自然的同时，也离不开一定的社会环境。人类在一定的社会环境中，通过生产活动取得收入，而人类的生产活动即为劳动者与生产资料的结合，在这个过程中，劳动者是最活跃的、最具创造性的。人对经济的发展到底起到什么作用，经济学家通过对其研究，发现经济的发展在受到人口快速增长的负向影响以外，还会因为人力资本的存在而提高劳动生产效率，进而推动经济发展。

一、人口转变

所谓的人口转变主要是人口的出生率与死亡率之间的关系，进而影响人口的增长率，其中人口的增长率是指每千人出生率与每千人死亡率的差值。西方学者根据发达国家的人口出生率与死亡率之间的关系，将发达国家的人口变化划分为四个阶段，并命名为人口转变。

如图 8－1 所示，就是人口转变的四个阶段。

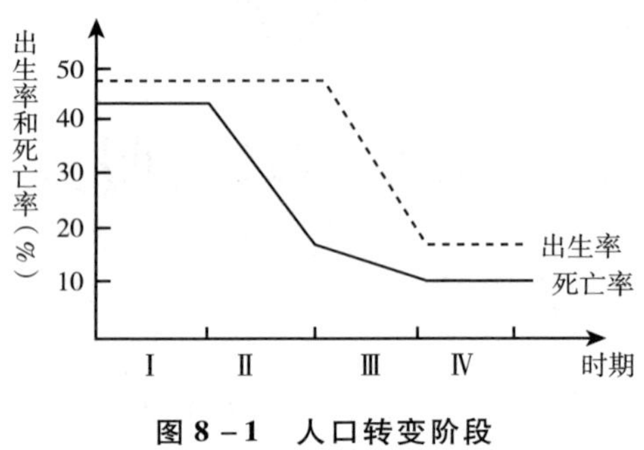

图 8－1 人口转变阶段

其中阶段Ⅰ对应的是所考察的发达国家在 19 世纪以前的情况，此时发达国家的人口出生率和人口死亡率都是极高的，因为当时人口的出生率并没有人为的限制，而死亡率却更多是因为“无能为力”，人口的死亡基本上是因为战争、饥饿和疾病。

阶段Ⅱ反映了 19 世纪和 20 世纪初，在这个阶段，这些国家基本上都实现了工业的大发展，从而推动了经济的快速发展，这就为人们的健康提供了资金支持，所以在这一阶段，人口的死亡率大大下降，人口的出生率之所以居高不下是因为当时人们传统的生育观念并没有发展转变，所以，当时的人口出生也是没有人为控制的。

阶段Ⅲ明显的一个趋势就是出生率迅速下降，这是因为，阶段Ⅲ反映的是这些发达国家在 20 世纪初到 20 世纪 50 年代的人口情况。在这个阶段，不仅仅是经济得到了发展，人们的思想也发生了大大的改变，其中最为显著的就是女性，女性的文化水平越来越高，她们也越来越有能力参与社会生产活动，妇女进入到生产领域，在很大程度上比之前更少地关注家庭。而且，当时的避孕技术得到了发展，使得出生率大大下降。同样，随着经济的发展，人们的生活条件和医疗条件越来越好，所以当时的死亡率也是下降的，只是相比于阶段Ⅱ下降的速度缓慢了。

至于阶段Ⅳ表现的是 20 世纪 50 年代，出生率和死亡率都很低，人口增长率基本保持着稳定的变化趋势。

人口的这种转变不仅在发达国家中存在，在发展中国家也仍然存在，只是其具体表现有所不同。比如在阶段Ⅰ时，发展中国家的出生率和死亡率比发达国家的更高，在阶段Ⅱ上，由于发展中国家更多地学习了西方发达国家先进的医疗技术，使得其在这阶段过渡得更快；同样的，在阶段Ⅲ，发展中国家相对于西方发达国家持续的时间更短。

当今世界，发达国家已经基本上实现了这种转变，但是发展中国家则处在阶段Ⅲ，由于两者所处阶段不同，其制定的国家经济政策自然不同。那么，人口的增长对经济发展到底有什么作用呢？

二、人口增长与经济发展的关系

由于人是生产活动中最活跃、最积极的因素，所以，人口的增长与经济的发展具有密切的联系。人口增长对经济的作用，经济学家们给出了不同的论断。

这种争论最早可以追溯到亚当·斯密时期。根据亚当·斯密的相关理论，将劳动力看作是经济发展的推动因素之一，由于人口的增长，使得劳动力人口不断上升，分工越来越细化，劳动生产率得到提高，从而推动经济发展。马歇尔则提出了不同的意见，他认为由于土地的边际报酬是递减的，所以其粮食产量是递减的，且这种递减仅仅是算术级数的递减，而人口的增长却是几何级数的递增，所以，人均粮食占有量就更低了，粮食就会越来越短缺，从而经济不可能发展起来。

总的来说，有的学者认为，人口的几何级数增长使得储蓄的数量减少，从而减少了可供应用的资本量，不利于经济的发展，进而减少了人们的福利水平，其中，具有代表性的学者有马尔萨斯，其思想被称为“低水平人口均衡陷阱”。还有一些学者则认为人口的增长伴随着技术水平的提高，从而推动了劳动生产率的提高，其中，罗宾逊和施里尼瓦森指出“有大量的人口就会有大量的天才，而且社会对天才的回报在与日俱增。”

笔者认为，人口增长对经济发展的影响是双向的，既有有利的一面，也有不利的一面，至于哪一方面起到决定性作用要看两种效果中哪种更强劲。下文中，笔者将着重分析人口增长对经济发展有利的一面。

第二节　人力资本与经济发展

20 世纪 50 年代后，随着工业化的推进，经济得到了快速发展，从经济的基本数据分析得知，经济的增长速度远远超过了资源的投入增长速度，排除资源数量增长带来的经济增长，多出来的部分是从何而来的？这引起了广大经济学家的兴趣，舒尔茨指出：“这种偏差是由于对资本和劳动估算过于狭隘，把这些资源在质量上的许多改进给排除在外引起的”，即忽略了人力资本的存在。所以，不仅仅人口的数量影响经济发展，而且人口的质量也以更强烈、更突出的作用影响着经济的发展。人口增长对经济发展的促进作用，主要体现在人力资本上。

一、人力资本形成及其投资方式

（一）人力资本的形成

对于人力资本的研究最早可以追溯到古典经济学家的理论，亚当·斯密将劳动力看作是经济发展的推动力量之一，马歇尔对人口的评价除了消极影响外，也指出

"最有价值的投资是对人的投资"。但古典经济学家更多的是关注劳动的数量而非劳动的质量，他们将经济的发展最终归因于物质资本的积累，而将劳动力看作是一种同质的事物，其所从事的劳动也仅仅为简单劳动，对人自身的支出仅仅被看作是消费，与投资无关。

这种理论在20世纪50年代后得到了纠正，因为，单纯的资源数量的积累已经无法解释经济的高速增长，在此背景下，现代人力资本理论得以产生。其中西奥多·舒尔茨被瑞典皇家科学院称为人力资本研究的先驱，1960年，舒尔茨在美国经济学年会上首次提出了人力资本的概念，并于1961年发表了《人力资本的投资》一文，在美国引起了轰动，同时也标志着人力资本理论的确立。他认为"完整的资本概念应该包括物质资本和人力资本两方面，前者体现在物质产品上，后者则附于劳动者身上，体现为凝练在其身上的知识、技能等。"从而给出了人力资本的概念，即以人力资源为载体，表现为人力资源的数量和质量的非物质资本。

随着理论的发展，最终完成将人力资本理论从具体演化到抽象的经济学家是美国的G.S.贝克尔，他于1964年发表的《人力资本：特别关于教育的理论与经验分析》，被认为是现代人力资本理论最终确立的标志，是"经济思想中的人力资本投资革命"。其突出特点就是从更为微观即家庭的角度分析了人力资本及其人力资本投资的相关问题，所以与舒尔茨一起被认为是现代人力资本理论的创始人。

20世纪80年代后期，人力资本又得到了巨大的发展，罗默提出了新增长理论，表明突出了人力资本对经济发展的决定性作用。除此之外，发展中国家的人力资本理论也得到了关注，尤其是卢卡斯的《关于经济发展机制》的出版，突出表明了人力资本的投资对一个经济体从不发达向发达经济转变的重要作用。

（二）人力资本的投资

人力资本的形成与物质资本一样，需要对其进行投资，只是对其投资的方式与物质资本是不一样的，对于人力资本的投资主要从以下四个方面进行。

1. 对于人力资本的投资首先要考虑的是人体的素质。好的身体是革命的本钱，所以要加强对营养和保健方面的投资。保健方面的投资涉及的范围是较为广泛的，只要能够提高身体的寿命、营养、耐力和精力等的费用，都属于保健的投资，保健的投资是人力资本最基本的投资。其中布鲁姆和坎宁等学者经过将健康作为人力资本引入经济增长模型，发现了健康与劳动生产率呈现出明显的正向效应。

2. 人力资本的教育投资。人力资本作用的输出，首先要对其进行教育投资，良好的教育有利于提高人体的智力水平，从而提高劳动生产效率。教育投资是人力资本投资中最主要的投资，教育按照投资的主体不同分为宏观教育投资和微观教育投资，其中，宏观教育投资是指政府为教育投资部分的支出，微观教育投资则是指以家庭为主体的，对本人或者子女教育方面的投资。

3. 人力资本的流动投资。地区与地区之间的经济发展水平是不平衡的，而且劳动力的能力水平也是不同的，所以，对工资水平不满的劳动力会寻找更好的工作，或者由于自己的能力不足以满足当地工作的要求，而不得不去其他地区寻找适合自己的工作，所以就会出现劳动力的跨地区流动，对劳动力的流动投资，有利于劳动力资本的高效配置。

4. 人力资本的移民入境投资。所谓移民入境是指国外的人力资本迁移到本国。而移民入境的投资则是指对能够使本国经济得到发展的那部分移民入境的人员的投资，而那些并不能推动本国经济发展的移民入境则并不能算是对人力资本的投资。

（三）人力投资的特点

通过以上的分析，可知人力资本的投资与物质资本的投资是不一样的，人力资本的投资还体现出以下特点。

1. 人力资本的投资收益是多方面的。相对于物质资本的投资，人力资本的投资除了可以带来经济效益以外，还会有其溢出效应，产生巨大的社会效益。比如对于教育的投资，在提高劳动力的智力水平、推动劳动效率提高的同时，也会使整个社会实现文明开化，改善整个社会的道德标准等。

2. 人力资本的投资是连续的。对人的投资并不是一蹴而就的，这是贯穿于人的一生的。任何一个阶段的停止投资都是人力资本的贬值，并且人力资本的投资在人生的不同阶段的方式、内容都是不同的，所以，不同的阶段要作出相应的投资，这有利于人力资本的培养。在这个过程中，人力资本越来越优秀，越来越能够适应科技发展的要求，越来越能够从事社会化的大生产，从而为推动经济发展作出贡献。

3. 人力资本投资的受益者的多样性。对于人力资本投资的费用可能是来源于家庭、个人、企业或者政府，其中某一个主体或者多个主体的组合，但是人力资本的受益者却由于人力资本的外溢效应而呈现出多样性。人力资本是无形的，它无法直接显现出来，而是存在于人体，所以一旦人力资本取得收益，最先体现在劳动力本身，会提高劳动力的能力，并通过劳动力的行动产生出其他的间接收益。比如对于一个企业来说，就体现为利润的增长，进而对整个社会经济的发展起到积极作用。

二、人力资本对经济发展的作用

人力资本对经济发展的作用，学者们都给出了一致的结论，舒尔茨指出，“虽然在现有的劳动者既缺乏技术又缺乏知识的条件下，通过增加常规资本也能够获取某些增长，但是，增长率肯定是十分有限的。离开大量的人力投资，要取得现代农业的成果和达到现代工业的富足程度是完全不可能的。”舒尔茨认为，人类的提高对经济增长的贡献远大于投入要素数量。他对美国 1900—1957 年物质资本和人力资本的收益研究显示，1957 年物质资本的投资增加了 4.5 倍，人力资本投资增加了 3.5 倍，但物质资本的收益只增加了 3.5 倍，人力资本的收益远远超出物质资本，增加了 17.5 倍。哈比森指出：“人力资源是国民财富的最终基础，资本和自然资源是被动的生产因素，人是积累资本、开发自然资源，建立社会、经济和政治组织并推动社会向前发展的主动力量。”足可以看出人力资本的重要性。

人力资本对经济发展的作用，主要是通过以下几个方面表现出来的：

第一，关于资本—收入比。据统计，随着经济的发展，资本—收入比正在不断变小，人力资本的使用正在增长，人力资本对于部分其他物质资本具有一定的替代效应。

第二，关于余值增长率。余值增长率即为国民收入增长率与国民资源增长率的差额。20 世纪 50—60 年代，经济学家对各国经济增长率的研究表明国民收入增长率高于国民资源增长率。根据美国经济学家的估计，在 19 世纪 80 年代末期到 20 世纪 50 年代后期，美国经济增长率为 3.5%，其中投入增长率为 1.7%，余值为 1.8%。而丹尼森将余值的贡献的 60% 归于教育和知识进步。经济学家们给出了两个原因，即规模报酬递增和劳动者素质的提高，而后者被认为是主要的原因。

第三，关于外资的利用情况。20 世纪 50—60 年代，美国开始了世界性的物质援助，除了对西欧国家提供援助以外，对广大发展中国家也是如此，但是与西欧在战后得到快速恢复不同，发展中国家的效果并不好，究其原因，与发展中国家相比，西欧和日本的经济虽然在战争过程中遭到了严重打击，但是其人力资本仍然存在，所以，当接收大量的物质投资时，其人力资本能够将物质资本充分吸收和利用。

第四，教育水平与收入水平的相关性。根据发展经济学家的研究结论，一个人受教育的年限与其收入成正比关系。大学生的收入水平高于中学生，文盲的收入水平最低。而劳动生产率与收入水平正相关。因此，教育投资可以促进劳动生产率的提高。

第三节　教育与人力资本

对于人力资本的投资方式中，保健、劳动力流动以及移民转移等的投资都是为劳动力的生存和发展提供便利条件，而对教育的投资则是人力资本得以输出的主要来源，所以教育或培训被认为是积累人力资本最直接、最重要的方式。

一、教育及其对人力资本的作用

（一）教育的形式与功能

1. 教育的形式。教育有广义和狭义之分，从广义上来说，凡是能够使人通过训练获得相应的能力的学习形式都被称为教育。一般可以分为学校正规教育、非学校正规教育和非正规教育三种形式。其中，学校正规教育针对的是未工作的青少年；非学校正规教育往往针对的是成年人；至于非正规教育，指的是教育机构之外的一种学习方式，又称为“边干边学”，或者是我们所说的“干中学”。从狭义上来说，教育仅仅就是指在学校接受的正规、系统的学习方式。

从教育的形式以及作用可以发现，教育既是一种消费品也是一种投资品，受教育者通过交学费获得学习的机会，给受教育者提供文化上和精神上的满足感；而且受教育者通过受到教育获得相应的能力，可以提高其参与经济生产的能力，或将在未来获得收益。

2. 教育的功能。之所以说教育是一项投资，更主要的原因要归结于教育的社会功能。教育通过对人的培训，在促进人类知识增加和技能开发的同时，使得人们的文明意识进一步得到开化。不仅如此，教育的普及，使得广大的女性不再仅仅拘泥于家庭，除了为社会生产提供劳动力以外，还由于其思想的改变，降低了生育率，并使其子女在良好的、健康的环境中长大成才，为社会培育有文化、有品德修养的劳动力等。教育可以使人们具有更多的疾病预防能力，增进身体健康状况、提高预期寿命。教育使劳动者有更多的职业和地域选择，促进了劳动力劳动和资源的优化配置。

（二）教育对人力资本的作用

教育在提高人力资源素质方面有不同的途径，主要分为以下四个方面。

1. 教育可以培养劳动者的健康和营养观念。保健的投资是对人力资本最基本的投资。保健的投资不仅可以给劳动者带来健康的体质，也可以为劳动者提高身体素质作出贡献，主要是因为，劳动者通过教育了解到伤病防控的相关常识，一方面可以减少受伤或者患病的可能性，掌握一些基本自救和营救他人的常识，做应急之用。另一方面，可以学习有关保健的科学知识，从而使自己的生活习惯和饮食习惯更为科学。

2. 教育可以提高劳动者的智力水平。劳动者的智力素质就是指学习知识的能力、熟练程度等。教育并不是提升劳动者素质的唯一途径，比如，科技水平、劳动经验等也会起到作用，但是教育却是提高劳动者智力水平最重要的途径。通过对劳动者进行教育，一方面使劳动者了解有关生产的具体操作流程，增强其劳动的熟练程度；另一方面通过向劳动者介绍相关的专业知识，将简单劳动转化为复杂劳动。

3. 教育影响劳动者的创新水平。教育，特别是现代教育，是培养劳动者创造力的重要途径，而创造力也一直被视为劳动者素质中最有价值的部分。创造力的培养需要教育的配合，并不是所有的教育都有利于提升劳动者的创造力，教育所营造的环境必须是积极推动劳动者利用所学知识解决问题的思维过程，敢于对现有理论提出有理有据的质疑，敢于推陈出新。

4. 教育可以培养劳动者正确的价值观。教育会帮助劳动者树立正确的世界观、人生观和价值观。1980 年，16 个国家参加的世界道德教育会议将道德价值准则分为四个方面，即社会价值标准、个人价值标准、国家和世界的价值标准以及认识过程的价值标准。社会价值标准为“合作、正直、和蔼、孝敬长辈、社会正义、尊重人类尊严及人权和劳动尊严等”；个人价值标准为“忠厚、诚实、守纪律、宽容、有条理、襟怀坦荡和上进心强”；国家和世界价值标准为“爱国主义、民族意识、和平的公民责任、国际理解、人类友爱、民族间相互依存的意识等”；认识过程的价值标准为“实事求是的科学方法、辨别真伪、追求真理和慎于判断等”。

教育并不是激发劳动者德、智、体发展的唯一因素，但是却是最直接、最根本的因素，受教育的程度标志着劳动者的发展水平。

二、教育的收益与成本分析

20 世纪 60 年代以后，教育成本—收益分析开始流行起来，教育除了对受教育者自身具有成本和收益以外，还对社会具有成本和收益方面的测度。

（一）教育的收益分析

所谓教育的收益是指劳动者通过受到教育获得一定的能力和技术知识，劳动者根据习得的知识使自己或者社会得到种种有益的效果。根据受益主体的不同，教育的收益分为个人收益和社会收益。按照其获得的形式是否以货币表示，个人收益和社会收益都表现出直接收益和间接收益两种形式，其中以货币形式获得的收益就是直接收益。

1. 个人收益。

（1）个人收益中的直接收益。个人收益的直接收益又被称为市场化收益，因为受教育的多寡与劳动者获得收入的多少是有明显差别的，如图 8－2 所示，显示的是人一生收入的典型模式，表现的是不同的受教育水平在不同的年龄阶段获得收入的相对数量。

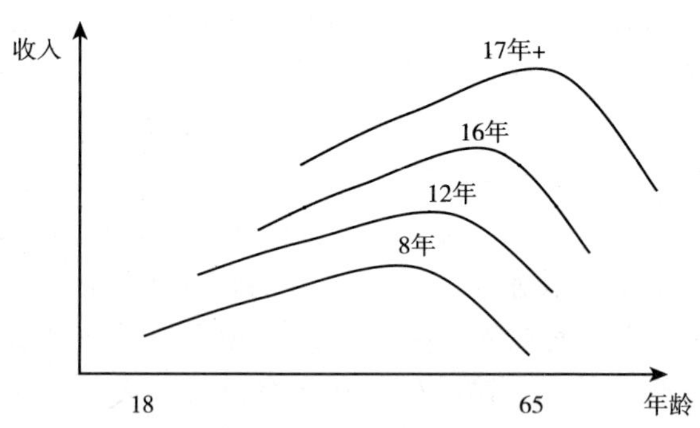

图 8－2 人口的收入变化趋势

通过图 8－2 可以发现：一是劳动者的收入在一生中是不断变化的，呈现先上升后下降的过程，劳动者越到中年其收入就相应越高，但到退休的年龄以后，就会大幅度下降，但对于受教育年份更长的劳动者来说其发挥“余热”的时间也会有相应的延长。二是劳动者受教育年份越高，其获得初次收入的年龄就越大，在一定的年龄里接受教育，就不可能再去做一份长期的工作，也就是说接受教育是有机会成本的，但受教育年份越高，其初次获得收入的水平就越高，图中接受教育17年以上的劳动者其初次获得的收入相比其他情况是更高的。

（2）个人收益中的间接收益。间接收益并不是以货币的形式表现出来，更多表现的是对其自身能力或者是长远的影响，比如劳动者的职业适应性和其他方面的知识储备，甚至是对下一代人的影响等，具体可以表现在以下几个方面：①教育对健康的影响。根据教育对人力资本的作用，可以看出，教育对健康的影响是十分重要的，受教育程度与人体的健康状况之间存在正向关系，除了有关保健和病理的基本常识，教育也给受教育者提供正确的体育锻炼方法，从而有利于强健体魄。从而在一定程度上节省了医疗保健的费用。②教育对劳动者职业适应性的影响。通过接受教育，劳动者能够获得更加专业的知识，这些专业知识使其与普通劳动者相区分，其所从事的劳动将更具专业性的要求。这就使得受过高等教育的劳动者能够比普通劳动者获得更多的就业机会，由于其专业能力强，其能够很快地适应工作岗位的要求。③教育有利于劳动者消费支出的节约。尤其是对于那些受过经济类教育的劳动者而言，由于其具有专业的经济知识，可以通过知识对现在的市场情况加以判断，使其在同等支出的情况下获得更大的满足度。④教育对世代的影响。一个人通过教育获得相应的直接收益或者间接收益，都会使劳动者认识到教育的重要性，从而在对下一代的培育上更加重视教育。经研究发现，父母受教育水平越高，其子女完成高等教育水平的可能性就越大。

2. 社会收益。

（1）社会收益中的直接收益。社会收益的直接收益也是通过收入水平来衡量的。教育的社会收益的直接收益是在教育直接收益中扣除所有的个人收益所得的收入。其获得的收入是通过提高劳动者的劳动生产率得到的，教育的社会直接收益的获得方法只需要保证能够提高劳动者的生产效率即可，表现在以下四个方面。

第一，提高劳动者的平均熟练程度和专业化水平。

第二，教育可以促进科学技术的发展。教育可以通过对劳动力的教育，提高其创造力的水平，加强其敢于突破陈规的勇气，从而推动科学技术的进步。一方面，科学技术水平需要受教育者传播和应用，另一方面，科学技术水平的再发展需要受教育者的创新力。

第三，教育可以促进生产的规模化和效能的提高，同时也可以通过应用高技术产品实现高效率、低破坏力的资源开发。

第四，从教育中获得的知识是多方面的，其中就有管理知识，研究表明，管理的高效率与生产的高效率呈现正向关系。

（2）社会收益中的间接收益。社会收益中的间接收益主要体现在教育的政治作用和道德作用上。这两种收益是无法直接度量的，但却也能够直观地观察到。其中，政治上的收益是指，劳动者通过接受教育，可以增强社会责任感，更加踊跃地参与到政治当中，行使自己的政治权利，当然，也可以促进劳动者履行自己的义务。道德上的收益是指，劳动者通过教育树立正确的世界观、人生观和价值观，矫正不好的习惯，养成良好的道德习惯。

（二）教育的成本分析

教育成本被定义为为了提高劳动者的素质，教育机构所消耗的资源数量，它是劳动力再生产成本的一个主要部分。按教育成本支付主体的不同，可以分为个人成本和社会成本，进一步细分，可以将两种成本分为直接成本和间接成本。

1. 个人成本。教育的个人成本是指学生个人或家庭学习或参加培训的费用，分为直接成本和间接成本。个人的直接成本主要指那些需要个人或者其家庭为了劳动者能够获得教育而花费的费用，是实际的支付，其中包括学杂费、来往学校的交通费、受教育期间的吃穿住的费用等；而个人的间接成本是指在一定年龄阶段，由于接受教育而不能去参与劳动获得收入的机会成本。

2. 社会成本。教育的社会成本是社会用于教育方面的支付。直接成本是指为了教育的发展所花费的公共支出，比如，中国实行九年义务教育，允许受教育者免交学杂费用，甚至在有些地区已经实行十二年义务教育。社会成本的间接成本是指社会所放弃的收入、免税成本、潜在租金和折旧费用等。免税成本是国家为了发展教育事业，免缴对教育部门的各种税收。

（三）教育的收益成本分析

教育的收益与成本进行比较，当收益大于成本时教育投资是有益的。要使得人力资本投资效率达到最大，就要使教育的边际收益大于教育的边际成本。但是，无论是教育的收益还是成本都是未来值，不能直接进行比较，必须先进行贴现。

根据发展经济学家的成本收益分析，得出三点结论。一是发展中国家进行教育投资是有益的。因为发展中国家教育投资具有较高的经济效率，并且高于发达国家。二是应该投资基础教育。因为，不同教育水平下教育的收益不同。教育水平较低的国家，小学教育的投资收益率最高，而教育水平高的发达国家大学的教育投资收益率最高。三是减少对大学的补贴。因为，教育投资的个人收益率大于社会的收益率，如果大学进行补贴，会加大学历差异以及由此带来的收入差异。

三、发展中国家的教育与人力资本发展战略

第二次世界大战以来，发展中国家的教育随着经济的发展得到了迅速的发展，但在其教育发展过程中仍然存在着一系列的问题，基于此，发展中国家应该积极采取措施加以解决。

（一）发展中国家教育的主要问题

在过去的几十年里，尽管广大发展中国家已经认识到了教育的重要性，并加快发展教育，但是就其发展的情况来看，仍还有许多问题。具体情况如下：

1. 公共教育支出快速增长，但教育的质量不高。发展中国家自从意识到教育的重要性就开始不断加大对教育的支出，但其质量并不是很高。在 20 世纪 60—70 年代，亚洲、非洲和拉丁美洲国家的教育支出都增加很多。亚洲增加了 3 倍，其他两个洲也增加了 2 倍多。到了 90 年代，发展中国家的公共教育支出占 GDP 的比重接近了发达国家。但是由于人口增长快速，使得人均教育经费比较低。除了学生以外，对于教师的培训次数也有限，因此教师不能与时俱进，积极学习一些新的方法，所以相对于发达国家的教师，其素质也比较低。

2. 教育结构和内容不合理，教育效益低。

（1）基础教育薄弱，教育结构不合理。教育结构主要包括扫盲、基础教育、高等教育和非正规教育等。根据上述成本收益分析发现，在发展中国家，越是低等的教育其收益率也就越高，所以，发展中国家的教育投资应该是宝塔型的，即越是高等教育越少投资，越是基础教育越多投资。但是发展中国家却忽视基础教育着重发展高等教育，这就产生了极高的机会成本和资源浪费。发展中国家培养一个大学生，一年的教育费用是初等教育的 80 多倍。美国的中等教育费用是初等教育费用的 6.6 倍，而印度、韩国为 12 倍。

（2）教学内容与实际脱节，造成较高的辍学率。对于教育的发展，西方国家比发展中国家发展得更早、更完善，且西方已经有了一套完整的教育体系，发展中国家教育的发展在很大程度上借鉴了西方的安排，甚至有的发展中国家将西方国家教育发展模式直接照搬照抄，导致与其现实情况严重不符，教育的效率受到了影响。在广大发展中国家，70% 的儿童生活在农村，但教育的内容与农村发展毫无关系，仅仅是为了升学打基础，导致辍学率比较高。在非洲，小学的辍学率为 75%，中学辍学率也高达 39%，而发达国家比较集中的欧洲中学辍学率仅为 11.4%。发展中国家大学教育中的专业设置和教学内容也皆是从西方引进的，导致实用性人才短缺。

（3）教育费用高，受教育的机会均等性差。有研究表明，一个人受教育的年限与其收入之间是成正比的。一般中等教育水平的收入是初等教育水平收入的 3—8 倍。所以，学历差距越大，收入的差距也就越大。但是，在很多发展中国家，其中等教育一年的学费大体相当于人均国民收入，这也就使得家庭贫困的人群被排除在中高等教育之外，也使得原来的差距进一步扩大。

3. 知识失业与教育深化。在西方国家，教育的供给就像其他产品一样，按照边际成本等于边际收益确定其数量，但是在发展中国家，教育的供给却是由公共财务支撑。在社会压力下，政府会在财力允许的情况下提供更多的教育以满足人们对教育的需求，也就是说发展中国家教育的供给并不是由市场决定的，受教育者并不需要按照教育供给的成本支付“教育”产品，受教育者的个人收益大于社会收益，使得人们越来越热衷于受教育，所以教育的需求不断增长。而这种情况容易造成知识失业和教育深化。

发展中国家在经济发展过程中，不论在农村还是在城市都存在着明显的二元特征，即存在现代的正规部门和传统的非正规部门。这两个部门所从事的具体事项是不同的，其中，正规部门包括政府和大型企业，这类型的部门由于受到政府的支持，具有高技术含量、高收益率和高工资率的特点，而非正规部门更多的时候是去填补被正规部门的大企业认为无利可图的市场空缺，不论是在效率还是在收益方面都比正规部门小得多，所以其工资率也相应较低。正是因此，接受过教育的劳动者都愿意前往正规部门去寻找就业机会。通过上面的分析可知，发展中国家的供给与需求的主体不同，造成了需求很高，所以政府就尽可能地满足人们的教育需求，受过教育的劳动者数量大增，而正规部门提供的工作机会却是有限的，这就造成了很多受过教育的劳动者没有工作，这就是知识失业。

4. 智力外流。加拿大经济学家格拉贝尔定义智力外流为“在一国接受训练而在另一国居住和工作的高技能者的迁移”。据统计，发展中国家是人才外流的净流出国。从发展中国家到发达国家的单向转移，必将进一步扩大南北经济发展的差距。根据美国1990年的人口普查资料显示，25岁以上在美国以外的国家出生迁入到美国的700万人口中，在迁出国接受了中等以上的教育有650万人。迁出国主要是墨西哥、中国大陆、印度和韩国。其中受过高等教育的印度移民占全部印度移民的75%。

除了国际移民以外，还有其他形式的智力外流。比如，托达罗曾指出，智力外流不仅减少了发展中国家关键性专门人才的供给，更严重的是，智力外流还表现为国内科学家、工程师与大学教授等眼光外向的倾向，他们往往不去研究国内迫切需要解决的重要问题，而是把注意力转到国际最先进的科学技术和学术成就上。基于此，托达罗又引入了“外在的”智力外流和“内在的”智力外流的概念，其中，“外在的”智力外流是指那些身体和思想都迁移到国外的专门人才，而“内在的”智力外流则是指那些把身体留在国内，思想跑到发达国家的学者。在发展中国家，第二种情况尤为严重。

（二）发展中国家的人力资本发展战略

发达国家经济发展实践显示，从投资的收益率角度来看，人力资本投资的收益率远高于物质资本，由此，广大发展中国家应该加强对人力资本的投资。

改革开放以来，我国对教育非常重视，教育投资增幅很大，据国家统计局统计显示，我国2008年的教育经费为14500亿元，到2015年教育经费增加到36129亿元，增加近2倍。那么发展中国家应该制定怎样的发展战略呢？具体情况如下。

1. 调整教育的投资方向和内容，注重教育质量。

（1）重视基础教育投资。长期以来，发展中国家都特别重视高等教育的投资，造成了知识失业和智力外流。同时因为人力资本投资具有报酬递减的趋势，所以高等教育的投资收益率低于中学特别是小学的投资收益率。所以，政府应该将资金投入到基础教育上去，增加资金的利用效率。

发展中国家大量的教育投资，仍是伴随着高辍学率和高复读率的，一方面要了解受教育者具体的辍学原因，具体问题具体分析，再找出相应的解决方案；一方面也有教师的因素在内，所以，学校应该加强对教师的定期培训，培训内容不仅仅只有专业知识，更要有育人的方式方法。

（2）立足本地实际，革新教学内容。很多发展中国家直接对西方教育体系实行“拿来主义”，并不加以分析直接应用，这样就造成了教育投资的效率低下、人才浪费严重和实用性人才缺乏。所以，发展中国家要根据其具体的国情，改进教学的内容和目标，尤其是中小学，要将其教学内容与农村的发展结合起来，立足自身情况，实现实用性发展。正规教育的费用相对来说都比较昂贵，而非正式教育则具有投资少、收益高的特点，非正式教育主要包括在职培训、农业推广以及基本技能的短期培训等。通过加强非正规教育的投资，可以提高经济效益，以更低的成本创造更高的价值。

2. 实施公平的教育原则。发展中国家的教育公平问题，不仅仅体现在富人与穷人之间，更体现在地区、城乡和性别之中，所以，通过实施公平、公正的教育原则，有利于减少贫困，缩小城乡、地区的收入差距，从而有利于社会稳定。

3. 吸收民间资本，提高教育的供给效率。对于广大发展中国家来说，严重的教育过度和知识失业存在的最主要原因就是教育的供给有政府财政支撑，使得私人收益高于社会收益，从而加大了教育的需求，所以，通过利用民间资本来投资教育，有利于将教育“商品化”，使受教育的年限遵从一般商品的供求关系。这不仅会使教育投资高效率发展，还使得受教育者更加珍惜接受教育的机会。使经济结构与劳动者的就业情况相匹配，减少知识失业、改善结构性失业的情况。

4. 抑制智力外流，提高教育投资效率。对于“外在的”智力外流，智力的外流会使得发展中国家的大量人才投资无法得到补偿，教育投资效率受到极大影响。而且，人才的贡献是呈现出几何级增长的，这会使发展中国家与发达国家的经济发展差距进一步扩大。为了储备人才，政府需要重视人才，为人才提供良好的工作生活环境，使得其收入水平基本与发达国家的收入水平相持平；对于“内在的”智力外流，国家则需要发挥其号召能力，引导广大学者解决本国所面临的亟待解决的问题。

第四节 我国农村人力资本与教育投资

一、我国的人力资本现状

（一）我国人口转变和人力资源

我国人口从新中国成立到改革开放之前，呈现“高出生率、低死亡率、高自然增长率”增长模式，1970 年出生率为 30‰。之后实行生育政策，到 1980 年，人口出生率降至 18.2‰，人口增长模式转向“低出生率、低死亡率、低自然增长率”。2001 年以后，我国人口出生率始终在 13‰以下，死亡率保持在 7‰左右，实现了人口低出生率和低死亡率的再生产类型的转变。

人力资源丰富。我国的人口资源给我国带来人口红利。16—59 岁劳动年龄人口，1982 年为 56727 万人，2012 年达到峰值 92198 万人。之后劳动年龄人口增量总量虽然减少，但 2018 年仍然为 89729 万人，就业人员达到 77586 万人。

国民素质有很大提高。我国就业人口的平均受教育年限大幅度提高，由 1982 年的 5.8 年提高到 2017 年的 10.2 年。其中，大专及以上文化程度者所占比重由 0.9% 上升到 19.5%；小学及以下文化程度的比重由 62.6% 下降到 19.2%。2018 年统计公报显示，九年义务教育巩固率为 94.2%，高中阶段毛入学率为 88.8%。

（二）我国农村人力资本的特点

1. 我国农村人口数量大，文化水平低。我国是世界上人口最多的国家，人力资源丰富。尽管较之前劳动力素质有很大提高，但总体水平依然较低。1982 年，全国 15 岁及以上人口中，受过高中及以上教育的比重为 10.9%，2017 年，占比提高到 35.0%。根据我国第四次人口普查结果，我国 24 岁以下的青年，文盲率为 5.72%，具有小学或初中文化水平的青年只有 85%，受过高等教育的比重仅为 1.83%。又据第六次人口普查显示，全国 6 岁以上人口为 6 亿人，未上过学的就有 4417 万人，占 7.2%，只有小学或初中文化的为 82.97%，受过大专以上教育的占 2%。而在全国 15 岁以上人口受教育程度统计中，农村有 5.38 亿人，其中文盲占比 7.26%，全国平均为 4.88%，城市为 1.9%。农村教育程度显著偏低。韩国高校入学率 1993 年就达到 46%。我国 6 岁及以上人口平均受教育年限从 1982 年的 5.2 年，提高到 2017 年的 9.3 年。但农村 6 岁及以上人口未上过学的比例为 7.2%，小学和初中文化的占比为 82.97%。

国家统计局数据显示，2016 年全国 3 亿多农业从业人员，高中及以上受教育程度的比例为 8.3%，小学及以下的比例为 43.4%。掌握农业技术的新型农民有 1400 万人，占农村就业人员的比例低于 4%。农村人力资本存量小。

2. 农村劳动力就业不足。1999 年，农村劳动力 4.6 亿人，占农村总人口 51%，剩余劳动力 1.2 亿人。尽管 2018 年我国城镇化率达到 59.58%，但依然有 56401 万农村人口。随着农村劳动生产率的提高，农村富余劳动力逐渐向城镇转移。从 2010 年到 2014 年，流动人口总量每年平均为 800 万，2014 年流动人口总量达到 2.53 亿人，占总人口的 18.5%。2017 年，流动人口总量超过 2 亿，占总人口的比重接近 18%。2018 年农民工数量达到 2.88 亿人。2018 年的国内生产总值为 90 万亿元，其中第一产业增加值为 64734 亿元，占总产值的 7.2%。在 2018 年全国 77586 万就业人口中，城镇就业人口为 43419 万人，占比为 55.96%。农村就业人口为 34167 万人，占比 44%。44% 的就业人口生产了 7.2% 的产值。农村的劳动就业不足明显。

3. 农村人力资本投资效率低。一方面，我国农村科技人员少。1998 年《中国农村发展报告》显示，全国农村的农民科技人员数量仅占农村劳动力总数的 0.64%。另一方面，农村人力资本投资效率不高。根据高强等对我国农村人力资本投资效率的影响因素分析得知，教育资本的产出弹性为 2.277，健康资本的产出弹性为 3.847。说明农村教育和保健资本的投资对人力资本投资的产出影响非常显著。人力资本投资的效率不断提高，从 2006 年的 0.16 上升到 2015 年的 0.48。人力资本存量增加，技术效率提高。然而我国农村人力资本投资的技术效率比较低，在 2006—2015 年，平均为 0.3。农村人力资本回报率低。

4. 城乡收入差距大。改革开放之初，我国城乡收入差距比较小。1978 年全国人均收入为 134 元，城镇居民为 343 元，城镇居民收入是农村居民收入的 2.56 倍。到 2016 年，农村居民人均纯收入为 12363 元，城镇居民人均可支配收入为 33616 元，城乡收入比为 2.72∶1。

二、提高我国农村人力资本水平

农村人力资本投资的效率受多种因素影响。根据高强等人的研究，影响农村人力资本投资效率的因素有农村居民收入水平、健康情况、技能培训、制度变迁、城镇化、信息化水平等。教育和健康投资提高人力资本投资的效率，农村居民收入水平与投资效率正相关。

（一）政府要加大农村基础教育和培训的投入力度

2017 年我国劳动者平均受教育年限为 10 年，而第一产业的劳动者只有 7 年。根据研究，在制造业中，职工受教育的年限每提高 1 年，劳动生产率就上升 17%。农村人力资本对农民收入的贡献为 38%。但我国农村居民文化水平普遍比较低，加之农村居民收入水平低，缺乏人力资本投资能力，人力资本积累比较困难，农村劳动生产率相对比较低。需要政府加大对农村的倾斜力度，增加农村教育的公共预算，提高乡村学校的基础设施建设，提升农村教师队伍师资水平和教学质量。

另根据经济合作与发展组织 2019 年发布的《掌握正确技能：为未来做好准备的

成人学习系统》报告，世界上每年有40%的成年人参加教育和培训。其中高技能成年人接受培训的可能性是低技能的3倍，老年人、低工资者属于弱势群体，参加培训的可能性更低。我国农村劳动者的年培训率不足20%，有的农民终身没有接受过职业培训。加强农村的职业教育和针对农民的培训，积累农民的人力资本存量，提高农民的人力资本水平，让农民有获得体面工作的机会，实现城乡教师资源的优化配置，促进城乡教育均衡发展。

（二）增强技能培训实效性，提高职业培训质量

根据发展中国家的一些经验教训和高强等人的研究结果，农村技能培训内容针对性不强、缺乏实用性，技能培训对农村人力资本有负相关影响。因此，农村的技能培训要增加针对性和实用性，教学内容要结合农村实际。要以农民为中心，采用参与式培训和示范形式，面向农业生产和农业技能，发挥农民的创造性，提高农民参加培训的积极性。否则，一方面通过培训的农民提高了素质，加大了进城的可能性，进一步造成农村人力资本存量减少，农村高技能人才流失。另一方面，如果内容不适用，造成教育培训资源浪费，降低培训效率。应加大职业教育投入力度，完善职业教育体系，完善绿色证书制度提高农民自觉学习和培训的主动性，提升培训质量。

（三）以产业为依托，引导人才回流

根据统计数据显示，农村就业不充分。随着农业劳动生产率的提高，农业就业的不充分愈加凸显。在城镇就业岗位不能完全满足的情况下，必须发展农村产业。根据段成荣等人对中国人口迁移的规律的研究，流动人口的人力资本是逐渐提升的。流动人口中平均受教育年限逐渐增加，从1982年的5.6年增加到2015年的10.6年，均比全国人口受教育年限高。

要使乡村振兴，农村必须以产业为依托，让高技能人才留下来并使外出打工的农民工返乡创业就业。发展乡村旅游，发展创意农业，发展与文化相结合的特色农业等新产业，创造出不依赖土地的就业空间，推进乡村绿色发展，发展高效农业，实现一二三次产业的融合发展，实现农业农村现代化，为农业4.0的到来储备人力资本。为回乡创业的大学生和高技能人才创设良好的创业环境，让他们能够有发展空间和施展才华的激励，使得农村人力资本的作用在现代农业中充分释放出来。

（四）建立城乡一体的公共就业服务体系

农村人力资本存量小水平低，与农村的就业服务体系不完善有关。政府要充分利用现代信息技术和大数据平台，建立农村就业服务体系，并与城镇的服务体系联网，打破城乡分割，形成城乡统一的就业服务网络，及时发布就业信息、传递就业政策，为岗位的需求者和供给者提供服务，提高职业农民的就业质量，提高资源配置能力，实现供求无缝对接。发展乡村振兴与城乡融合，全面建成小康社会。

第九章

人口流动与城市群建设

改革开放以来，随着农业生产力提高和工业化快速推进，大量农村人口向城市转移，常住人口城镇化率由 1978 年末的 17.92% 上升到 2017 年末的 58.52%，提高了 40.6 个百分点，年均提高 1.04 个百分点。近年来，党中央、国务院推进以人为核心的新型城镇化建设，注重提升城镇化质量，推动户籍制度改革和推行居住证制度，农业转移人口市民化进程加快。2017 年末，我国户籍人口城镇化率达 42.35%，与常住人口城镇化率的差距缩小到 16.17 个百分点。随着产业发展向城市集中，城镇吸纳就业能力增强。2017 年末，城镇就业人员占全国就业总量的比重达 54.7%，比 1978 年末提高 31 个百分点。

习近平总书记 2014 年 3 月全国“两会”期间，在参加上海代表团审议时特别强调，要加强流动人口服务管理，“更多运用市场化、法治化手段，促进人口有序流动”。

在工业化和城市化进程中，农业部门劳动力向城市非农业部门流动，其居住地点也会转移到城市。人口流动对一国的工业化和城市化有着重要影响。发展经济学家建立了各种人口流动模型来阐释劳动力转移的过程及机制。人口流动必然推动城市发展，城市化发展的动因是什么，城市化发展中出现的问题等是发展中国家经济发展中需要高度重视的。

第一节　人口流动模型

经济发展必然导致工业化，即一国经济结构从以农业经济为主体转变为以工业经济为主体。随着经济结构的转变，工业部门以高生产率和高报酬率不断吸引着大量农村剩余劳动力向城市转移，即人口流动，人口流动的结果就是城市化。发展经济学从理论上构建了经典的人口流动模型来阐释城市化的动因。这三个模型分别是刘易斯模型、拉尼斯费模型和托达罗模型。

一、刘易斯模型

美国经济学家阿瑟·刘易斯在 20 世纪 50 年代创立了第一个人口流动模型，该模型的提出为人口流动理论研究奠定了基石，引起了广大学者的研究兴趣，之后各种人口流动模型相继诞生。刘易斯将一国经济部门划分为两类，分别是以农业为代表的生产力水平低下、工资报酬低的非资本主义部门和以工业部门为代表的生产力水平先进、工资报酬较高的资本主义部门。资本主义部门的扩大使工业部门的劳动要素需求持续扩大，而农业部门蕴含着丰富的剩余劳动力支撑工业部门的发展。

（一）劳动力的无限供给

刘易斯的人口流动模型中最基本的假定是无限劳动供给，即在任何一个固定工资水平上，工业部门都能获得所需的任何数量劳动力水平。刘易斯认为，发展中国家农业生产率提升缓慢，且人口增长迅速，所以农业部门劳动力数量巨大。由于农业部门生产效率低，劳动要素报酬微薄，仅能维持基本的生活需求。而工业部门生产率相对较高，因此劳动要素报酬也比农业部门要高，正是因为工业部门的劳动要素价格与农业部门的劳动要素价格之间的差异推动流动人口的转移。当然，两部门要素报酬的差异不会太大，因为当农业部门劳动力供给超过工业部门发展需求时，工业部门的劳动要素报酬便会下降。

在人口流动没有任何限制的条件下，城市相对较高的工资水平吸引了农业部门劳动力的转移，农业人口从农村向城市工业部门流动。在发展中国家，农业人口所占比重大，而且生产效率低下，因此存在着大量的剩余劳动力。随着工业部门的扩张，在一个固定工资水平下可以获得所需的劳动力。

（二）人口流动

在刘易斯模型中，假定工业部门只使用资本和劳动要素，资本要素是稀缺的，劳动要素是丰富的。工业部门所获得的利润被全部用于投资，形成新的资本积累。资本的积累使劳动生产率不断提升，企业家利润增加，投入再生产过程中的资本规模扩大，对劳动要素需求也随之增加。因为农业部门劳动生产率较低，且存在大量剩余劳动力。在剩余劳动力全部转移出去之前，工业部门的工资会保持在一个固定水平不变。在生产成本固定不变的条件下，伴随生产规模扩张，生产率逐渐提高，利润增加。企业家为了追逐更大的利润，将增雇工人来扩大生产规模。城市就业岗位增加进一步吸引着农村人口向城市流动，生产规模再度扩大，资本积累加深，新一轮的循环过程又开始了，直到农业中剩余劳动力全部被转移到工业部门。当农业部门剩余劳动力转移完成时，农业部门劳动生产率提高，农业收入水平增加。此时，工业部门的扩张会增加对劳动力的需求，由于劳动供给已从无限供给转变为有限供给，工业部门只能提高劳动要素报酬吸引劳动力转移。当发展中国家工业化进程中农业剩余劳动力转移完成，劳动要素在工业部门成为稀缺资源，农业由传统发展模式转变为现代产业模式，二元结构经济也就变为一元经济。

（三）刘易斯模型的理论意义和缺陷

刘易斯模型是发展经济学中第一个二元经济发展模型和人口流动模型，对经济发展理论产生了巨大的影响，之后的理论模型都是在该模型基础上改进而来或是基于该模型的思维方式所进行的模型再构。刘易斯理论模型的意义可以分为以下两点：

首先，刘易斯模型将经济增长、工业化、人口流动纳入统一框架进行分析。发展经济学理论初期对发展中国家经济结构的考察不足，使经济理论在一定程度上缺乏对发展中国家经济发展现实状况的阐述。刘易斯模型从结构主义思路出发，相较与哈罗德—多马增长模型更适合发展中国家经济的发展。

其次，刘易斯将工业化与城市化纳入统一框架。发展中国家工业化发展引起劳动力要素跨部门流动，从农业部门向工业部门转移，也就是从农村向城市转移的过程。

虽然刘易斯模型具有以上种种意义，但该模型的分析假设中仍存在一些不合理的地方：

第一，刘易斯模型假定，资本—劳动力比例不变。即在工业生产中，资本要素与劳动要素投入比例不变。随着资本投入的增加，劳动要素也要按要素间的固定比例相应增加，忽略了工业化发展中技术进步的发展使劳动要素投入比例下降的现实情况。

第二，刘易斯模型忽视了农业部门的发展。刘易斯模型中人口流动的基础在于一国农业经济发展足以满足国民经济生活水平的需要，并且随着经济发展水平的提升，农业也得到进一步的发展。然而发展中国家的现实情况证明，从农村转移到城市中的劳动力素质较高，而留在农村的劳动力素质普遍较低，使农业生产发展后劲不足，而农业生产发展进程的相对滞后阻碍了工业化的进一步发展。

第三，刘易斯模型忽视了城市失业问题的存在。刘易斯模型认为人口流动过程中，农村迁移者进入城市后会立即找到一份正式的工作。但是，实际发展情况却与之相反，经济落后的发展中国家不仅农村存在大量剩余劳动力，城市中的失业问题也比较严重。

第四，刘易斯模型的人口流动没有期限的区分。刘易斯认为工业化发展会吸引劳动力进入城市生活并长期居住在城市，实现从农村人口向城市人口的身份转化。但是在发展中国家工业化进程中，存在职业转化与身份转化非同步进行的现象。进城务工的劳动力虽然在城市工作，但由于种种原因，并未放弃农业人口的身份，他们只是暂时居住在城市，等到农忙时节或是工作需求下降时便返回农村。

二、拉尼斯—费模型

20 世纪 60 年代初期，美国经济学家拉尼斯和费景汉在刘易斯模型的基础上合作创建了新的人口流动模型，该模型充分考虑了农业发展在工业化进程中的作用，强调了农业发展在工业化进程中的重要性，并深入分析了农业部门与工业部门之间的相互关系。

（一）基本理论

拉尼斯—费模型的前提假设与刘易斯模型是一致的，他们都认为发展中国家农业部门存在着数量巨大的剩余劳动力并假设人口数量不变。但是与刘易斯模型所不同的是，拉尼斯和费景汉将不变的农业工资收入称为不变制度工资，并依据农业劳动边际生产率的大小将人口流动与工资水平的变化细分为三个阶段。

第一阶段，农业劳动边际生产率等于零。拉尼斯和费景汉称边际劳动生产率等于零的农业劳动力为多余劳动力。在此阶段，农业人口向城市流动，农业劳动要素数量减少却不会降低农业产出，农业工资报酬不会提高，从而形成无限的劳动力供给，也就是水平的劳动供给曲线。

第二阶段，农业劳动边际生产率大于零。随着农业人口向城市人口转移，农业劳动边际生产率开始上升，劳动要素报酬增加，但依然小于不变制度工资水平的平均收入水平。在此阶段，由于劳动要素投入数量降低造成农业总产出下降，粮食短缺问题使农产品价格上涨，农业工资收入提高。因此，第二阶段工业部门对劳动力需求增加的同时工资也逐步上升。

第三阶段，农业劳动边际生产率高于不变制度收入。拉尼斯和费景汉认为剩余劳动力是指农业劳动边际生产率低于制度收入的劳动力。在此阶段，农业剩余劳动力已全部转移到工业部门，劳动要素在农业发展中成为稀缺要素，此时的劳动要素价格不再由制度所决定，而是由劳动边际生产率所决定，由于劳动边际生产率高于不变制度收入，因此农业部门的工资也高于不变制度工资。在劳动要素稀缺的条件下，工业部门扩张必须要以高于农业部门的要素报酬吸引农业部门劳动力的转移。因此在该阶段，劳动力供给曲线变得更加陡峭。

拉尼斯和费景汉认为，发展中国家工业化进程的关键是将农业剩余劳动力全部转移到工业部门。在第一阶段，农业剩余劳动力的减少不会使农业劳动边际生产率下降，农业总产出水平不变。第二阶段，农业劳动边际生产率上升，农业劳动要素投入不足使农业产出下降，粮食供给不足导致粮食价格上升，工业生产所需原料费用增加，工人生活成本上升使工业利润下降，工业部门扩张受到约束。因此，农业生产效率的提升是确保工业化发展由第二阶段顺利向第三阶段过渡的关键。

（二）人口增长与临界最小努力

上述问题的分析均是基于人口不变的假设，然而在现实生活中，经济收入水平越低的国家，人口增长率往往越高，尤其是农村人口增长率更高。因此，若想实现农业部门剩余劳动力的全部转移，工业部门的扩张速度只能等于或高于人口增长速度。

拉尼斯和费景汉将农业剩余劳动全部转移的点称之为临界点。假设人口增长率不变，工业部门向劳动技术进步扩张的速度越快，吸纳农业剩余劳动力的速度越快，则农业剩余劳动力数量减少，直至全部转移。若一国工业部门的扩张是以技术进步替代劳动要素，则实现农业部门剩余劳动转移的临界点将永远无法达到。假设工业部门扩张速度一定，则人口增长率越低，农业剩余劳动力数量越少，实现农业剩余劳动力转移的时间也越短。因此，从理论上分析，政府可以采取支持工业部门发展和实施人口生育政策来促进工业化的发展。政府在该阶段所做的努力被称为临界最小努力。

（三）理论贡献及缺陷

拉尼斯—费模型是对刘易斯模型的重大拓展，该模型充分考虑了农业的劳动要素贡献和产品贡献，并指出如果农业剩余不满足工业部门扩张的需求，则工业部门将面临要素成本上升所带来的扩张约束，甚至严重阻碍工业化的进行。由于该模型是在刘易斯模型的基础上改进而来，所以对于刘易斯模型中的其他缺陷并未得到较好的改善。

三、托达罗模型

20 世纪 60 年代末 70 年代初，美国发展经济学家托达罗基于城市失业事实构建了相关的人口流动模型。

（一）基本观点

在刘易斯—拉尼斯—费模型中，城乡收入差距是人口流动的重要因素。只要城市工业部门收入高于乡村农业部门，劳动力要素就会从农业部门向城市部门流动。由于城市中不存在失业，因此，任何迁移到城市的人口都可以立即在城市工业部门找到工作。但是，在 20 世纪六七十年代，发展中国家城市失业问题愈加严重的同时，农业人口向工业部门流动的趋势却并未得到放缓。这一事实使得建立在充分就业假定上的人口流动模型缺失了有效性。在此背景下，托达罗构建了一个新的人口流动模型。托达罗认为，除了城乡收入差距，城市失业状况也是影响人口流动的重要因素。当城市失业率过高时，即使城乡收入差距很大，农业部门人口也不会轻易向工业部门流动。因为，托达罗认为农业迁移者在进行决策时不仅仅要考虑到农业部门与工业部门的收入差距，还要考虑在城市里寻找到高报酬工作的概率大小问题。当城市失业率过高时，劳动者在城市中寻找到高报酬工作的机会就低，预期收入会低于现有的农业收入，则农民不会选择迁移到城市寻找新的工作。

（二）短期人口流动模型

托达罗模型假定：城乡预期收入差异是决定农业劳动者迁入城市的重要因素，城乡预期收入差异越大，流入城市的人口越多。城乡预期收入收益与人口流动之间的关系可以用下式表示：

$$N = f(d) \quad f' > 0$$

其中，N 表示农村迁移至城市的人口数量，d 表示城乡预期收入差异，$f' > 0$ 表示人口流动是城乡预期收入差异的增函数。

托达罗认为，城乡预期收入差异取决于城市就业概率、城市收入水平和农村收入水平，用公式表示如下：

$$d = w \times \pi - r$$

其中，w 表示城市实际收入，π 表示就业概率，r 表示农村实际收入。假若城市失业率为 0 时，农业人口迁移到城市寻找到高报酬收入的概率为 1，此时的农业人口流动就取决于实际收入差距。

托达罗认为，农业迁移人口在城市中寻找到工作的概率取决于两个因素，分别是工业部门新增就业机会和城市失业人数，就业率与工业部门新增就业机会成正比，与城市失业人数成反比。

$$\pi = \frac{\alpha \times M}{S - M}$$

其中，α 表示新增就业几率，M 表示工业部门总就业人数，α 与 M 的乘积表示新增就业机会。S 表示城市部门劳动力总数，S 与 M 之差表示城市失业人数。

$$\alpha = \lambda - \rho$$

如上式所示，新增就业几率又取决于工业产出增长率与劳动生产率，λ 表示工业产出增长率，ρ 表示劳动生产增长率。

（三）长期人口流动模型

上述分析的是一个短期阶段的人口流动，由于农业迁移人口年龄偏低，寻找到正式工作的时间长达几年。因此，应以跨期流动的视角分析人口迁移过程。在进行人口流动的跨期分析时，贴现率是一个影响预期收入的重要因素。此时，迁移者在工业部门找到正式工作前的 n 期净收入贴现值公式如下：

$$V = \int_{t=0}^{n} [p(t)Y_u(t) - Y_r(t)]e^{-rt}dt - C$$

V 表示迁移者计划期内城乡收入差距净贴现值。$Y_u(t)$ 和 $Y_r(t)$ 分别表示第 t 期城市和农村收入，p(t) 表示农业迁入者在第 t 期的就业概率。该式表明，当城市和农村收入水平不变时，迁入者在城市待的时间越长，则可获得的预期收入越大。

（四）托达罗模型的特点及缺陷

托达罗模型最显著的特点就是将城市失业作为重要的分析基础，而刘易斯—拉尼斯—费的人口流动模型则忽视了城市失业现象。托达罗认为在存在城市失业的条件下，农业人口流动将取决于城乡预期收入差异。此外，托达罗模型还强调了农业和农业部门发展的重要性，并将农业部门发展作为经济发展的目标之一。

托达罗模型也存在一定的缺陷。首先，托达罗模型认为农村不存在剩余劳动力，这与发展中国家农业生产效率低下、隐蔽性失业问题突出的实际发展情况不符。其次，托达罗同样忽视了人口流动中暂时性流动人口的区分，他认为农业迁移者即使在城市失业率较高的情况下也会选择待在城市不会返回农村，实际发展中国家的人口流动中相当一部分人口只是选择进入城市部门工作并没有改变农民的身份。最后，托达罗模型没有充分考虑到城市非正式部门工作，认为农业迁入者进入城市工作的主要目标是正式工作，然而实际上农业迁入者往往因自身素质问题，就业岗位多为城市非正式部门。

第二节　城市化的动因及问题

一般而言，一国的城市化率是随着人均收入增加而提高的。工业化是推动经济发展的重要动力。随着工业化的发展，劳动力从农业部门向城市部门转移，农村人口减少，城市人口增加，城乡人口呈现以城市集聚为主的结构性转化，也就是城市化的发展。人口向城市集中的过程，同时也是企业、资本、市场集中的过程；或者说是生产、交换、分配和消费等整个经济活动的集中过程。

一、城市化的动因

（一）集聚效应

城市化意味着生产要素、生产活动、市场和人口的集中。而集聚可以降低成本，增加需求，有效推动经济发展。

第一，城市化可以发挥规模经济。规模经济是指通过专业化分工的模式降低生产成本增加收益。规模经济可以分为三个层次，两个方面。三个层次是指企业规模经济、行业规模经济和城市规模经济。两个方面分别是内部规模经济和外部规模经济。两种划分方法并不冲突。

企业是生产活动中最微观的主体。企业规模经济可以分为内部规模经济和外部规模经济。内部规模经济是指企业内部规模的扩大收益递增的现象。例如，企业规模扩大，生产活动与组织管理将进行更细致的分工，提高劳动生产率。并且企业规模的扩大往往伴随着生产规模的扩大，使分摊到单位产品上的固定成本下降。而且企业规模的扩大可以将部分市场交易活动内部化从而降低交易成本。外部规模经济是指企业外部环境变化使成本变化。企业临近城市可以获得发达的城市交通网络产生的运输便利、高素质劳动要素供给和及时的市场信息。如果企业分布在零星的农村，交通网络则需要覆盖农村，然而这条路上大多是没有车跑的，高额的修路成本和低效的使用大大增加了资源的浪费。通信建设也是如此，而且单个农村人口少，无法形成高素质的劳动力供给。

行业规模的扩大同样可以带来经济效益。行业层面的经济效益一般表现为外部规模经济，主要是指大量同类生产企业或经济活动企业在同一区域内集聚所形成的规模经济。针对大量企业集聚现象，最早进行关注的是阿尔佛雷德·马歇尔，他认为，企业在同一区域集聚可以获得专业的劳动力市场，在日常的正式或非正式的交往活动中信息获取增加，并且企业间的生产运输成本降低。迈克尔·波特将企业大量集聚于某一区域称为产业集群。集群内企业分工协作，某一企业接到订单，其他企业还可以从订单外包中获得机会，从而增加了中小企业的成单能力，这就是“弹性专业化”。并且集群内的企业也会借助集聚形成的区位优势来吸引消费者从而获得市场优势。

城市规模是由各种类型的企业、行业在空间上的汇聚而产生的。城市规模效应主要分为以下几个方面：

首先，城市规模越大，基础设施建设越完善，比如公路、水电设施、通信设施等。基础设施建设需要大量投资并且直接经济效益不显著，尤其是公路这类具有公共物品性质的基础性建设投资对投资方产生的经济效益比较低，但是从社会经济发展角度而言，基础设施建设却可以产生巨大的收益，所以在发达国家一般是由政府主导基础设施建设。城市规模越大，政府获得财政税收、筹措资金的能力越强，因此能建设更完备的基础设施。

其次，城市规模越大，市场越大。城市汇聚了大量的人口、企业，由此形成了丰富多样的产品市场、高素质的劳动市场、专业完备的金融市场等各种类型的市场。城市规模越大，市场规模也越大，不仅便利了城市居民的生活，也为企业生产活动的开展提供了相应的资金与要素。

再次，城市规模越大，服务业越发达。服务业作为第三产业，其发展水平与人口密度高度相关。城市规模越大意味着人口越集中，专业化分工越细致，服务业产业的市场需求越大，庞大的服务业需求会促进服务业的发展。服务业的发展可以划分为消费性服务业和生产性服务业。消费性服务业可以为居民提供高质量的生活水平，丰富居民的生活，并形成独特的城市魅力，从而不断吸引人口积聚。生产性服务业主要指通过研发服务、运输服务等有利于生产性产业发展的服务型行业。生产性服务业的发展需要高水平的劳动力要素，而城市规模越大，往往汇聚的高素质人才越多。

最后，城市规模越大，人口间的信息流动水平越高。由于人类具有相互模仿的习惯，因此城市汇聚大量消费行为具有差异性的人口，会增加相互模仿的概率，从而增加消费需求。城市规模所产生的消费促进效应对中国经济增长和发展具有重大意义。长期以来，我国经济增长大量依赖国外市场，造成国内与国际发展失衡问题。“十二五”期间，中央政府将增加内需确定为主要目标之一。我国城市化程度虽然不低，但城市化人口中有2.4亿的劳动力并没有真正实现身份的转换，他们虽然在城市工作，但大多数家庭在农村，较大程度上限制了他们的城市消费可能性。

（二）区位优势

由于地区间资源禀赋差异，使得企业在具有资源优势的地区进行生产比在没有优势地区进行生产的成本更低。这种地理位置差异使区域内企业形成了比较优势，从而吸引生产此类产品的企业汇聚在该地区。这种资源禀赋差异可以是自然环境差异所导致的，也可能是高素质人力资源汇聚或者政府政策指导规划所建立的。如美国的匹兹堡地区，临近盛产铁矿石的大湖区和盛产煤的西佛吉尼亚地区，具有生产钢铁的比较优势。美国的硅谷汇聚了大量高新技术人才，企业在进入硅谷便可享受区域人才资源。工业园、产业园等政府规划都在增强企业的区位优势。

（三）推力和拉力因素

城市化是农业部门劳动力向城市工业部门转移的过程，也是农村人口向城市人口汇聚的过程。没有农村劳动力的大量转移，就不会出现人口汇聚的城市。在发展中国家进行工业化经济建设前的相当一段时期，国家中同样存在城市和乡村行政级别的划分，但不具有人口大量向城市汇聚的特征。然而随着国家工业化建设，城市化趋势越加显著。因此可以说，工业化发展是推动城市化的一个重要因素。首先，大量工业部门基于规模效应选择在城市建厂，为城市创造了大量的就业机会，丰厚的劳动报酬和优质的生活条件是吸引农村人口向城市流动的主要因素。其次，由于农村人口增长率居高不下，造成农村人口规模与日俱增，人均土地资源紧张，农业生产效率低下，微薄的农业收入降低了农村人口向城市转移的机会成本。最后，教育和媒体宣传开阔了农村人口的眼界，交通运输的便利降低了人口迁移的成本。城市充分的就业机会、丰厚的劳动报酬和优质的教育、医疗、卫生等生活条件形成人口流动的拉力。农村人均土地资源紧张、收入低下形成人口流动的推力。城市拉力与农村推力合力形成了发展中国家工业化进程中的城市化发展。

（四）正反馈效应

工业化的发展促进了城市化的进程，城市化的发展反过来又促进工业化的发展，二者之间强大的正反馈效应使工业规模逐渐扩大，城市人口不断增加。当工业部门在城市建立起来后，创造了大量的就业，吸引大量农村人口迁入城市，人口规模的增加又扩大了消费和服务的需求扩大，推动了工业部门和服务业部门的发展，进而促进市场的进一步繁荣和相关产业的发展。经济发展使政府税收日益增加，从而政府有能力修建更加完备的基础设施，增进教育投入，发展高质量的医疗服务体系，开展科技研究与技术开发。先进的基础设施，高质量的教育、医疗、研发等生产生活环境会吸引着高素质人才和企业汇聚在同一个区域促进区域经济的发展。如此循环积累的过程使工业规模和城市规模不断扩大并且保持高速的工业化和城市化。

二、发展中国家城市化发展所存在的问题以及中国现状

在上述的分析中，我们从理论上分析了工业化进程中城市化的动因。历史经验表明，城市化与工业化进程必须保持相适应的进度，城市化与工业化进程的差异性，对经济发展影响深远。实现工业化与城市化的同步发展是工业化进程中所应追求的目标之一。如中国台湾和韩国在进行工业化进程中就保持了二者间协调发展。但由于发展中国家经验不足，往往呈现过度城市化或滞后城市化等现象。

（一）过度城市化

过度城市化是指城市化水平明显超过工业化和经济发展水平。过度城市化现象在拉美国家比较显著。这些国家经济发展水平低于发达国家，但是城市化水平却比较高，甚至高于发达国家。从表 9－1 中可以看到，拉美地区国家的人均收入水平远低于发达国家，但其城市人口占总人口比重却很高，与发达国家城市化水平相接近，甚至有的国家城市化水平超过了发达国家。例如，拉美国家人均收入水平低于 15000 美元，但城市人口占总人口比率均在 75% 以上，阿根廷甚至高达 91.75%。而发达国家人均收入水平在 35000 美元以上，城市人口占总人口的比率相对于拉美国家略低。若以发达国家经济发展与城市化水平为标准，拉美国家的城市化发展显然是过快的。

拉美国家或地区与经济发展不相匹配的过度城市化，主要是由于农业发展落后的推动力而非城市的拉力，即城乡收入差异并非拉美国家或地区的人口流动主要因素。拉美国家过度城市化与其土地制度有极大的关联。在大多数拉美国家所实行的是庄园制的土地制度，少数庄园主占据了绝大部分土地，而广大农民占有少量土地甚至没有土地。大量无地或少地的农民为了谋生，纷纷逃离农村向城市转移，到城市寻找工作。发展中国家人口快速的增长使人口流动规模愈加庞大，使城市化发展过度。然而，实际上，拉美国家的工业化发展对劳动力需求量低于流动人口数量。因此，大量农业迁移者进入城市寻找到正规职业的几率较低，为了能在城市生存，这些迁入者不得不在非正式部门中寻找到临时的工作来生存。因此，在拉

美国家，城市贫困与农业贫困现象同时存在，有人将这种城市化称为“维持生存的城市化”。

表 9－1　　拉美国家与发达国家城市化水平比较

国名	2017 年人均 GNI（美元）	2017 年非农业产值占 GDP 比重（%）	2017 年城市人口占总人口比重（%）
拉美地区			
哥伦比亚	5830	93.54	80.45
阿根廷	13040	94.39	91.75
巴西	8580	95.43	86.31
墨西哥	8610	96.58	79.88
智利	13610	96.17	87.49
高收入国家			
美国	58270	99.99	82.01
日本	38550	99.85	91.53
澳大利亚	51360	97.23	85.90
法国	37970	98.49	80.18

数据来源：世界银行《2018 世界发展指标》。

（二）滞后城市化

与过度城市化相反，还有一些国家城市化发展落后于经济发展水平。最典型的城市化滞后于工业化的例子是中国。为了对中国城市化与工业化水平协同程度进行一个初步的判断，我们可以进行一个简单比较，看看与中国人均收入水平相当的国家的城市人口占总人口的比率是否比中国的城市化率高一些，如果高一些，则说明中国城市化确实是滞后于工业化进程的。

表 9－2 中列出了包括中国在内的 2017 年人均收入在 7000—11000 美元的 11 个中等收入国家的城市化情况。从表中可以看出，2017 年，除了哈萨克斯坦、圣卢西亚、马尔代夫和毛里求斯外，中国的城市人口占总人口比重均较其他相同水平的国家低得多，城市人口占总人口比重仅有 57.96%。而其他国家城市化率均在 70%—90%，相差 10% 左右。从更早的数据来看，中国在 2000 年的城市化率仅为 35.88%，而除了圣卢西亚和马尔代夫外，其他国家城市化率均在 60%—90%，中国与其他国家城市化率相差在 20% 左右。但是从工业化程度来看，2000 年中国工业增加值占 GDP 的比重为 45.54%，仅次于马来西亚。而其他国家工业增加值占 GDP 比重均在 20%—30%，可以看出中国是工业化程度较高的国家，虽然 2017 年中国工业增加值比重略有下降，但仍高于其他国家。

表 9-2 中国与部分中等收入国家的城市化水平比较（2017 年）

国名	人均 GNI（美元）		工业增加值占 GDP 比重（%）		城市人口占总人口比重（%）	
	2000 年	2017 年	2000 年	2017 年	2000 年	2017 年
哈萨克斯坦	1260	7890	37.78	32.00	56.10	57.34
黎巴嫩	5470	8310	19.97	12.01	86.00	88.43
巴西	3860	8580	23.01	18.48	81.19	86.31
墨西哥	5830	8610	34.21	29.93	74.72	79.87
中国	940	8690	45.54	40.46	35.88	57.96
圣卢西亚	4630	8780	15.07	11.46	27.77	18.61
俄罗斯联邦	1710	9230	33.92	30.05	73.35	74.29
马尔代夫	2070	9570	15.04	—	27.71	39.38
马来西亚	3460	9650	61.98	75.45	61.98	75.45
毛里求斯	3870	10140	27.09	18.18	42.67	40.84
土耳其	4300	10930	26.90	29.19	64.74	74.64

数据来源：世界银行；"—"表示数据缺失。

从经济发展过程来看，中国的城市化速度是慢于工业化的。图 9-1 显示了中国 1978—2017 年非农产值比重、非农劳动力比重和城市人口比重的变化趋势。从图中可以看出，中国的工业化和城市化水平总体是呈上升趋势的，并且中国非农产值上升速度趋缓，城市化进程加快，使工业化与城市化之间的差距逐渐缩小，但是并没有从根本上改变中国城市化滞后的现状。当前，中国的非农产值和劳动力比重一直高于城市人口比重。

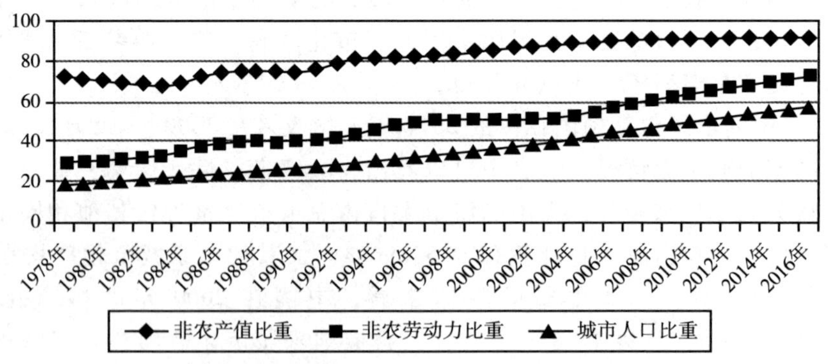

图 9-1 中国工业化与城市化发展趋势

中国城市化滞后的主要原因是制度限制了劳动力的自由流动。在工业化发展初期，中国农业生产效率低下、粮食短缺是工业化发展面临的首要问题。为了顺利保障重工业的发展，自1958年以来中国出台了严格管控人口流动的城乡分割管理制度，人口除国家管理的工作调动、升学、入伍和婚姻之外，不允许自由流动。虽然工业部门也在不断扩张，但由于重工业是资本密集型产业，对劳动需求相对较少，创造的就业机会有限，工业部门的生产扩张仅仅吸纳少部分劳动力。因此在城市就业困难的情况下，大量农业人口涌入城市会加剧城市失业问题，引起经济动荡。并且在工业化初期，农业生产力水平落后，农业产出的增加依靠投入大量生产要素，若大规模的农业人口向城市流动则会加剧农产品收入的减少，阻碍工业化发展。另外一个限制人口流动的原因是政府认为服务业发展不能创造价值，因此城市发展基本都只发展工业，服务业发展得不到重视，所以城市化的过程中商业和服务业在逐渐萎缩，就业机会减少。

改革开放以来，中国开始对计划经济体制进行改革，实现市场化经济，并实行重工业优先发展的战略，重视第三产业的发展。到1983年间，中国实施的是限制性流动，允许小商小贩走街串巷地进行小规模商业活动。1984—1988年，费孝通提出小城镇发展道路理论，中国开始允许人民自带口粮、自筹资金进入城镇，这一制度的建立为沿海地区加工企业和出口企业发展提供了充足的劳动力供给。但是2003年前，制度限制仍未完全放开，劳动力要素并未实现完全自由流动。2003年，我国流动人口政策出现了本质性的变化。歧视农村移民的法律文件《收容遣返条例》被基本废止，之后中央颁布了保护进城务工人员权益的“十七点意见”。自2003年至今，我国劳动力市场已经实现自由化发展，人口流动不再受到限制。

但是，需要强调的是，以城市人口比重指标进行的城市化发展水平估算与实际值是存在一定误差的。这是因为中国的市管县和县改市的管理制度使得郊区的农村人口被认为是城市人口进行的估算。除此之外，中国有2亿多流动人口是以农村人口身份进城务工，他们并未从农村举家迁移至城市，仍未完全脱离农村生活。因此，中国城市人口占总人口比重数据一定程度上夸大了中国的城市化水平。

（三）“城市病”

工业发展必然使城市规模越来越大。虽然城市规模越大，经济效益越显著，但是人口大量集中也会产生一定的负面影响，使一些问题凸显，这些问题被统称为“城市病”。城市病问题是国家工业化进程中无法避免的一个现象，随着经济发展，“城市病”会从凸显、积累到被治理。

1. 资源短缺和环境恶化。随着越来越多的人口向城市集中，城市人口密度越来越大，企业数量也逐渐增加。但是环境承载力是一定的，在有限的空间内人口过度集中会使生活生产垃圾、污染物越来越多，超过了自然能吸纳的能力，造成环境污染，空气质量下降，生活品质下降。并且随着人口密度的增加，基本的生活资源也面临匮乏的情况，尤其是水资源耗费量大，土地资源供给不足问题突出。以中国为例，据2013年水利部统计，全国699座城市中有400座供水不足，110座严重缺水。

北京、天津、大连和青岛等城市缺水最严重。并且随着人口大量集中，生活和生产用地需求陡然增加，由于土地供给是刚性的，使得房屋价格大幅上升，提升了城市生活、生产成本。

2. 交通运输效率低下。随着城市规模越来越大，交通网络呈蔓延式扩散，人们出行的空间距离越来越远。并且随着居民收入水平的提高，对家庭汽车的需求也逐渐提升。家庭轿车的普及使城市公路体系面临巨大的输送压力，城市交通拥堵问题日益凸显，并成为大城市尤其是特大城市发展的难题。交通拥挤会导致人们出行的时间成本增加、城市空气质量下降、交通事故频发等一系列问题。以北京和上海为例，庞大的城市体系，无形中增加了人们出行的时间，对于追求高效率的市场来说，这无疑是一种人力和运输成本的巨大浪费，极大地降低了人们的生活质量。英国SYSTRA公司曾对发达国家大城市交通状况对经济影响进行了分析，发现交通拥堵会使GDP增长下降2%左右，交通事故发生产生的成本会占GDP1.5%—2%。

（四）人口流动与农民工

改革开放以来，中国逐渐从计划经济向市场经济体制改革，经济建设重点从重工业向轻工业和第三产业发展，对外开放程度加深，积极融入经济全球化的发展潮流中，大力引进外资，提升出口在经济发展中的地位。在充分利用国内国外两个市场、两种资源的发展方式下，中国经济实现腾飞。伴随着经济的起飞，人口流动也如火如荼地在中国大地进行着。人口流动规模之大，地域之广阔，蔚然形成了一种潮流，在中国被称为“民工潮”。

新中国成立初期，国家为促进工业化发展，允许劳动要素自由流动，大量农民从农村向城市迁移成为城市居民。后来，城市粮食供应不足，失业问题增加，为了顺利实现工业化发展，保障粮食供应，政府在1958年颁布了《中华人民共和国户口登记条例》，对人口流动进行严格控制。从20世纪60年代至70年代末，在人口流动的严格限制下，只有少数人因国家调动、教育、入伍等原因从农村迁入城市。1960年，中国农村人口为55898万人，占总人口的比重为83.97%。到1978年，中国农村人口为78501万人，占总人口的比重为82.1%。可以看出，从1960年至1978年，中国城市化进程十分缓慢。

1978年，中国改革开放，家庭联产承包责任制在全国推行，集体所有、家户承包的土地制度极大地激发了农业劳动生产力。农业生产连续多年丰收并持续刷新粮食产量纪录，农产品和劳动力剩余，乡镇企业兴起。大量农民进入乡镇企业进行工作，形成了农村剩余劳动力“离土不离乡”的就地转移模式。20世纪80年代后期，东部沿海地区经济发展迅速，对劳动力需求增加，国家为适应经济发展，允许农村人口进城工作，但依然对农村人口户籍迁移和城市供给制度给予严格限制。由于农业生产力低，城市工业部门收入丰厚，生活质量优越，大量跨地区流动就业的农民工开始出现，形成了第一批汹涌的“农民工浪潮”。1978年，外出务工人员数不足

200 万人，1989 年则迅速上升到 3000 万人。随着市场化体制的完善，进城务工人员数量连创历史新高。1993 年，进城务工人员数量较 1978 年翻了一番，上升到 6200 多万人，其中跨省流动的人数约为 2200 万人。20 世纪 90 年代中期，乡镇企业呈现衰败的趋势，劳动力需求锐减，农村剩余劳动力向城市涌动的潮流加速。到目前，中国大约有 2.4 亿农村劳动力从土地上转移出来了，其中有 1.5 亿左右人口实现异地转移。

随着庞大的人口大军的转移，人们一直认为农民工是取之不尽、用之不竭的廉价资源。但是，在 2004 年，沿海发达地区首次出现招工难现象，技工、普通工人出现短缺。为此，政府相关部门对农民工短缺问题进行调查，发现中国沿海地区确实存在不同程度劳动力缺口，总缺口人数 200 万人，缺工比率为 10%。2008 年，东部沿海地区大量企业受到金融危机冲击纷纷倒闭，大批农村人员返乡就业。但 2011 年始，各地又出现了企业招工难的现象。目前全国人口流动趋势正在减缓：一是流动人口数量减少。从 2011—2016 年的流动人口数量变化可以明显看出，2015—2016 年流动人口数量已呈现减少态势。二是流动人口增长速度处于下降态势，2010 年后，增速显著减慢，2011—2014 年基本维持在 0.04% 左右，但 2015 年开始出现负增长，速度为“-0.02%”。

造成这一情况的原因，主要有以下几点。

1. 农村人口增速下降，劳动力从无限供给转变为有限供给。随着计划生育政策的延续，以及培育下一代成本增加，我国已经进入低生育阶段，劳动力人口增长率趋缓。2012 年，我国 15—59 岁劳动力人口第一次出现下降，较上年减少 345 万人。就此，我国从农业劳动剩余达到刘易斯拐点，劳动力从无限供给转变为有限供给。随着中国经济发展，内陆地区招工难现象也纷纷出现。

2. 推力不足与拉力缺失。改革开放以来，东部沿海地区依靠地理优势经济快速起飞，区域和城乡收入差异是推动内陆地区劳动力外出务工的主要因素。但是随着我国经济发展，沿海地区生产发展投入的要素价格飞速上升，产品成本增加、利润削减、廉价要素的粗放型投入模式已经无法适应经济发展新趋势。企业对高素质人才需求增加，对廉价要素需求减少。同时随着其他地区制造业的兴起，制造业中心从东南沿海地区向中原经济区、成渝经济区和长江经济区扩展，内陆劳动力需求增加，以致出现内陆省份同东部地区抢人的现象。例如，武汉、西安、重庆等内陆城市纷纷出台了吸引农民工返乡的政策措施。并且近年来，中国对“三农”问题高度重视，一系列惠农政策出台，农业劳动生产率逐渐提高，农业收益增加，城乡收入差距逐渐缩小，农村推力在慢慢变弱。

第三节　中国城市群建设

改革开放以来，我国社会经济发展进入快车道，由于经济发展、工业聚集、人口流动，加快了我国城市化的速度。1980 年，中国设市的城市 234 个；2013 年，中国设市城市达到 657 个，建制镇 1.9 万个。1980 年城镇化率为 19.8%，2013 年为 52.6%。中国城市群的发展要素逐步增多，并且要素间紧密整合一体，城市群发育形成的条件日臻完善。

一、城市群含义和中国城市群标准

（一）城市群的含义

城市群（Urban Agglomerations），是指在特定的地域范围内具有相当数量的不同性质、类型和等级规模的城市，依托一定的自然环境条件，以一个或两个特大或大城市作为地区经济的核心，借助于综合运输网的通达性，发生与发展中城市个体之间的内在联系，共同构成一个相对完整的城市“集合体”。

城市群是一个复杂、开放的巨系统，具有边界模糊性和城市辐射范围的阶段性与模糊性等典型特征。城市群的基本概念中的信息化、网络化更加明显，城市之间出现同城化、一体化、市场化的新特征。

（二）中国城市群的标准

1. 方创琳教授提出中国城市群有七个标准：

（1）城市群内都市圈或大城市数量不少于 3 个，其中作为核心城市的城镇人口大于 100 万人的特大或超大城市至少有一个。

（2）城市群内人口规模不低于 2000 万人，其中城镇人口不少于 1000 万人，区域城镇化水平大于 50%。

（3）城市群人均 GDP 超过 3000 美元，工业化程度较高，一般处于工业化中后期。

（4）城市群经济密度大于 500 万元/km^2，经济外向度大于 30%。

（5）城市群铁路网络密度为 250—350 公里/万平方公里，公路网密度为 2000—2500 公里/万平方公里，基本形成高度发达的综合运输通道；能够形成半小时、1 小时和 2 小时经济圈。核心城市到紧密圈外围的时间不到半小时，发车频率在 10 分钟左右，视为半小时经济圈，到中间圈外围的时间不到 1 小时，发车频率在 20 分钟左右，视为 1 小时经济圈，到外围圈的时间不超过 2 小时，发车频率在 30 分钟左右，视为两小时经济圈。

（6）城市群非农产业产值比重超过 70%。

（7）城市群内核心城市 GDP 的中心度大于 45%，具有跨省级的城市功能。

2. 姚士谋提出中国城市群有十个标准：

（1）城市群区域总人口超过 1500 万—3000 万人。

（2）城市群内特大超级城市不少于 2 座。

（3）区域内城市人口比重大于 35%。

（4）区域内城镇人口比重大于 40%。

（5）区域内城镇人口占省区比重大于 55%。

（6）城市群等级规模结构完整，形成 5 个等级。

（7）交通网络密度：铁路网络密度为 250—350 公里/万平方公里，公路网密度为 2000—2500 公里/万平方公里。

（8）社会消费品零售总额占全省比重大于 45%。

（9）流动人口占全省、区比重大于 65%。

（10）工业总产值占全省、区比重大于 70%。

3. 周一星提出中国城市群有五大标准：

（1）有两个以上人口超过 100 万人的特大城市作为发展极，其中至少一个城市有相对较高的对外开放度，具有国际性城市的主要特征。

（2）有相当规模和技术水平领先的大型海港（年货运吞吐量大于 1 亿吨）和空港，并有多条定期国际航线运营。

（3）有多种现代运输方式叠加而成的综合交通走廊，区内各级发展极与走廊之间有便捷的陆上运输手段。

（4）有数量众多的中小城市，且多个都市区沿交通走廊相连，总人口规模达到 2500 万人，人口密度达到 700 人/km^2。

（5）组成都市连绵区的各个城市之间、都市区内部中心市和外围县之间存在紧密的经济社会联系。

二、中国城市群现状以及“城市群病”现象表征

（一）中国城市群现状

2006 年，在中共中央、国务院发布的《中共中央关于制定国民经济和社会发展第十一个五年规划的建议》中，首次提出并使用了“城市群”概念，第一次明确把城市群建设纳入城镇化规划。2014 年的《国家新型城镇化规划（2014—2020 年）》进一步明确提出城市群建设是我国新型城镇化的主体形态，并提出要“优化提升东部地区城市群”，“培育发展中西部地区城市群”，“建立城市群发展协调机制”。

1. 中国五个国家级城市群。

（1）京津冀城市群。按照《京津冀都市圈区域规划》，京津冀城市群包括北京和天津 2 个中心城市和河北省的 8 个次中心城市，即“2 + 8”。截止到 2018 年上半年，京津冀城市群总人口约 9000 万，GDP 总量约 7.3 万亿元，覆盖面积 18 万平方公里。

（2）长三角城市群（位于长江经济带最东段）。2010 年，国务院批准了《长江三角洲地区区域规划》，包括上海市、江苏省和浙江省，区域面积 21.07 万平方公里。根据规划，长三角以上海为核心，区域内 25 个城市被分为核心区和辐射区。并形成以上海为核心，沿沪宁和沪杭甬线、沿江、沿湾、沿海、沿宁湖杭线、沿湖、

沿东陇海线、沿运河、沿温丽金衢线为发展带的“一核九带”空间格局。目前，长江三角洲城市群是中国城市化程度最高、城镇分布最密集、经济发展水平最高的地区，已成为国际公认的6大世界级城市群之一。截止到2018年上半年，长三角城市群总人口约1.5亿，GDP总量约15万亿元。核心城市是上海、南京、杭州、合肥。主要城市包括：江苏省的无锡、常州、苏州、南通、盐城、扬州、镇江、泰州；浙江省的宁波、嘉兴、湖州、绍兴、金华、舟山、台州；安徽省的芜湖、马鞍山、铜陵、安庆、滁州、池州、宣城。

（3）珠三角城市群。2008年12月正式发布《珠江三角洲地区改革发展规划纲要（2008—2020）》。珠三角城市群以广东省的广州、深圳、珠海、佛山、江门、东莞、中山、惠州和肇庆市为主体，辐射泛珠江三角洲区域，并与港澳紧密合作。截止到2018年上半年，珠三角城市群总人口约6500万，GDP总量约9.5万亿元（含港澳），覆盖面积4.3万平方公里。

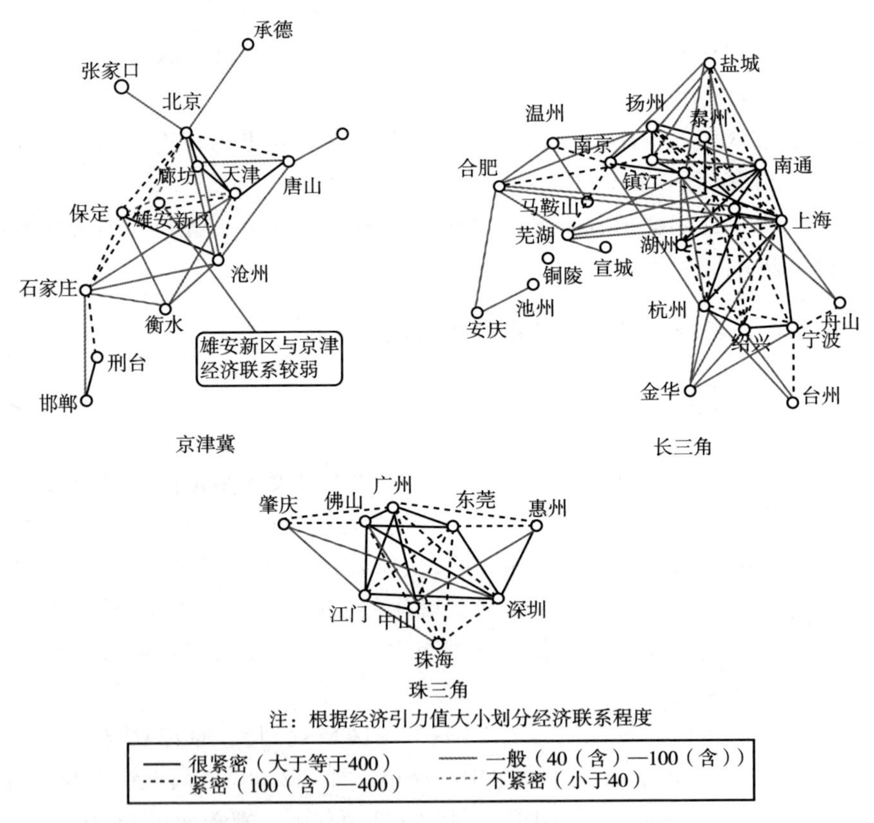

图9-2 2015年三大城市群城市经济联系网络关系

（4）长江中游城市群（位于长江经济带中段）。2015年4月，长江中下游城市群规划获国家批复，是以武汉城市圈、环长株潭城市群、环鄱阳湖城市群为主体形成的特大型城市群。截止到2018年上半年，长江中游城市群总人口1.2亿，GDP总量大约是7.2万亿元，约占全国的8.8%；覆盖面积约31.7万平方公里。下辖地区包括湖北、湖南、江西部分地市等31市。核心城市是武汉、长沙、南昌。

（5）成渝城市群（位于长江经济带西段）。2011年获批的“成渝经济区区域规划”为依托的成渝城市群，横跨四川省和重庆市，以成都、重庆两城市为核心，包括四川省内11城市以及重庆整个地区。成渝城市群包括重庆全域和四川的成都、德阳、绵阳、乐山、眉山、资阳、内江、宜宾、泸州、自贡等11个城市。截止到2018年上半年，成渝城市群总人口9800万，GDP总量约4.8万亿元，覆盖面积18.5万平方公里。

2. 中国十三大城市群（明确列入国家城市群发展规划，包括五个国家级城市群）。

（6）呼包鄂城市群。下辖地区为内蒙古部分地市，主要城市是呼和浩特、鄂尔多斯、包头。人口800万，GDP总量约1.15万亿元，覆盖面积13万平方公里。

（7）北部湾城市群。2017年1月，北部湾城市群获国家批复。总人口4200万，GDP总量约1.9万亿元，覆盖面积11.7万平方公里。下辖地区包括广西、广东、海南部分地区（20市）。核心城市是南宁、湛江、海口。主要城市包括：广西的北海市、钦州市、防城港市、玉林市、崇左市；广东省的茂名市、阳江市；海南省的瞻州市。

（8）辽中南城市群。总人口3075万，GDP总量约2.1万亿元，覆盖面积9.7万平方公里。下辖地区为辽宁省部分地区（9市）。核心城市为沈阳、大连。主要城市包括：辽宁省的鞍山、抚顺、本溪、丹东、辽阳、营口、盘锦。

（9）关中平原城市群。2018年1月，关中平原城市群获国家批复。总人口3865万，GDP总量约2.2万亿元，覆盖面积10.7万平方公里。下辖地区为陕西、山西、甘肃部分地区（11市）。核心城市是西安、宝鸡。主要城市包括：陕西省的咸阳、铜川、渭南、商洛；山西省的运城、临汾；甘肃省的天水、平凉、庆阳。

（10）哈长城市群。2016年2月，哈长城市群获国家批复。总人口4500万，GDP总量约2.8万亿元，覆盖面积26万平方公里。下辖地区为黑龙江、吉林（共11市）。核心城市是哈尔滨、长春。主要城市包括：黑龙江省的大庆、齐齐哈尔、绥化、牡丹江；吉林省的吉林、四平、辽源、松原、延边朝鲜自治州。

（11）海峡西岸城市群。总人口9300万，GDP总量约5万亿元，覆盖面积27万平方公里。下辖地区为福建、浙江、江西、广东部分地市（共20市）。核心城市是泉州、福州、温州、厦门、汕头。主要城市包括福建省的莆田、漳州、三明、南平、宁德、龙岩；浙江省的丽水、衢州；江西省的上饶、鹰潭、抚州、赣州；广东省的潮州、揭阳、梅州。

（12）中原城市群。2016年12月，中原城市群获国家批复。总人口1.7亿，GDP总量约6.3万亿元，覆盖面积28.7万平方公里。下辖地区为河南、山西、山东、安徽、河北5省部分地级市（共30市）。核心城市是郑州。主要城市包括河南省的开封、洛阳、南阳、安阳等；山西省的长治、晋城、运城等；山东省的聊城、菏泽等；安徽省的宿州、淮北、阜阳、蚌埠；河北省的邢台、邯郸。

（13）山东半岛城市群。总人口1亿，GDP总量约7.2万亿元，覆盖面积15.6

万平方公里。下辖地区为山东省的17市。核心城市是济南、青岛。主要城市包括山东省的淄博、枣庄、东营、烟台、潍坊、济宁、泰安、威海、日照、莱芜、临沂、德州、聊城、滨州、菏泽。

（二）中国“城市群病”现象表征

近年来，我国城市群建设取得了令人瞩目的成就，但在城市群培育和发展过程中产生了诸多矛盾和制约因素，“城市群病”凸显。

1. 从发展的实力和水平看，城市群多而不强，城市群的辐射和扩散效应不显著。当前，中国特大国家级城市群有5个，明确列入国家城市群发展规划有13个，而根据《2010年中国城市群发展报告》，中国要建设23个城市群。但比较而言，即使最大的国内城市群与世界级城市群相比仍有很大差距（见表9－3）。

表9－3　中国城市群与世界级城市群比较

城市群	长三角	珠三角	京津冀	美国东北部大西洋	日本太平洋沿岸
土地面积（万平方公里）	21.17	18.10	21.80	13.80	3.50
GDP（万亿美元）	2.17	1.08	1.01	4.03	3.36
人口（万人）	15098.00	7365.00	9026.00	6500.00	7000.00
人均GDP（美元）	14372.76	14663.95	11189.90	62000.00	48000.00
地均GDP（万美元/平方公里）	1025.04	596.69	463.30	2920.29	9600.00
GDP占全国比例（%）	19.78	9.82	9.26	21.70	68.78
人口占全国比例（%）	10.92	5.33	6.53	20.10	55.14
取美日城市群人均GDP最低值的50%为发展目标值（美元）				24000.00	
人均GDP与美日城市群差异（美元）	9627.24	9336.05	12810.10		
由人均GDP差异测算的GDP发展空间（万亿美元）	1.45	0.69	1.16		
取美日城市群地均GDP最低值的50%为发展目标值（万美元/平方公里）				1460.15	
地均GDP与美日城市群差异（万美元/平方公里）	435.11	863.46	996.85		
由地均GDP差异测算的GDP发展空间（万亿美元）	0.92	1.56	2.17		
GDP平均发展空间测算（万亿美元）	1.19	1.13	1.66		

美国东北部大西洋沿岸城市群的总人口6500万，GDP总量约4.03万亿美元，人均GDP为6.2万美元，覆盖面积13.8万平方公里。日本太平洋沿岸城市群的总人口7000万，GDP总量约3.36万亿美元，人均GDP为4.8万美元，覆盖面积3.5万平方公里。

而长三角城市群GDP总量约2.17万亿美元，只占美国东北部大西洋沿岸城市群的53.8%，占日本太平洋沿岸城市群的64.6%；长三角城市群人均GDP为1.43万美元，只占美国东北部大西洋沿岸城市群的23.2%，占日本太平洋沿岸城市群的29.9%。

珠三角城市群GDP总量约1.08万亿美元，只占美国东北部大西洋沿岸城市群的26.8%，占日本太平洋沿岸城市群的32.1%；珠三角城市群人均GDP为1.46万美元，只占美国东北部大西洋沿岸城市群的23.7%，占日本太平洋沿岸城市群的30.5%。

京津冀城市群GDP总量约1.01万亿美元，只占美国东北部大西洋沿岸城市群的25.1%，占日本太平洋沿岸城市群的30.1%；京津冀城市群人均GDP为1.12万美元，只占美国东北部大西洋沿岸城市群的18%，占日本太平洋沿岸城市群的23.3%。

由此可见，中国城市群数量多而不强的问题十分突出。

2. 从发展模式上看，合理的城市层级和内部分工协作体系尚未形成，影响了区域协调和一体化发展。城市群内各城市间应是一个产业互补、共同协作、共赢发展的整体。但是，目前我国多数城市群内的各个城市间产业结构互补性不强，恶性竞争事件屡见报端。比如，京津冀城市群的北京与天津为争夺原材料和市场长期处于对峙状态；在长三角城市群中，也同样存在着因产业结构高度雷同而同质竞争的现象，比如，苏州、无锡、常州三座城市均以电子、机械、纺织、食品、冶金和化工等行业作为其主导产业。

3. 从均衡发展的角度看，存在较为严重的“一城独大”和“简单均衡”，城市群内发展差距拉大，城市间发展不平衡，影响了城市群的质量和水平。城市群内，核心城市的经济实力远远高于中心城市，经济集中度过高。和长三角城市群、珠三角城市群相比，京津冀城市群内部差距大。河北省在许多指标上与北京和天津相比，差距很大。河北2016年的人均GDP不足北京和天津的一半；北京的公共财政收入是天津和河北的总和。在河北省有110个县，其中，省级贫困县有64个，国家级贫困县有39个。在京津冀地区，河北省的国家级贫困县环绕北京和天津形成了“C”型不闭合的轨迹。这就是京津冀协同发展面临的现状，这也是打造京津冀世界级城市群所面临的现状。

4. 从经济发展的角度看，资源与环境压力逐年加大，跨区域环境问题凸显，城市群可持续发展不容乐观。京津冀城市群经常大范围爆发并波及大半个中国的雾霾天问题；珠三角城市群和长三角城市群成为酸雨高发地区；长三角城市群范围内的主要水域，比如，长江、太湖、京杭大运河以及钱塘江等，水污染呈现跨区域严重污染的问题。

三、中国城市群建设的路径选择

针对中国城市群病的四种表现，中国城市群建设的着力方向为：一是建立权威的城市群协调机构以及行业性的跨城市协调组织，突破管理障碍；二是通过市场机制建立相互协调的经济制度，突破利益障碍；三是科学规划城市群内的城际铁路、高速公路、港口等各类重大基础设施，突破硬件障碍；四是注重发挥四大效应，突破质量障碍。

（一）建立权威的城市群协调机构以及行业性的跨城市协调组织

1. 城市群所在区域，必须建立权威的城市群协调机构。当前，中国城市群建设协调发展难以推进的根本原因就是缺乏制定和执行各种规则、有权威的区域协调机构。长三角城市群行政区划隶属于两省一市，牵涉的城市也较多，却没有具有权威的跨区域管理机构，也没有法律约束力的制度环境，因而，长三角城市群组织架构颇显松散。珠三角城市群的区域利益协调主要依赖于广东省政府，城市间的协调互动机制还未建立，涉及金融、政治、环境等深层次协调领域也未建立。京津冀城市群的城市之间协调机制还未形成，区域内城市发展较乱，内部发展极不平衡，一个环京津两市的“C”型贫困带就足以说明建立区域协调发展的长效机制迫在眉睫。

2. 城市群区域内各行业应建立行业性的跨城市协调组织。城市群内建立跨城市的行业协调组织，发挥着信息沟通、协调互动、多方谈判的功能，有利于降低城市群内城市之间的交易成本，促进跨区域问题的解决，有利于区域政府机构制定的协调措施的有效实施。行业或跨行业协调组织，既可以是官方的，也可以是半官方的，还可以是民间的。具体到有哪些行业成立跨城市协调组织问题，可因“群”而设，大的划分，可以有基础设施建设、产业发展、环境保护等。

（二）加强市场主导，建立相互协调的经济制度

要通过市场机制建立相互协调的经济制度，尊重市场经济规律，发挥市场在资源配置中的决定性作用，改变城市群建设中的过浓的行政色彩。国外许多大城市群都十分注重群内城市之间的产业分工。例如，美国东北部大西洋沿岸城市群一体化中，纽约、费城、波士顿、华盛顿和巴尔的摩等五大核心城市的产业结构相互补充，集聚效应较高，具有超强的竞争力。纽约是全美甚至全世界的金融中心，是各种专业机构和服务机构的聚集地。费城是炼油、钢铁、造船基地。波士顿是教育中心、仅次于硅谷的微电子技术中心、高新产业基地。华盛顿是美国首都，是全国政治中心。巴尔的摩是国防工业基地，是南部卫生服务基地。

（三）加快群内交通一体化进程，实现城市之间的互联互通

《国家新型城镇化规划（2014—2020年）》提出，要通过基础公共设施的建设来统筹各类区域以及城乡之间的一体化发展。加大城市群内的基础设施建设，增强群内城市之间的联系，削弱它们之间的过度竞争与对立。比如，京津冀城市群中，路网越织越密，连接起"一核、双城、三轴、四区、多节点"的城镇体系；轨道上的京津冀成绩斐然，半小时至1小时的双城高铁快速便捷。

（四）全面提升中国城市群发展质量的关键是发挥城市群的聚集、协同、示范和共享效应

1. 要提升城市群发展质量，首先要注重发挥聚集效应。城市群的本质是聚集经济，聚集经济的本质是产业的聚集发展。聚集经济可以视为规模经济，德国经济学家韦伯认为，聚集经济是工业或商业，由于把生产按某种规模聚集在同一地点，因而给生产或销售方面带来的利益造成的节约。他认为，聚集经济与规模经济密切相关。由于产业聚集在某一个特定地区，通过规模经济所获得的外部经济（规模效益），每个企业够能受益，而且城市群的总体功能大于其各个城市的功能之和。

应该指出的是，我们要注意克服城市聚集不经济。随着城市的增长，中心城市的企业享受递增的城市化经济，但如果把在经济上关联性很强的企业或产业过度密集地配置在一城区或地区，超过了一定时期内城市或地区优势最大利用限度、最优发展规模等方面的限制，必然造成拥挤、劳动力价格提高，且随城市规模扩大，拥挤成本变得越来越昂贵，城市聚集经济的负效应逐步增强，从而造成城市聚集的不经济性。如果说聚集经济为城市规模的扩大提供了强大的吸引力，聚集不经济则为城市群建设提供推力。

2. 要提升城市群发展质量，还要注重发挥协同效应。发挥城市群的协同效应是指要构建城市群整体利益最大化的协调发展机制。要根据城市间的资源禀赋和比较优势，在大中小城市间确定城市功能定位和产业定位；大中小城市与农村地区的互相支撑、共同发展。

3. 要提升城市群发展质量，还要注重发挥示范、扩散效应。城市群建设要紧紧抓住生态文明建设的"牛鼻子"，全方位体现低碳绿色、宜居宜业、产城融合、城乡一体的发展理念。要切实加强城市规划建设管理，发挥城市群在满足人民对美好生活向往的示范作用。

4. 要提升城市群发展质量，还要注重发挥共享效应。城市群建设要强调共享发展观，即大中小城市间、城乡间、行业之间、不同民族之间，都有共享城市群发展成果的权利；要发挥城市群对欠发达地区的经济社会发展的辐射和带动作用。

参考文献

1. 刘易斯．经济增长理论［M］．梁小民译，上海：上海三联书店，1990.

2. 迈因特．发展中国家经济学［M］．台湾：台湾银行经济研究室编印，1984.

3. 爱德华·肖．经济发展中的金融深化［M］．北京：中国社会科学出版社，1989.

4. 迈克尔·托达罗著，余向华，陈雪娟译，发展经济学，第9版［M］．北京：机械工业出版社，2012.

5. 俄林．区际与国际贸易，中文版［M］．北京：商务印书馆，1986.

6. 普雷韦什．拉丁美洲的经济发展及其主要问题［M］．北京：世界知识出版社，1950.

7. 道格拉斯·C. 诺斯．经济史中的结构与变迁［M］．上海：上海三联书店、上海人民出版社，1994.

8. Y. W. 舒尔茨．制度与人的经济价值的不断提高［M］．上海：上海三联书店，1994.

9. R. 科斯．财产制度与制度变迁：产权学派与新制度学派译文集，刘守英译［M］．上海：上海三联书店、上海人民出版社，1994.

10. 哈耶克．致命的自负［M］．冯克利，译．北京：中国社会科学出版社，2000.

11. 费尔茨．7个开放型小国的就业、收入分配与经济增长［J］．经济学杂志，1984.

12. 费景汉，拉尼斯，郭婉容．《公平的增长：台湾实例》［M］．牛津大学出版社，1979，转引自陈宗胜．经济发展中的收入分配，上海：格致出版社，2014.

13. 斯图亚特·R. 林恩，著．发展经济学［M］．王乃辉，倪凤佳，范静，译．上海：上海人民出版社，2009.

14. 世界银行．1992年世界发展报告［M］．北京：中国财政经济出版社，1992.

15. 张培刚．农业与工业化［M］．华中理工大学出版社，1995.

16. 易纲，吴有昌．货币银行学［M］．上海：上海格致出版社、上海人民出版社，2014.

17. 郭熙保．周军．发展经济学［M］．北京：中国金融出版社，2007.

18. 贾根良．发展经济学［M］．天津：南开大学出版社，2004.

19. 姚洋．发展经济学［M］．北京：北京大学出版社，2013.

20. 卢现祥．新制度经济学［M］．武汉：武汉大学出版社，2004.

21. 肖特．社会制度的经济理论［M］．上海：上海财经大学出版社，2004.

22. 车维汉．发展经济学［M］．北京：清华大学出版社，2006.

23. 叶静怡．发展经济学［M］．北京：北京大学出版社，2003.

24. 于同申．发展经济学：新世纪经济发展的理论与政策［M］．北京：中国人民大学出版社，2002.

25. 姚士谋，陈振光，朱英明，等．中国城市群（第4版）［M］．合肥：中国科技大学出版社，2008.

26. 方创琳，姚士谋，刘盛和，等．中国城市群发展报告［M］．北京：科学出版社，2010.

27. 许学强，周一星，宁越敏，等．城市地理学［M］．北京：高等教育出版社，2009.

28. 胡家勇，陈健．经济转型理论评析［J］．中南财经政法大学学报，2003（02）：25－31＋143.

29. 王悦，张荣航．促进中国芯片产业和数字经济发展的产业政策与税收政策分析［J］．湖南税务高等专科学校学报，2018，31（04）：3－10.

30. 王东东．从中美贸易争端看突破关键核心技术之紧要［J］．浙江经济，2018（09）：40－41.

31. 于玉宏．实现“四个全面”的制度创新路径研究［J］．武汉理工大学学报（社会科学版），2019，32（02）：76－85.

32. 胡晓珍，张卫东．制度作用于经济增长的途径及其量化研究［J］．华中科技大学学报（社会科学版），2010，24（05）：76－80.

33. 张培刚．农业国工业化理论概述［J］．开发性金融研究，2015，1（01）：9－17.

34. 宋晶晶．制度创新对中国经济增长的重要作用［J］．时代金融，2016（03）：47.

35. 张卫东．农业国工业化理论的回顾与再发现［J］．江汉论坛，1991（02）：20－24.

36. 李晓燕．从实际出发调整产业结构［J］．理论界，1994（Z1）：25－26.

37. 张辉．建设现代化经济体系的理论与路径初步研究［J］．北京大学学报（哲学社会科学版），2018，55（01）：105－116.

38. 李梦凡，张良．人口流动现象和城市化的影响因素——基于改进的乡—城人口流动模型的经济学分析［J］．企业经济，2011，30（11）：141－144.

39. 程瑞芳，张翠英．城镇化在城乡公共服务均等配置中的作用机制——以河

北省藁城市为例 [J]. 经济论坛，2011 (01)：55-58.

40. 汤希，任志江．“民工荒”与我国“刘易斯拐点”问题 [J]. 西北农林科技大学学报（社会科学版），2018，18 (02)：101-107.

41. 严汉平，白永秀．不同视角下制度创新路径的比较——一个关于制度创新路径的文献综述 [J]. 经济评论，2005 (05)：31-35.

42. 王志博．中国区域经济实现高质量发展的思路和政策——基于高质量发展的评价指标体系构建与分析 [J]. 全国流通经济，2019 (06)：86-87.

43. 刘国斌，宋瑾泽．中国区域经济高质量发展研究 [J]. 区域经济评论，2019 (02)：55-60.

44. 艾纯友．区域经济平衡发展的策略研究 [J]. 中国经贸导刊（中），2019 (03)：139-140.

45. 陈丽错．中共中央解决区域经济发展不平衡的策略 [J]. 经贸实践，2017 (03)：102-103.

46. 梅新育．中美贸易战评析与展望 [J]. 中国劳动关系学院学报，2019，33 (02)：1-8.

47. 邱龙宇．特朗普对华贸易战连横手腕分析 [J]. 现代商贸工业，2019，40 (12)：60-61.

48. 杨正竹．新贸易保护理论及其对我国国际贸易的影响 [J]. 中国商论，2018 (22)：70-71.

49. 樊亚妮．新贸易保护主义的理论综述 [J]. 商场现代化，2013 (11)：173-174.

50. 苏冉．西方国际贸易理论发展 [J]. 商场现代化，2018 (09)：24-25.

51. 伍山林．美国贸易保护主义的根源——以美国重商主义形态演变为线索 [J]. 财经研究，2018，44 (12)：18-30.

52. 刘博之．国际贸易与中国政策选择——基于战略性贸易政策理论的分析 [J]. 企业导报，2016 (07)：94+154.

53. 伍山林．美国贸易保护主义的根源——以美国重商主义形态演变为线索 [J]. 财经研究，2018，44 (12)：18-30.

54. 刘遥．从幼稚产业保护理论看我国幼稚产业的未来 [J]. 商，2013 (24)：330.

55. 周诚慧．中心—外围理论在欧盟危机中的政治经济表现 [J]. 当代世界，2013 (05)：58-60.

56. 徐保风．习近平生态文明思想与中国应对气候变化的新态势 [J]. 长沙理工大学学报（社会科学版），2019，34 (01)：52-57.

57. 孙桢．中国积极应对气候变化的政策与进展 [J]. 中国机构改革与管理，2019 (02)：34-35.

58. 陈婷，曾婷．中国循环经济发展简述［J］．再生资源与循环经济，2019，12（01）：12－14.

59. 黄铁苗．节约的实质就是提高资源使用效率［N］．深圳特区报，2019－02－19（B08）.

60. 高伟．“四个全面”战略布局下的生态文明建设研究［J］．智库时代，2018（27）：229－230.

61. 宋光磊．新时代“三农”问题：表象、症结和政策思考［J］．当代农村财经，2018（10）：58－62.

62. 苟安经．新时代我国的“三农”问题与应对策略［J］．农业经济，2018（09）：26－28.

63. 肖晴晴，王小娟，彭沄．实施乡村振兴战略的路径选择［J］．黑河学刊，2019（02）：65－66.

64. 李白．“三农”问题与乡村振兴战略思考［J］．南方农业，2018，12（30）：96－97.

65. 陈鑫鹏．人力资本集聚效应、溢出效应与创新产出——基于空间过滤模型的区域分析［J］．甘肃金融，2019（01）：41－45.

66. 伍旭川，唐洁珑．我国人口经济的现状、问题和建议［J］．金融发展研究，2019（03）：38－45.

67. 汪波．中国城市群治理：功能变迁、结构透析与湖泊效应［J］．城市观察，2016（05）：32－40.

68. 汪增洋，张士杰．中国城市群建设与区域协调发展——“中国城市群发展高端论坛（第2期）”综述［J］．重庆大学学报（社会科学版），2018，24（05）：29－33.

69. 陈恭，李培鑫．中国城市群格局及其未来发展方向——“中国城市群发展高端论坛”综述［J］．科学发展，2017（08）：44－46.

70. 程怀儒．对中国城市化问题的冷思考［J］．农业经济，2004（01）：24－25.

71. 陈仲常，王芳．中国城市化进程中的滞后城市化、超前城市化与城市中空化趋势［J］．当代经济科学，2005（02）：11－15＋20－108.

72. 林毅夫．如何看待农业、农民与发展农业［J］．中国乡村发现，2017（04）：1－8.

73. 林毅夫．小农与经济理性［J］．农村经济与社会，1988（03）：31－33.

74. 舒元，杨全发．中国外向型经济的发展与中美经贸关系［J］．世界经济文汇，1997（03）：8－12.

75. 钟昌标．国内区际分工和贸易与国际竞争力［J］．中国社会科学，2002（01）：94－100＋207.

76. 何莉．对外贸易·与中国地区经济的差距［J］．财经科学，2007（07）：

104 - 111.

77. 黄新飞，舒元．中国省际贸易开放与经济增长的内生性研究 [J]．管理世界，2010 (07)：56 - 65.

78. 林毅夫．人口流动的过程也是产业升级的过程 [N]．闽商报，2016 - 08 - 10 (005).

79. 林毅夫．经济能否成功转型　农业现代化是关键 [N]．中华工商时报，2018 - 05 - 29 (003).

80. 刘勇．2019 年中国区域经济协调发展有四大趋势 [N]．中国经济时报，2019 - 03 - 01 (009).

81. 韩雨梦．农业保险影响贫困减缓的作用机制研究 [D]．安徽财经大学，2018.

82. 王琳．国际贸易开放度在经济增长中的作用研究 [D]．河北大学，2016.

83. 唐丽君．休闲农业对农村劳动力回流的影响研究 [D]．四川农业大学，2017.

84. 胡安荣．中国产业结构升级对就业的影响 [D]．武汉大学，2015.

85. 周丽丽．金融发展与贸易开放研究 [D]．武汉大学，2013.

86. 曾翔．基于空间视角的中国省际人口迁移与区域经济发展关系研究 [D]．上海社会科学院，2018.

87. Mark R. Rosenzweig and Oded Stark (eds.), Handbook of Population and Family Economics [M]. Volumes 1A and 1B, Elsevier, Amsterdam, 1997.